北大荒历史文化丛书

北大荒文物的诉说

赵国春◎著

哈尔滨工程大学出版社
Harbin Engineering University Press

内容简介

文物是最有价值、最为真实的历史资料。本书作者曾任北大荒博物馆第一任馆长,现任北大荒作家协会主席。在北大荒博物馆(国家三级博物馆)筹建过程中,他深刻了解了这些文物对认识和研究北大荒开发建设历史的深刻意义。本书以北大荒博物馆的文物为切入点,介绍了这些与北大荒开发建设中的珍贵文物相关的人物和历史。本书选择了60多个有代表性的文物,挖掘其背后的感人故事,其中有35个文物是国家级珍贵文物。

图书在版编目 (CIP) 数据

北大荒文物的诉说 / 赵国春著 . -- 哈尔滨 : 哈尔滨工程大学出版社 , 2019.1
　　(北大荒历史文化丛书)
　　ISBN 978-7-5661-2164-6

　　Ⅰ . ①北… Ⅱ . ①赵… Ⅲ . ①北大荒－博物馆－历史文物－介绍 Ⅳ . ① K872.35

中国版本图书馆 CIP 数据核字 (2018) 第 286222 号

选题策划　王洪菲
责任编辑　丁 伟
封面设计　李海波

出版发行　哈尔滨工程大学出版社
社　　址　哈尔滨市南岗区南通大街 145 号
邮政编码　150001
发行电话　0451-82519328
传　　真　0451-82519699
经　　销　新华书店
印　　刷　哈尔滨市石桥印务有限公司
开　　本　787 mm×1 092 mm　1/16
印　　张　14.5
字　　数　253 千字
版　　次　2019 年 1 月第 1 版
印　　次　2019 年 1 月第 1 次印刷
定　　价　58.00 元
http://www.hrbeupress.com
E-mail: heupress@hrbeu.edu.cn

对北大荒文化的守护和建设

——赵国春《北大荒历史文化丛书》序言

贾宏图

历史车轮的转动比我们想象的还要快。从1947年铸剑为犁拉开北大荒垦荒的序幕，至今这片神奇的土地已经走过71年艰苦而辉煌的历程。2018年是10万转业官兵开发北大荒60年，黑龙江生产建设兵团组建和54万知识青年投身北大荒屯垦戍边50周年。以构建中国农业现代化航母为目标的农垦体制改革正在这片曾创造中国农业发展奇迹的大地上进行。

历史的转折时刻，人们更愿意说起往日的辉煌。是的，通过三代人前赴后继的奋斗，我们已经把这片亘古荒原建成了中华大粮仓，建成中国农业现代化最发达的农场群和美丽的中国最大的城乡一体化小城镇群。这一切变化都融入了中国特色社会主义壮丽画卷中，值得我们北大荒人引以为荣。

我想，在为北大荒创造物质文明骄傲的同时，特别不能忘记我们创造的以北大荒文化为标志的精神文明。也许这一切并不比北大荒为国家上交的几千亿斤的商品粮逊色，因为北大荒对中华人民共和国的贡献，应该是分物质和精神两个方面的，而精神方面的影响更加深远，北大荒文化早已成为中华民族文化宝库的一朵奇葩。

说到北大荒的文学艺术的发展，我们自然想到英勇的10万转业官兵和浪漫的54万知识青年，前者是北大荒文化的开拓者，后者是北大荒文化的发展者和普及者。那么现在北大荒文化怎么样了？我可以负责地说，北大荒文化又有了新的发展，新一代北大荒人继承了转业官兵和知识青年的文化传统，又创造了新的历史辉煌，摆在读者面前的这套《北大荒历史文化丛书》就是一个佐证。

这套书的作者赵国春是我的老朋友，他是北大荒的"土著"，是转业官兵的后代。他最初的文学读本是前辈转业官兵的小说和兄长般的知识青年传抄的诗歌。对这片土地的深知和厚爱、必要的文学天分，以及外来文化的影响、自己的勤奋和钻研，都构成了赵国春一个本土作家的条件。他的处女作是发表在1978年3月25日《屯垦戍边报》(《北大荒日报》前身)上的一首小诗《粮山要比群山多》，从此一发而不可收，四十年如一日的笔耕不辍，他创作了大量的文学作品。这套书的出版是他耕耘几十年的丰收果实，也展示了新一代北大荒文学领军人物的风采。他是1999年加入中国作家协会的，他的作品获得了中国传记文学奖和冰心散文奖。他的创作成就也收录入《黑龙江文学通史》《东北文学60年》和《中国作家大辞典》等权威论著，他也是黑龙江省文学院签约作家业绩丰厚者之一。另外，在主持北大荒作协工作的年月里，他为这片土地上文学的发展倾注了大量心血，也取得了许多成绩，北大荒作协连续多年被省作家协会评为先进团体会员单位，他也被黑龙江省作协授予"优秀文学工作者"称号。2009年他当选为黑龙江省民间文艺家协会副主席，2011年出席了中国作协第八次全国代表大会。2017年，又在黑龙江人民出版社出版了140多万字的《赵国春文集》(4卷)，这也是北大荒本土作家的第一部文集。

我与国春因文学结缘几十年，目睹他从一个业余文学青年成长为对北大荒有重要影响的作家和北大荒文化建设者的过程。特别让我钦佩和感动的有两点：一是国春四十年如一日，对北大荒历史文化锲而不舍的探索精神。从热爱到保护，从感动到行动，他积极挖掘北大荒历史文化资源，专心研究与北大荒开发建设有关的重要人物和历史事件，并撰写成纪实文学作品，广泛传播。他发掘和建设北大荒文化的力量，首先源于他对这片养育他的土地的深情和为这片土地的开发建设献青春、献终身、献子孙的父辈的崇敬；同时作为文化工作者和作家强烈的社会责任感，让他竭心尽力、专心致志。他视北大荒文化为生命，并把保护和促进其发展确立为自己终生的事业。无论他做新闻干事，还是到黑龙江省农垦总局党委宣传部当文化科长；无论是当北大荒博物馆馆长，还是当北大荒作家协会主席，他都没有停止保护和建设北大荒文化的脚步，没有放下手中的笔。在对北大荒文化钟情的作家中，他采写的风流人物最多，他收集的文化历史资料最多，可以毫不夸张地说，赵国春是北大荒历史文化的"百事通"，也是北大荒文博事业的开拓者。二是国春从一个文学青年成为一个优秀的作家和地方文史专家的奋斗之路。如实说，国春作为转业军人的后代，他没有文化家传，也没有机会获得系统的历史文化的教育。他是真正自学成才的，为此，他也荣获过黑龙江省农垦总局"自学成才标兵"和黑龙江省"自学成才者"的称号。从一个充满梦想的文学青年起步，40年没有放弃对文学的追求探索，他"读书破万卷"，走遍北大荒的山水，以所有比自己有学问的人为师。他与转业官兵中的文化人成为忘年交，他与所有知青作家结为朋友。他收藏和研读这些人的作品，他把每一次对前辈的采访都当作一个"面授机宜"，他以这些人为人生榜样，在不知不觉中"长大后我也成了你"。作为一个老纪实文学作者，我从他的大量纪实作品中看到他细致采访和精心构建故事的能力，特别是对细节的发现和表达能力，所以他的纪实文学作品内容真实、细节感人、文笔流畅。我认为，国春的长篇纪实文学《丁玲在北大荒的故事》是北大荒传记文学中最优秀的作品之一。

这些年，在我写关于北大荒的作品过程中，除了郑加真先生的作品，就是赵国春的作品对我帮助最大了。借此我要表达对他们深深的谢意和敬意。

"喜看稻菽千重浪，遍地英雄下夕烟。"每一次站在北大荒一望无垠的丰收田野上，我都激动得热泪盈眶。因为我知道，这丰收饱含北大荒的劳动者多少汗水和心血！当翻看着国春这部一百多万字的大作，我竟产生了相同的情感，因为，我深知他为此付出的艰辛劳动和经历的种种磨砺。

这是一套内容相当丰富的文集，文中写到的人物就有530多个。比如《北大荒文物的诉说》收入《毛泽东给北大荒人的一封信》《一张奖状忆总理》，这样记录北大荒珍贵历史文物的文章；《丁玲在北大荒的故事》是丁玲在北大荒生活的全景式记述，从1958年6月丁玲到达密山，一直到1970年4月，长达12年之久。全书共分"到北大荒去""奔赴汤原""转赴宝泉岭""重返北大荒""永远是北大荒人"5章35节，可谓研究丁玲在北大荒生活的重要史料；《北大荒文艺史略》收录了1947—2018年黑龙江垦区文学、美术、书法、戏剧、曲艺、摄影、音乐、舞蹈、电影及电视艺术等门类的简要发展历史，实事求是地对垦区70年来的文学艺术发展和现状进行记述和简要评述。

可以说，这套丛书为北大荒几代文艺工作者树立了一座丰碑，堪称一部北大荒文学艺术的"袖珍百科"。也许历史越久远，你越会感到这部书的弥足珍贵。在北大荒深化改革的今天，增强这片土地上人们的文化自信，高扬北大荒精神的旗帜，仍然是我们胜利前进的保障，所以这套丛书的现实意义，也是显而易见的。

作为作家，国春正当年。我们有理由对他寄予厚望，因为他探索北大荒文化的脚步不会停歇，他歌颂这片土地和继承历史光荣的子孙的歌喉不会嘶哑。

　　当然，我们更相信，"江山代有才人出"，北大荒永远鲜花盛开。

　　（作者系黑龙江省作家协会名誉主席、黑龙江省新闻工作者协会主席、黑龙江省政府文史馆馆员）

目 录

"淡水鱼王"鳇鱼的故事

当你走进北大荒博物馆第一展厅时，第一眼看到的就是一个躺在玻璃展柜里的庞然大物——鳇鱼标本。

北大荒博物馆内的鳇鱼标本

鳇鱼，又称达氏鳇、黑龙江鳇。《辞海》载：古称"鳣"，硬骨鱼纲，鲟科。鳇鱼，体呈纺锤形，成鱼最大体长达5米多，重千余斤，是黑龙江流域特有的大型名贵经济鱼类，在黑龙江省从呼玛县到抚远县的沿江都有出产。每年从小满到夏至是鳇鱼的捕捞期。在不同地域、不同时代、不同人群中，对鳇鱼有着不同的叫法，但在民间则多称其为"鳇鱼"。鳇鱼为淡水鱼类，从不游入海里，喜欢分散活动，性情凶猛，成体多在深水区。鳇鱼因体大、寿命长、食量大、力量强而被称为"淡水鱼王"。

关于鳇鱼名字的来历，在北大荒流传着这样一个传说。从前，有个叫额托力的老人，他从小就跟父亲在渔船上打鱼，大半辈子都是在网滩上度过的。他用鱼叉叉鱼百发百中。有一回，额托力在江边用鱼叉叉中一条大鱼。那鱼不知有多大，不光撞翻了他的渔船，还带走了他的鱼叉。额托力一个猛子钻进水底，跟着那条大鱼尾巴，一直撵了30里地。他躲在鱼尾掀起的浪夹缝里。那鱼忍着疼痛，一会儿钻进水底，一会儿浮上江面，反复折腾了老半天，后来没有力气了，让额托力给扣上了笼头。等他上岸，招呼来十几个壮小伙儿，连拉带拽，才好歹把那条大鱼拖上了岸。就连有经验的打鱼人，也没见过这么大的鱼。这鱼赶上两个"快马子"（当地的小渔船）那么长，谁也叫不上来名。正巧，来了一条京城收贡品的皇船。收贡的差官见了大鱼，喜得眉开眼笑，让人马上把鱼装进官舱，又让额托力押运，跟着去了京城。皇上见额托力远道送来大鱼，心中大悦，就问他道："你这勇敢的打鱼人，怎么会擒得这天下稀有的神鱼？"额托力一五一十地把打鱼经过讲了一遍。皇上听罢，连声称赞道："朕万万没有想到，极北边塞之地，竟有你这样的渔家王！这鱼叫什么名？"额托力对皇上说："回禀皇上，这条鱼直到如今，还没个名呢，就请皇上给起个名吧。"皇上乐得神采飞扬，赶忙提笔，在宣纸上写个"鱼"字，然后皱皱眉头，随手又写了一个"皇"字。题完，皇上把笔搁在龙书案上，抬头跟额托力说："朕见此鱼，非同一般，堪称天下'鱼中之皇'，往后就叫它鳇鱼可否？"额托力连连点头，答道："中！中！鳇鱼，'鱼中之王'"。皇上不断夸奖额托力的勇敢，便让身穿黄马褂的钦官，取过一把宝刀，赐给了额托力，还对他说："以后每年都交鳇鱼，作为献给皇家贵族的贡物。"从那以后，也就有了"鳇鱼"的名字。

鳇鱼之所以成为贡品，不仅因其肉质细嫩鲜美，更因它体大、味美、肤色斑斓且名称高贵。鳇鱼籽尤其名贵，被称为"软黄金"，风靡国际市场，因此国家把鳇鱼列为黑龙江特产名贵鱼。

北大荒博物馆内的这尾鳇鱼，是勤得利农场渔业公司1992年捕捞的。它体长3.7米，体重500多公斤，推测鱼龄70岁左右，是雌性，体内怀籽量40万尾。

捕鳇在我国有着悠久的历史。据载，明清时期，黑龙江下游沿岸的赫哲族渔人为完成朝廷的廷赋，就曾用鱼叉捕鳇。

叉鳇鱼多在每年的5月末或6月初，此时江水变暖，鳇鱼在水表交尾产卵或在浅滩热水浴时，渔人划着一种两头尖尖、宽不过一尺半的小"快马子"，悄悄接近鳇鱼，瞄准目标，飞叉射出。击中鳇鱼后，叉柄自动脱落，因为有鱼绳连接，所以逃脱的鳇鱼就由漂在水面的叉柄继续追逐。在江中追逐击中的鳇鱼是相当劳累和危险的，渔人要拼尽全力，划动"快马子"穷追猛赶，不让鳇鱼有丝毫喘息的机会。当鳇鱼游的速度放慢后，要捞起叉柄，轻抖渔绳，让鳇鱼继续奔跑，直到它筋疲力尽，仰起黄白的肚皮浮出水面，渔人才接近它。收起网来，悄悄把鳇鱼"遛"到船边。千万不能刺激它，而是看准鱼头前部，举起斧头或棍棒猛击数下。鳇鱼立刻就昏迷过去，渔人趁机掏出渔刀，刺穿鳇鱼下颌，将一根粗如手指的尼龙绳穿过拴牢。单人独船，要制伏一条大鳇鱼，需要精湛的技艺，稍有不慎，将船翻人亡。

鳇鱼力大无穷，当它在水中发现其他鱼类时，就摆动尾鳍，迅速追赶，张开大口，几斤重的鱼便可一口吞进。鳇鱼平时趴在流石上，颜色与江水一样。别的鱼饱食之后总是喜欢到崖下深水流中休息，想不到躲在那里的大鳇鱼突然大嘴一张，几十条鱼就进了它的肚子。鳇鱼吃饱了，趴腻了，便晃动身子浮上来，甩掉挂在身上的杂草和泥水沫子，这就叫"鳇鱼甩涎子"。鳇鱼甩涎子时，水面翻花，激浪迭起，不时传出哗哗的水声。渔民发现后，使用大片渔网将其罩住，然后用小船遛它，随它尽力扑腾，等它筋疲力尽时再起网。当鱼头露出水面时，便用斧子照准鱼顶骨砸下去，它一紧鼻子，就昏过去了。这时用尼龙绳从嘴穿腮捆好，渔民称其为给鳇鱼戴笼头。然后把它拴在船尾，拖到江岸沙滩上。

我听老作家曲洪智讲过，在勤得利农场发生过这样一个关于鳇鱼的故事。1964年春节前，勤得利农场一个14岁姓董的学生，跟随大人到江边下撅达钩（用一根约2毫米粗的尼龙绳或胶丝线，拴着一个用铅铸的带着鱼钩的小鱼，在冰眼里上下撅动，诱使鱼儿上钩）。通常用这种方法能钩住条10斤重的狗鱼、细鳞或哲罗鱼已算万幸了。可这个学生，在冰眼里撅动了几下，就钩住了一条鳇鱼，那把钩恰巧钩住了鳇鱼长长的大鼻子。一条重200多斤的鳇鱼，被乖乖地牵上来了。

国家对保护黑龙江上这一名贵鱼种十分重视，明文规定禁捕期不准捕杀幼鳇。当地人向来是严格遵守的。在勤得利农场曾有这样的奇观：1983年6月中旬禁捕期，由上百条鳇鱼组成的队伍，在江边谈情说爱，相互摩肩擦背。

为了缓解因过度捕捞而造成的鳇鱼濒危的状况，勤得利农场从20世纪90年代开始在江边建了一个幼鳇人工繁殖放流站，每年黑龙江放流鱼苗30万尾。

阎家岗农场古动物化石出土内幕

在北大荒博物馆第一展厅里，陈列着几块野牛和披毛犀的化石。这些古动物化石，就是在阎家岗农场境内发掘的。

20世纪80年代从阎家岗农场出土的部分古动物化石

阎家岗旧石器时代晚期古营地遗址位于哈尔滨市西南25公里的阎家岗农场。阎家岗是松花江和运粮河之间一个略微隆起的、残留的第二阶地。阶地最高处海拔146米，距运粮河水面（相对高度）约10米。

1979年，当通往太平国际机场（当时叫阎家岗机场）的公路修到阎家岗农场的时候，工人们在路边隆起的土包上取土，当挖至地层下一米左右的时候，暴露出许多古动物化石。但工人们由于缺少考古知识，也就随手把这些骨头扔了。此后几年也没有人再提起这件事。到了1982年，位于这里的阎家岗农场砖厂工人取土的时候，又挖出一些古动物化石。他们也不知道这是些什么东西，有些随手扔了，有些形态比较特殊、规模比较大的就拿回家放着。

就在这一年，哈尔滨市文物管理站响应国家号召，开始了第二次文物普查。在副站长尹开屏的主持下，由哈尔滨师范大学历史系、各区图书馆、各乡文化站组成了一支100多人的文物普查队伍，按区分成小组，逐乡、逐村、逐户进行走访调查。时任新农砖厂厂长宋景泉把这个消息报告给了文物部门。当时正在道里区进行文物普查的尹开屏在得知这一消息后，立即带领人马来到了阎家岗，亲眼看到了遍地的古动物化石，他们还进行了大量调查，走访了阎家岗农场的职工和周围的农民，掌握了大量的第一手材料。经验丰富的尹开屏意识到，这应该是一个有价值的现场，他随即向省文物管理委员会进行了报告。随后一支由黑龙江省考古队、黑龙江省博物馆、中国科学院古脊椎动物与古人类研究所、哈尔滨市文物管理站等单位组成的考古队，于当年9月开进了阎家岗农场。

从1982年到1985年，阎家岗遗址的发掘前后进行了4年，发掘探坑44个，发掘面积1150平方米。为了发现人类活动的遗迹，他们在发掘中密切关注着每一个细节。

挖坑在不断深入，出土的古动物化石也越来越多，但人类活动的痕迹还是没有出现。突然，在一个探坑中，考古人员发现了一根驴胫骨，它被一分为二，分别放在两个地方。这可能是人为的，可仔细一观察，骨头上面有鬣狗啃咬的痕迹，人为因素排除了。后来，考古人员又挖出3件野牛右侧骨碎骨段，它们均出自同一动物体中。专家们对这3件标本进行仔细观察后发现，上面没有动物啃咬的痕迹，断面呈星状断裂，棱角分明，边刃锋利，并且骨头上还有一些裂痕，显然是通过暴力造成的。经鉴定，这是人类所为。

1983年夏天，考古工作者在阎家岗农场木材厂院内（一号营地）的一个探坑中发现了大量古动物骨骼化石密集而有规律地排列成半圆形，很像一堵墙。还有一些骨骼堆放在半圆形的中间，从侧面可以看出4层动物骨骼整齐地叠置在一起，堆积在30多平方米的范围内，有20多种动物，共计500多件。这种有规律的堆放，一定是出自高智商的人类之手。更为重要的是，在这个探坑的一侧，发现了一件石核。当尹开屏见到这件文物时，激动地高声喊道："大家快来看！"这时，所有在场的工作人员都放下手中的活儿，围了过来。大家见了这个石核，不由得欢呼起来，终于找到了阎家岗人类活动的可靠证据。

1984年夏，中国科学院古脊椎动物与古人类研究所东北队的人员在一号营地西40米处啤酒厂院内（二号营地）又发掘出一个更大的半圆形遗址。在这25平方米的范围内，300多件哺乳动物化石分为3层，上下叠放在这个半圆形遗址内。圆形结构保存在距地表3.7米以下的砂层中，内径4米，墙宽1米，残高40厘米。骨骼分为3层，下层骨骼个体粗大，多为残破的犀牛头骨、肢骨和猛犸象门齿、臼齿等，其中还有两个十分完整的幼年个体犀牛头骨顺向摆放在一起。在这里还发现了用火的痕迹。这两个探坑提供的信息，基本确定了阎家岗遗址的历史地位。专家推断，这里就是当年阎家岗人的营地，他们的主要生产活动是狩猎。他们把猎物带回驻地，进行屠宰、切割，并点燃篝火烧烤兽肉。有时，他们还将兽骨敲开，吸食里面的骨髓。因阎家岗缺少岩石等掩体，只好用兽骨来构筑掩体和临时挡风的围墙。

在这两个发掘处附近还发掘出9件石制品，包括砍砸器、石核、石片刮削器等。只有一件石器超过7厘米，其他都较小。在遗址中还发现不少被人工打击过的骨头，有一些是经过人加工并使用过的，可称为骨器。

4年时间，在阎家岗遗址共发掘出松花江猛犸象、大连马、蒙古野驴、披毛犀、野猪、加拿大马鹿、东北野牛等古脊椎动物化石31种，共计3000多件，出土石制品9件。经碳14测定，阎家岗遗址的出现，应该是在2万多年前的旧石器晚期。这里的人骨，被称为"哈尔滨人"骨，是当时黑龙江省境内发现的最早的人类。

经考古学家分析，两个营地发掘出的两个由兽骨叠垒而成的圆形建筑是古猎人的临时居住地。这些猎人在草原狩猎，夜晚在古松花江附近沙滩上露营，用兽骨垒成围墙避风。

阎家岗遗址发现的消息一经公布，立刻引起了全世界考古学界的关注，美国、加拿大和日本的专家们还亲临现场进行调查研究。

1985年7月1日至10月5日，美国新考古学派奠基人、新墨西哥大学著名人类学教授宾福德在考察后说，古猎人构筑成的半圆形建筑是狩猎用的掩体。狩猎者卧在掩体内注视着野兽通向松花江边水源的必经之路。人可以看见野兽，而野兽却看不见人。

1990年6月，文物出版社出版了《阎家岗旧石器时代晚期古营地遗址》。著名考古专家贾兰坡为该书题写书名并作序。他在序言中写道："哈尔滨市郊阎家岗旧石器晚期古营址的发现、发掘和研究报告的问世，无疑是黑龙江省旧石器考古工作的一个重要成果。阎家岗我虽然没有到过，但从所发现的材料来看，那里旧石器晚期考古营地遗址内涵丰富，人流活动的证据确凿，是该省迄今最好的遗址。"

北大荒博物馆展出的这几块化石是阎家岗农场党委宣传部部长王志刚提供的。

浓江农场出土的猛犸象门齿化石

在北大荒博物馆第一展厅里，一根近2米长的黑褐色的猛犸象门齿化石在红绸的衬托下，吸引着观众们的眼球。

猛犸象又称猛犸，也叫毛象，是著名的寒带动物，是地球有生命以来，在陆地上繁衍生活过的大型史前动物之一。猛犸象体型庞大，是仅次于恐龙的一种大型动物。"猛犸"一词来源于西伯利亚鞑靼族语言，有"巨大"的意思。当地居民很早就发现过这种化石，但很多人猜测这是些南方象。1900年以后，在西伯利亚别廖佐夫等地，陆续发现了在永久冻土层中埋藏的连皮带肉保存得很好的猛犸象，口中还残留着没有咽下的青草，胃里还有未消化完的食物，这才使人们对猛犸象有了详尽的了解。猛犸象是一种适应于寒冷气候的动物，在更新世，它广泛分布于包括中国东北部在内的北半球寒带地区。这种动物身躯高大，体披长毛，一对长而粗壮的象牙强烈向上向后弯曲并旋卷。它的头骨短；顶脊非常高；上下额和齿槽深；臼齿齿板排列紧密，数目很多，第三臼齿最多可以有30片齿板。

猛犸象曾是石器时代人类的重要狩猎对象，在欧洲许多洞穴遗址的洞壁上，常常可以看到早期人类绘制的它的图像。这种动物一直活到几千年以前，在阿拉斯加和西伯利亚的冻土和冰层里，曾不止一次发现这种动物冷冻的尸体。

猛犸象是一种生活在寒带的大型哺乳动物，与现在的象非常相似，所不同的是它的象牙既长又向上弯曲，头颅很高。从侧面看，它的背部是身体的最高点，从背部开始往后很

在浓江农场发现的猛犸象门齿化石

陡地降下来，脖颈处有一个明显的凹陷，表皮长满了长毛，其形象如同一个驼背的老人。

猛犸象身上长着厚达9厘米的脂肪层；全身长着2.5厘米长的软绒毛，外面还有长达0.5厘米的暗褐色粗毛。它的外形与现代象也有些不同：头部上下高而前后短，有圆圆的头顶，背上有一个高耸的肩峰，头顶和肩峰之间凹得很深，肩峰到臀部下倾很急，耳朵较小，尾巴也较短。夏天，猛犸象的食物很丰富，吃得多，就把多余的营养储存在背部那个肩峰之中，这时肩峰就高起来。冬天，食物匮乏了，营养被消耗了，肩峰又慢慢低下去。这是猛犸象长期适应寒冷气候的特殊结构。

猛犸象是食性粗放的草食动物。无论乔木、灌木和草木，还是鲜嫩的树枝、叶子或果实，猛犸象都吃。从这根出土的象牙化石来看，这头猛犸象是一头60多岁的老象。大约在2万年前，这头老猛犸象什么原因死亡，死在什么地方，它的整体化石有没有被人挖掘，这些谜底还未揭开，但有一点可以推断：历史上三江平原一定有大型动物繁衍生息。

猛犸象生活在北半球的第四纪大冰川时期，距今300万年至1万年，身高一般5米，体重10吨左右，以草和灌木叶子为生。由于身披长毛，可抗御严寒，一直生活在高寒地带的草原和丘陵上。当时的人类与其同期进化，开始还能和平相处，但进化到了新人阶段，人类还会使用火攻，集体协同作战，捕杀成群的动物和大型的动物。猛犸象就是他们猎取的主要对象。

距今4万年至12 000多年，被称为旧石器时代晚期，也就是所谓晚冰期。当时的气候寒冷，欧亚北部的冻土带、高寒地带和草原都大为扩展。猛犸象正是在这个时期与当时的古人类有着不解之缘，共同生活在北半球北部广阔的原野上。由于它的化石在第四纪地质古地理和考古学方面具有重要意义，因此许多科学工作者对此产生极大兴趣。旧石器时代晚期的古人类，曾利用许多方法猎取猛犸象：不但用标枪，而且用弓箭和陷阱。黑龙江省的考古工作者曾经在省内许多地点发现猛犸象化石，而且还发现了用猛犸象肩胛骨、门齿和头骨做的骨器。这些骨器上面不但有使用过的痕迹，有的还留有用木柄镶嵌捆绑过的痕迹，说明当时人类已经会使用复合工具。

猛犸象突然灭绝了，是什么原因造成的呢？专家们经过仔细研究，找出了许多原因，但归纳起来还是由外因和内因共同造成的。外因：气候变暖，猛犸象被迫向北方迁移，活动区域缩小了，草场植物减少了，猛犸象得不到足够的食物，面临着饥饿的威胁。内因：生长速度缓慢。以现代象为例，从怀孕到产仔需要22

个月，猛犸象生活在严寒地带，推测其怀孕期会更长。在人类和猛兽的追杀下，幼象的成活率极低，且被捕杀的数量离现代越近越多。一旦它们的生殖与死亡之间的平衡遭到破坏，其数量就会不可避免地迅速减少，直至灭绝。这是大自然的淘汰规律，并非对猛犸象不公平。新生代的第三纪末期时也发生过类似的情况，当时大量的原始哺乳动物灭绝了，由现代动物的祖先取代了它们，猛犸象的祖先那时代替了它们，现在该轮到它们让出地盘了。猛犸象以自己整个种群的灭亡标志了第四纪冰川时代的结束。

随着人类狩猎工具的不断改进和技术水平的提高，猛犸象被大量捕杀。同时，世界的气候发生了很大的变化，猛犸象因适应不了变化的环境而走向灭绝。据有关史料证明，猛犸象在地球上的最后灭绝距今只有几千年。

这根猛犸象牙的发现也很偶然。2003年夏季的一天，浓江农场三区水稻户张汉金一早赶着羊群到浓鸭河对岸的草原放牧。由于长期干旱，浓鸭河已经干涸，露出河床。张汉金路过河底时，发现河床上有一根异样的"木桩"立在那里，他怀着好奇的心理走过去向外拔。在拔的过程中，他感觉不是木桩，而是从来没见过的东西。于是，第二天，他从家拿来铁锹开始挖。经过3天的细心挖掘，一根长约2米、牙根部直径20厘米、重约7.5公斤的猛犸象牙化石终见天日。

张汉金把这根猛犸象牙运到家后，放到了房顶上。过了一段时间，农场宣传部的同志听说后，查了很多资料，才知道这是根古代的猛犸象牙。后来宣传部的同志告诉张汉金，这根象牙化石不能放到阳光下。看着裂开的象牙，张汉金从房上往下一扔，只听"咯吧"一声，象牙摔成了两截。随后他把象牙搬到了库房里。

2004年夏天，我和北大荒博物馆筹建办的史延华同志到建三江管理局的浓江农场征集文物时听说了这件事，找到了正在前进农场住院的张汉金，他给家里的老伴儿打了电话，最终这根猛犸象的门齿化石被征集到。

按说，黑龙江地区并不缺少这种猛犸象化石，可在北大荒境内挖掘到这么大的象牙，近年来也还是不多。这根猛犸象牙化石出土后因保管不善而风化，品相不佳，影响展示效果。北大荒博物馆开馆前夕，我找到了省文物考古所的专家对其进行了修复，才成为今天这个样子。

据介绍，猛犸象是一种已绝种的古脊椎动物，生活在第四纪地质时期的新生代。这根猛犸象牙化石的发现，为研究三江地区的古代气候和古代生物提供了非常珍贵的依据，并有着重要参考价值。

见证抗联历史的"马神"

在梧桐河抗联纪念馆第三展厅里,陈列着一台"马神"(缝纫机,俄文直译),这台手摇式"功勋缝纫机"是国家二级文物,可谓镇馆之宝。16岁入伍参军、在异国10余年的抗联老兵申连玉,以这台缝纫机为伴整整8年,其间她冻伤身体、磨掉皮肉也舍不得扔掉这件宝贝,与"马神"日夜相伴76年。作为东北抗联那段特殊历史的见证,"马神"已经成为申连玉生命中的挚爱。2012年9月8日,申连玉的女儿张淑清毅然将这件无价之宝捐给梧桐河抗联纪念馆。

抗联战士80年前使用过的手摇式缝纫机

1931年"九一八"事变后,东北三省全面沦陷。1936年,16岁的申连玉加入中国东北抗日联军第七军,工作在被服厂,自那时起这台缝纫机就成了她的"专用武器"。那个时候,正是抗联最艰辛的岁月,经常要转移阵地。战士们扛着枪,申连玉就扛着缝纫机十分艰难地辗转在零下40多摄氏度的山里。申连玉的脚后跟被冻坏了,皮肉被冻掉了一大块。即使这样,她还是一直坚持扛着那台28斤重的缝纫机,"不敢扔啊,扔了战士们穿什么?"

1939年,怀有身孕的申连玉与战士们饥寒交迫,作为班长,她因试吃野蘑菇而中毒,由于国内治疗条件有限,她不得不到苏联进行治疗。由于中毒身体严重虚弱的申连玉,这时也没舍下这台缝纫机。个头只有1.5米的她,硬是把缝纫机顶在头上,在萝北口岸蹚过波涛滚滚的黑龙江去了苏联。

1955年,经周恩来总理批示,申连玉一家终于回到祖国。当时组织给黑龙江民政局下了调令，解决她的工作问题。申连玉却将调令藏在了箱底。"我自己身体不好，不给组织添麻烦。"那台见证抗联历史的缝纫机也被申连玉带回国捐给了梧桐河抗联纪念馆，她只留下了一张照片，"都是国家的，我不留。"

2017年1月31日下午5点，97岁的申连玉安然离世，与她的战友在天上重聚了，然而这台"马神"承载着申连玉的无限寄托静静地安放在抗联纪念馆里，成为永不磨灭的精神符号——抗联精神永存！

2014年9月，在第一次全国可移动文物普查中，这台80多年前见证抗联战士艰苦斗争生活的"马神"被省文物专家鉴定组鉴定为国家二级文物。

（梧桐河农场 王琪）

李敏用过的桦树皮箱子

在丛林中，桦树虽然不及松树笔直、伟岸，也不及那些名贵树种高傲、受宠，但是在梧桐河农场的老等山，她的身世是尊贵的，她在这方水土的历史上所创出的功勋，所具有的价值，令其他所有树种所不及。今天，我们就去探寻一下老等山桦树皮的前世与今生。

在梧桐河抗联纪念馆完好地保存着一只珍贵的桦树皮箱子。在艰苦的抗战时期，聪明勇敢的抗联战士就地取材，利用梧桐河老等山极其丰富的桦树皮资源，创造出具有时代特色的"桦树皮文化"。

抗联老战士李敏用过的桦树皮箱子

白桦树皮柔韧、洁白，上面有美丽的紫色斑纹。人们亲切地称白桦树为森林中的少女，说她亭亭玉立、婀娜多姿。梧桐河流域曾经荒无人烟，老等山上蒿草丛生、沼泽遍地。荒芜之上，一片片桦树林点缀着这座非同一般的山丘，使得这座历史文化深厚的老等山更加富有灵气。这种得天独厚的风貌构成了北大荒壮美的天然画卷。

1938年4月，日军占领整个东北后，东北军有些爱国官兵坚持抗战，就依靠老等山作为后方，活动于萝北、绥滨、汤原、富锦和桦川等地，各种抗日武装随即兴起，在这里同敌人周旋，寻机打击日寇。这里是东北抗日联军第六军的摇篮，是东北抗日联军第三军、第六军、第九军、第十一军的集结地、战斗地，是西征的出发地。在这里，曾经生活着许多抗联战士，他们依靠这里的自然资源顽强生存，并做着战前的一切准备工作。在物资极度匮乏的抗联时期，抗联战士利用大自然提供的资源来维持生活。在这里桦树不仅是诗情画意，桦树皮还成了制作器物的最好原料，对支援抗战起着重要的保障作用。省政协原副主席、抗联战士李敏介绍："桦树皮用途多了——针不是潮湿生锈吗，就用桦树皮做一个针线包，把那个针放在里头，不潮湿不生锈，拿过来就可以用；还可以装咸盐；必要的时候，还可以挡雨；睡觉时铺上一块桦树皮可以防潮湿；春天的时候，把桦树割一个小口，滴答下来的水就和牛奶似的洁白，可以喝，也解饿。"抗联战士们将桦树皮的作用发挥到了极致，桦树皮箱、桦树皮针线包、桦树皮挡雨布、桦树皮文件盒、桦树皮红五星便成为那个时期的产物。用桦树皮制成的器物具有防潮、防腐、防虫等特点。

2008年9月，梧桐河抗联纪念馆成立时，抗联老战士李敏将这只抗战时期使用过的珍贵的桦树皮箱子无偿捐赠给了家乡——梧桐河农场，陈列在新馆的第二展厅。它是抗联战士勤劳和智慧的结晶，它呈现出我们中华民族不畏强敌、亲密团结、艰苦朴素、敢于战斗的抗联精神，而由此衍生的灿烂的抗联文化是我们后人可以汲取的一笔永恒财富。

2014年9月，在第一次全国可移动文物普查中，这只80多年前抗联战士用过的桦树皮箱子被省文物专家鉴定组鉴定为国家三级文物。

（梧桐河农场 王琪）

抗联战士在老等山上用过的炭火熨斗

在梧桐河抗联纪念馆第四展厅的"艰难苦斗突出重围"部分，陈列着一顶抗战时期的军帽、一个炭火熨斗、一套抗联军服和一块黄菠萝树皮。这些展品是80多年前抗联西征部队抗联战士用过的物品。他们当年从梧桐河老等山出发，踏上西征的漫漫长路，与日寇进行艰苦卓绝的斗争。这些物品被抗联老战士、黑龙江省政协原副主席李敏保留下来，后来李敏将其捐赠给梧桐河抗联纪念馆。

抗联战士在老等山上用过的炭火熨斗

20世纪30年代的梧桐河，交通闭塞，河叉纵横，一片片的疙瘩林子和泡泽、苇塘是理想的隐蔽之地，河流两岸也可作为作战工事。那时的梧桐河夏天能行船，但人马却难以通行；冬天雪深过腰，无路可走。日军曾多次密谋剿毁梧桐河的抗日根据地，但由于自然天堑而不敢贸然深入。

这里曾经苍鹭成群，水草丰茂，沼泽一片，中间凸起一座山头，人们叫它老等山。位于农场东北面的老等山，因有老等在此栖息而得名。老等山不是高山，而是一处漫岗，呈馒头状，四周是一片沼泽，北面与一片柞树林相接。

当年由于敌人严密封锁，部队物资非常缺乏。1938年春，时任二师政治部主任张兴德带领队伍在这里开荒种地，种了20余垧玉米，以补充抗联队伍的口粮。白天战士们开荒种地；夜间战士们聚在一起学习文化知识，总结战斗经验，研究战略战术，并在这里设了六军指挥部。1938年7月，六军一师马德山、二师江信德、三师王明贵在老等山附近的小树林里设了秘营地。

那是1938年的秋天，李兆麟将军来到老等山，六军教导队在此扎营，被服厂忙着制造衣冠。被服厂的抗联女战士们，将献出来的布帐篷用船运进离这儿不远的老等山后防。这里有两座很简陋的草房，被服厂就设在后山坡的小房内，抗联女战士们就在草房内缝制衣服、背兜、子弹带等军需用品。指战员穿着崭新的军服，将军率队向西征战，不知经历了多少流血牺牲，终于把鬼子赶回东海那边。1938年李兆麟将军率领东北抗日联军第三军、第六军、第九军、第十一军在梧桐河老等山集结，分三批向小兴安岭南麓进行转移。经历了西征的艰难跋涉之后，抗联三路大军由原来的3万人锐减到2000人。西征的时候，有一位叫徐志颖的年轻作曲家，为西征部队写下了一首歌——《送西征》。

冯仲云回忆那段经历时，一个关于"火"的故事清晰地浮现在他的眼前。那年冬天，异常寒冷，天上终日飘着雪，地上的积雪没膝深，树枝被风刮得呜呜响，冷得人不敢解裤带大小便，因为手露在外面一会儿就会冻僵，再想系上裤带手已经不听使唤了。在刺骨的风雪中，食不果腹，衣不暖身，战士们最需要的是火，能有一堆火烤烤手、暖暖身子，那是最幸福的事情了，可是为了部队的安全，再冷也不能生火取暖。就是在这种艰苦条件下，抗联官兵硬是在零下三四十摄氏度的严寒里坚持着，听不到一句叫冷、叫苦声。可是有一天，在那个被叫作"烟炮"的大风雪中，发生了一件令人心痛的事情。一个年轻的战士，走到一堆挂满红叶的菠萝藨那儿，蹲下身子不走了，他把手伸向红叶似火的菠萝藨，兴奋地呼喊着："火，火，好火……"部队在风雪中前行了一段路，突然发现那个年轻的战士没有跟上来，当找到他时，发现他的双手搂着菠萝藨，脸上满是喜悦，但人已经冻僵了。

80年过去了，如今抗日的烽火早已散尽，但是抗联精神却永世传承了下去。在梧桐河农场的老等山，矗起一座丰碑，老战士李敏的题字银光闪闪，虽然当年的地窖子已不复存在，但抗联战士的英姿却在后人眼里熠熠生辉。

（梧桐河农场 王琪）

"将军罐"中赵尚志头颅之谜

　　一个精美的瓷罐，曾受到无数人的敬重，这个瓷罐究竟是何物呢？在梧桐河抗联纪念馆二楼"赵尚志血洒梧桐河"展厅，讲解员生动的讲解向大家揭开了瓷罐的谜底。这个瓷罐，被称为"将军罐"，是曾盛殓赵尚志将军颅骨的瓷棺。

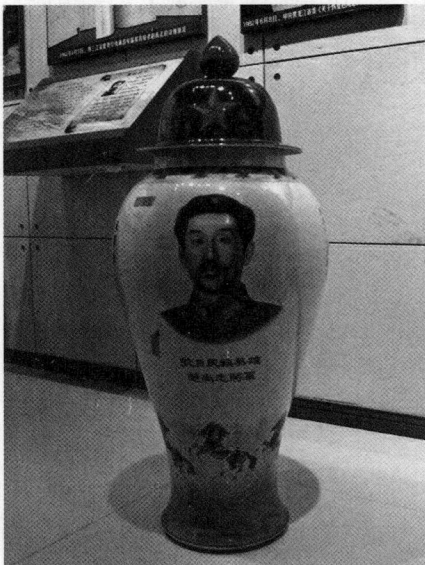

曾经盛殓赵尚志将军颅骨的将军罐

　　1942年2月12日，在梧桐河抗联战士与日寇的一场战斗中，赵尚志被打入内部的特务出卖而中弹牺牲。日寇残忍地将赵尚志的头颅割了下来，把他的遗体投入松花江冰窟窿里。后来，赵尚志头颅的去向成了一个谜团，党组织和一些抗联战士急切地寻找，尤其是老抗联战士李敏，寻找赵尚志烈士的头颅成为她的心病。她在梧桐河附近的山林里找到了赵尚志牺牲前血染的更生毯、喝水的粗瓷碗，但是头颅仍然不知去向。

　　1987年初，一位从事战争史研究的日本女学者山崎枝子从日本东京来到黑龙江省佳木斯市，亲自去梧桐河察看了赵尚志牺牲的地方。山崎枝子到哈尔滨采访李敏，李敏缓缓地讲述着那段远去的历史，她的内心无法平静，50多年前在沙场上与日军进行殊死搏斗的她，怎么也想不到会有机会同来自日本的学者讲起那段悲壮的往事。临别时，李敏问山崎枝子能否帮忙确定当年赵尚志的头骨是否被带到日本。沉默许久后，山崎枝子说可以。一个月后，山崎枝子从日本寄来的信中提供了非常重要的线索，她找到了当年的战犯——伪鹤立县兴山警察署特务主任东城正雄，了解到是般若寺的和尚将将军头颅拿走埋了起来。

李敏多次到长春般若寺寻找，但是并无结果。2006年，般若寺大修。5月31日深夜，李敏接到时任沈阳军区电视编导姜宝才的电话，般若寺真的出土一颗头骨，在冥冥之中，李敏觉得那肯定就是赵尚志烈士的头骨。她立即提出让赵尚志的亲属一块儿去。赵尚志头颅的下落是多年来很多人都在寻找的历史之谜。寺院已经将头骨再次掩埋，经过多方协调。2004年6月2日在僧人释果慈的引领下，李敏、姜宝才和赵尚志的外甥李龙、李明，以及《东北抗联》摄制组李俊杰等人来到净月潭公园，在一片遮天蔽日的松林中，终于找到了这颗头骨，将其小心包裹好，接英雄回家。

说来也巧，赵尚志头骨失踪了62年，而头骨重见天日那天，恰好是6月2日。赵尚志的身高是一米六二，李敏得到消息后在第一时间驱车前往，她的车牌尾号也正好是62。这一天李敏和赵尚志的亲人在寻找头骨时一波三折，正好是在晚上的6点20分才找到。

李敏和赵尚志的外甥一起给赵尚志"起灵"，将头骨带回哈尔滨住所。一路上，李敏眼睛望着窗外，唱着赵尚志作词的歌，一句话也不说，不停地唱，希望老上级能够听到。

2004年6月19日，赵尚志头骨从李龙家移至李敏家设的灵堂内。6月26日，李敏亲自去景德镇定制的"将军罐"烧制完成。"将军罐"通高120厘米，罐身最宽处45厘米，最窄处20厘米。正面印有赵尚志肖像，背面印有"铁骨铮铮，华夏忠魂"8个大字，其余两侧分别印有赵尚志生平简介和"将军歌"，罐底部则印有将军罐的策划者、设计者、烧制日期等，"将军罐"的"盖儿"则是按照抗日联军军帽样式设计，好似一顶"将军帽"。9月28日，李敏、李龙将赵尚志将军头骨移放到特制的瓷棺中。

2004年11月29日，赵尚志将军的头骨经过国家公安部的科学鉴定后得到确认。"历尽劫波终不悔，战友深情感天地"，当得知苦苦找到的头骨经过权威部门鉴定确实为赵尚志将军的头骨时，泪水从李敏饱经风霜的双颊流下，这是喜悦的泪水，是告祭英灵的泪水。

随着英雄的魂兮归来，她长长地舒了一口气。困扰了人们62年的谜底终于揭开，赵尚志将军头骨的发现引起了社会的轰动。

2006年12月8日，中央决定将赵尚志将军头骨安葬在他的出生地——辽宁省朝阳市尚志乡尚志村。李敏穿上老军装，再次用歌声送别这位民族英雄。

2016年1月31日，李敏把"将军罐"捐献给梧桐河抗联纪念馆，时任农场党委书记张学锋前往哈尔滨市李敏家中接回"将军罐"。梧桐河抗联纪念馆外矗立着2004年6月2日李敏题写的"铁骨铮铮，华夏忠魂"纪念赵尚志头骨62年重见天日的石碑。这位民族英雄的故事画上了一个句号，"将军罐"之谜成为教育和影响下一代的爱国主义素材，"将军罐"的谜底虽然已经揭开，但对将军事迹的寻访和传颂却永远不会停止。

（梧桐河农场 王琪）

艰难的"第一犁"

走进北大荒博物馆第二展厅，首先映入我们眼帘的是一个古老的犁杖，这就是70年前北大荒人使用过的"第一犁"。

说起这"第一犁"，背后还有许多曲折的故事呢。1947年，人民解放战争由战略防御转入战略反攻，东北部分解放区正在轰轰烈烈地开展土地改革运动。根据党中央《关于建立巩固的东北根据地》的指示精神，中央东北局财经委员会召开会议，主持财经委员会工作的陈云、李富春在分析了当前形势之后，一再强调："东北行政委员会和各省都要在国民党难以插足的地方，试办国营农场，进行机械化试验，以迎接解放后的农村建设"，"为迎接全国解放，组织亿万农民走集体化、机械化生产道路"，"在北满建立一个粮食工厂，培养干部，积累经验，创造典型，示范农民"。今天的黑龙江省在当时被划分为五省一市，黑龙江省在北安县，嫩江省在齐齐哈尔市，松江省在哈尔滨市，合江省在佳木斯市，牡丹江省在牡丹江市，一市即哈尔滨市。

北大荒博物馆展出的北大荒第一犁

6月初，时任松江省政府主席冯仲云，根据东北财经委员会会议精神着手筹建农场，委任时任省政府主任秘书李在人为场长，时任农业科长刘岑为副场长，派了两名通信员、两名干部和一名木工，开始了建场的筹备工作。首先，在哈尔滨市汽船厂、汽车厂等单位招收了11名不同工种的技术人员。其中看守汽船座机的工人5名，汽车司机3名，看守电影机的技术工人3名，算是建场的技术力量。没有机械设备，就在一个白俄开设的小工厂里买了伪满遗留下来的2台四铧沙克型、2台圆盘耙及割草机、搂草机等十几件农机具；从外县调来了日本开拓团遗留下来的"哈拉马苦""卡大比鲁""苦麻斯"3台旧"火犁"；从阿城糖厂买来了11匹役马、3台胶轮车；省政府还给了2台烧木炭的汽车。6月上旬，他们从哈尔滨出发，来到珠河县（今尚志市）一面坡太平沟小山子，当天搭起锅灶，接着就"招兵买马"。小山子一带有很多荒地可以开垦，先遣队随即派人前去勘察。当时没有经过技术人员勘测，也不懂得搞建场规划，先遣队就决定在此开荒建场。场部设在小太平沟，并在一面坡车站设立了交通站。又从当地招收了14名农业工人，于6月13日投入了开荒生产，宣告农场正式成立，省政府决定将农场命名为松江省营第一农场。当时省内多处设有机关、部队、学校开辟的生产基地和各县办的农场牧场，后来都建成了公营农场（当时新中国尚未成立，所以这些农场都叫公营农场），统归东北行政委员会公营农场管理局管理。

这里群山环抱，一条条山梁之间，形成了一片片狭长的低谷平原。李在人和刘岑带领工作人员翻山越岭，考察地势和荒原。他们先就近选了一片荒地作为基地。拖拉机一进荒地，问题就出现了：荒原坑坑洼洼，拖拉机一开进去，便开始"画龙"；有的挂上犁，东颠西歪，犁铧进不了土；有的犁口入土太深，负荷过大，一下就憋灭了火；便有的勉强翻了一圈，不是立垡，就是回垡；一遇上堵犁误车，更是手忙脚乱，没了主意。进入8月份，雨季来临，山水顺坡而下，低谷处成了水塘，高岗地也地表饱和，土质更加黏重，机车无法作业。经过40多天的艰苦奋斗，开垦出93公顷土地，再没有荒地可开垦了。他们没有完成冯主席交给的开荒任务，只好另找荒原了。

通过几个月的实践，他们发现该地虽然交通方便，但垦荒点土地零散，难以形成规模，不利于机械耕作，遂于1948年3月全部搬迁到延寿县中和镇一带开荒。同时，松江省政府拨给他们从苏联进口的纳齐拖拉机8台，人员也增至100余名。这里有伪满开拓团的撂荒地，原始荒原一眼望不到边。场址选定了18马架，但该处地势低洼，不适合机械作业，完成播种面积7950亩后，经省政府同意，又于当年8月向牡丹江地区转移，场部暂驻牡丹江市内，场名改为松江省机械农场。主力垦荒队进驻宁安县（今宁安市）兰岗、石头一带，当年开荒2万多亩，同时接收了原县大队畜牧场和护路警察队垦荒点，并入耕地万余亩，牲畜近万头，初步形成一定规模。

1947年创建的农场除了宁安县以外，还有通北机械农场和赵光机械农场。到新中国成立前黑龙江省创建了一大批农场，它们大致隶属于四个系统：由东北人民政府农业部直接领导的建场早、规模大的永安等4个农场；由东北荣军工作委员会领导的带有较强的部队特点，有较严格的组织纪律性，在生产经营上多为供给制的香兰农场等6个农场；属于原黑龙江省及松花江省两省省营的以旱田为主、机械化程度比较高的宁安农场等8个农场；属于各县县营的规模小、机械化程度低的安达县立农场等40个农场。

1948年底，全场干部集中在牡丹江冬训，这时感到农场战线太长，指挥不便，经报省厅批准，做了适当调整，把原来留守延寿的人员与当地农场合并，后来改称庆阳农场。其余全部人马集中到宁安县境内，场名又因地得名——1952年定名为松江省国营宁安农场。

2005年，我们在为博物馆征集展品时，从老百姓家中征集到了同时期的这个北大荒开发60年的见证物。由此我们不难看出，当年北大荒开发是多么艰难！

1947年夏天，转业官兵在北大荒拉犁时的情景

新华农场老场徽的诉说

在新华农场的场史馆里摆放着一块老场徽，一揸厚的三块木板拼接着，顶上一颗红星连接着一半麦穗、一半齿轮，当中拖拉机前的红绸带上刻着建场日期，拖拉机后的波纹象征着源远流长的伏尔基河水，"八一"的标志更突显了它非凡的使命和意义。

1949年10月，在中华人民共和国刚刚诞生的日子里，曾在战斗中负伤的第四野战军的官兵为了减轻国家负担，支援祖国建设，谨遵上级"开发边疆，建立荣誉新村"的指示，拖着虚弱的身体，打起行装，走出了荣誉军人学校的大门，迎着凛冽的北国寒风，开始了开发建设北大荒的新征途。1949年11月1日，经过短期筹备的松江省荣誉军人农场即伏尔基河农场正式宣告诞生。这群官兵肩负着开发祖国边疆、发展新型农业的使命，拉开了农场建设的历史序幕。

新华农场老场徽

改变荒原，让沉睡千年的土地为民造福——美好的愿望激励着创业者们的心。但在这房无一间、地无一垄的茫茫草原上，仅靠80万元的国家投资和960名荣军战士的微薄劳力，实现这一目标的困难不言而喻。1949年11月初，由700人组成的冬伐大军带着150辆马车浩浩荡荡奔赴原始森林，从场部到采伐点130多里路，天黑出发，到山里已经是第二天的上午，荣军战士们在这烟雪茫茫的森林里搭起帐篷、支起马架，开始了新的战斗。他们冒着零下三四十摄氏度的严寒，穿着单薄的棉衣，吃着刚出锅就冻成冰坨的高粱米饭，就着煮熟腌咸的黄豆，日夜苦干。不会伐木，不懂装车，他们在实践中边干边跟有经验的当地老乡学，不少人双手、双脚冻裂了，脸冻肿了，没人叫一声苦。冬天的积雪经风一刮形成了一道道雪岭，使本来就崎岖不平的山路又增添了重重障碍，荣军战士们赶着满载原木的马车风餐露宿、披星戴月，两天三夜跑两个来回，历时一百天的冬伐会战中，伐运木材1.5万立方米。

当年的伏尔基河两岸既荒凉又富饶，为了让这片肥沃的黑土打出金灿灿的粮食，200余人的垦荒队带着4台苏联制造的"纳齐"拖拉机，60余副马犁开进荒原，马达声声唤醒沉睡千年的处女地，一垄垄黑黝黝的沃土出现在荒原上。盘根错节的枯藤、树根经常绊得犁杖弹出地面，扶犁的手被甩出老远，虎口震裂了、衣服刮破了，他们把鲜血和汗水融入了这片黑土地。由最初的一副马犁一天只能开荒五六亩，到后来一天最高开荒18亩，露天炉灶的"水饭"没有饿垮他们，蚊虫、野兽没能吓跑他们，军帽、衣襟里兜着播种的种子，他们把粒粒饱满的大豆、玉米连同未来的希望与憧憬一起撒进土里。经过日夜奋战，是年开荒29 082亩，他们提前10天完成粮豆播种任务。

在艰苦创业的日子里，荣军战士们发扬了人民解放军特别能战斗的光荣传统，以坚韧不拔的毅力和不畏艰难困苦的决心，让昔日荒芜的伏尔基河畔发生了翻天覆地的变化：千亩良田一望无际，绿荫下一排排整齐的砖瓦房像士兵一样守卫着这片土地。1950年《东北日报》刊发了名为《伏尔基河的春天》的长篇通讯。随后中央新闻纪录电影制片厂摄制的《荣军农场》在全国各地公开放映。至此，伏尔基河农场伴随着荣军艰苦创业的动人事迹在祖国大地上流传开来。1951年，松江省人民政府授予伏尔基河农场"先进农场"称号。

岁月流转，这块镌刻着荣军战士荣誉与汗水的老场徽被收藏在了原伏尔基河农场现在的新华农场场史馆内。老场徽彩漆斑驳、木板开裂，却开启了另一段新的使命，为更多的北大荒子孙讲述那些无法被风雪吹散的故事。

（新华农场 杨洋）

马连相用过的多功能钳子

在红兴隆博物馆"友谊篇章"展厅的陈列柜里，摆放着一把新中国成立前美国制造的多功能钳子。它既是钳子，又可以当活扳子、管钳子用，外形小巧精致。别小瞧了这把钳子，它与我们新中国农垦事业有着很深的渊源。

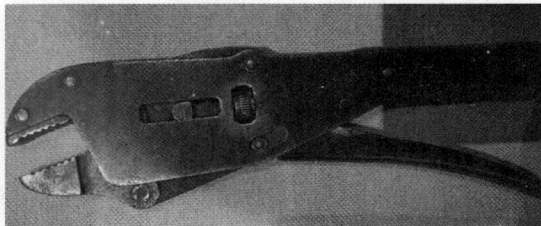

马相连用过的多功能钳子

黑龙江省农垦科学院原院长马连相，不仅把这一使用、珍藏多年的心爱之物捐给红兴隆博物馆，还为我们讲述了这把钳子背后的故事。

马连相1954年至1983年在友谊农场和红兴隆管理局工作期间，先后担任过农场和局里的领导职务，在确定友谊农场五分场二队为农业部北方旱作农业实验基地，以及大规模成套引进国外先进农业机械方面，做了大量工作，功不可没。

按照约定，这天上午9点半，我们来到马院长家。坐定后我简要地说明了来意。马院长端详了一下我和张伟说："你们不熟悉我吧？"我说："是的。"马院长热情地说："我先介绍一下我自己……"能听老领导亲自讲自己的历史那可是难得的事，我赶紧掏出笔记本做记录。马院长从自己的祖籍讲起，把自己求学、参加革命工作所经历的重要阶段和一些大事一一道来。马院长记忆力极佳，对过去亲历过的大事小情理得清清楚楚，讲起来更是滔滔不绝。马院长讲话时还有一个特点，就是不允许别人插话打断，他讲得正起劲时，老伴在旁边插了句嘴，马院长一摆手："别插话，听我说！"便又不紧不慢地说开去。这一讲就是3个多小时，马院长老伴终于忍不住了："老马，快1点了。"马院长一看表，真就到下午1点了，便意犹未尽地收住了话匣子，说："那就先吃饭吧。"

马院长曾提到1946年在太行解放区参加过美国人韩丁办的农机培训班一事，

我赶紧提问："马院长，我只知道韩丁70年代时到我们垦区来过，你刚才讲建国之前你们就有交往，那韩丁和中国农垦的关系可挺深的了。"马院长点点头肯定地说："就是啊，1949年当时的华北人民政府在北京郊区办农场，我和韩丁被调去工作，途经天津时，在商店里发现了一把多功能的钳子，还能当扳手和管钳子用，韩丁说你搞农机用处大，极力劝我买下来，这把钳子跟了我几十年了。"听闻此言我心中一喜，说："马院长，钳子能给我们看看吗？"马院长欣然同意，取出了钳子给我们观看。看着这把小巧精致的钳子，我"得寸进尺"，又提出了要求："马院长，友谊农场五分场二队的项目建设，您付出那么多心血，这把钳子能不能赠给红兴隆博物馆，就让它作个见证吧。"马院长笑了，说："这把钳子可是我的宝啊，有人要出高价买去仿造，我都没舍得给。行！既然你说得那么有意义，就给你们吧！"

午饭是马院长老两口陪我们在门口小餐馆吃的，吃的什么早就忘掉了，可比吃了顿大餐还要高兴的是意外地收获了这把钳子，它可以作为我们农垦事业发展的一个见证啊！

2014年9月，在第一次全国可移动文物普查中，这把马连相用了多年的钳子被省文物专家鉴定组鉴定为国家三级文物。

（红兴隆管理局　张容豪）

杜鲁门的"礼物"

在红兴隆博物馆第二厅内耸立着一座王震将军的花岗岩雕像，将军面容坚毅，目视远方，像在检阅千军万马。雕像近侧的展柜中陈列着与将军有关的文物，其中由将军当年的警卫员刘明江捐赠的一枚锈迹斑斑的弹片格外引人注目。要提起这件文物的征集过程，还颇有点儿故事性。

2009年3月4日，我们在八五三农场宣传部领导的陪同下来到刘明江家。我们是在摸排文物线索时了解到刘明江曾给王震将军当过警卫员，所以重点上门做征集工作。站在我们面前的是一个干瘦的小老头儿，身子骨还挺硬朗。我向老人说明来意时，分场领导赶紧告诉我，老人耳背，于是我们又是喊话，又是用笔写，进行了一场不同寻常的交流。

刘明江老人告诉我们，他是1927年生人，老家在贵州务川县，祖辈务农。1931年王震在川军旅任教官做党的地下工作，在刘明江家建立了交通站，其父刘庆斌是交通站长。刘明江的乳名启雄就是王震给起的。后来父亲被敌人杀害，他和母亲到处流浪。1950年8月，他参加了解放军，后编入铁道兵六师二十七团三营九连。朝鲜战争爆发后，他又报名入朝参战。他作战勇猛，曾荣获"国旗二级功臣勋章"，还回国出席铁道兵第三届庆功大会，见到了朱德总司令和王震司令员。1954年4月，他调到铁道兵总部给王震司令员当警卫员，随部队去广西修黎湛铁路。他得知东北要建军垦农场时，又积极报名，于1956年跟王震司令员来到北大荒，被分配到八五三农场一分场当了机务工人。他热衷于技术革新，被农垦部评为机务技术改装能手，受到王震部长的接见和赞扬。

了解到刘明江老人的不凡经历后，我们肃然起敬。我问老人，过去的奖章证书是否还保留着？老人起身从外边的仓房里搬回一个小箱子，打开一看都是各种奖章、证书。老人的女儿惊讶地说："我爸的这些宝贝连我们都从来没见过！"当我动员刘明江给红兴隆博物馆捐赠点儿文物时，却被老人拒绝了。他说："这些东西都是我的念想，北大荒博物馆想要我都没给，你们也不能给。"我思忖一下，告诉老人，红兴隆博物馆给王震将军建了一座花岗岩的雕像，还要陈列将军的文物，如果司令员和警卫员的文物能陈列在一起，那该多有意义啊！没想到，听了我这几句话，老人竟痛快地答应了。在刘明江老人的宝箱里我们选了三样东西：一张修黎湛铁路荣获一等功的立功喜报，一本铁道兵第三届庆功大会纪念册，一枚弹片。

这枚长约5厘米、宽约1厘米的弹片边缘锋利、锈迹斑斑，这是刘明江在朝鲜战场敌机轰炸时为抢救朝鲜老乡而负伤留下的。战场条件差，当时只是处理了伤口，不知道还有弹片，于是弹片就一直留在了腰里，直到20世纪80年代中期老人体检时才被发现。拿着这枚弹片，刘明江老人笑呵呵地说："你们博物馆得给我写上，这是美国总统杜鲁门送给我的'礼物'。"

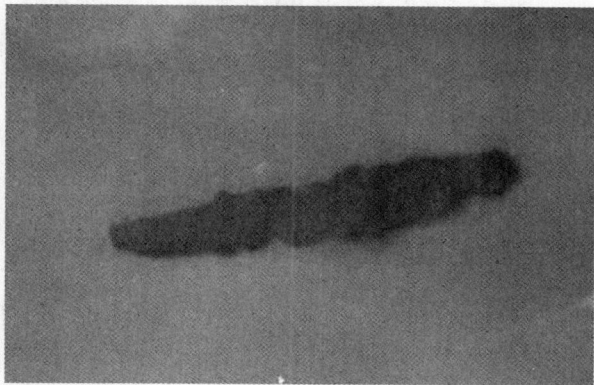

从刘明江身体里取出的美国飞机扔下的炸弹弹片

2014年9月，在第一次全国可移动文物普查中，这枚在刘明江身体里藏了35年的弹片被省文物专家鉴定组鉴定为国家三级文物。

（红兴隆管理局　张容豪）

毛泽东给萌芽学校的题词

德都县（现五大连池市）乡村师范学校的校名"萌芽学校"四个字是毛泽东主席题写的。说起这个题词，有一个人不得不提，她就是新中国第一位女拖拉机手梁军。

1946年秋后，延安来的老干部、时任黑龙江省干部学校教育长的高衡到德都县乡村参加土改运动，看到许多农民的孩子因为家庭生活困难上不起学，感到十分不安。当时省政府所在地德都县的县委书记吴飘萍，也是从延安来的老干部，他听取了高衡关于农村教育方面的汇报，深有同感，并认为农村教育落后，除了经济条件外，师资缺乏也是重要原因。于是，他们共同酝酿创建一所师范学校。高衡在延安搞过多年教育，就由他主持筹建这个学校，并任校长。他主张自力更生，办个半工半读、因陋就简的学校。于是，他们就在德都县城内南区找了几间日式的旧房子，收集了几十张桌凳，动员了几位有志于乡村教育事业的教师，于1947年5月招生开学，定名为德都乡村师范学校。

第一批学员共50多人，都是农村的苦孩子，梁军就是其中的一个。梁军告别了父母，走进了这所半工半读的学校。校长高衡带领学生们自己纺纱织布，解决过冬棉衣，又上孙吴县荒野捡回伪满开拓团扔掉的农机具，开荒生产。

1948年初，学校决定办农场，并指派一批学员去北安参加拖拉机训练班学习。梁军不久前曾在一部苏联电影《巾帼英雄》里看到过苏联女拖拉机手安格林娜带领全村男女一边打游击，一边开"火犁"，非常佩服，下定决心向她学习，听到消息后，就一再向校长要求去学习。谁料校长说训练班不收女的，再说女学员开车太埋汰、太累，生理上又……

"那么，巴莎呢？"她问。

"巴莎……"校长突然被问住了，心里暗暗地为眼前这个倔强的姑娘叫好。遗憾的是这期训练班确实不收女的。

"为啥苏联有女拖拉机手，咱们不收？不是说苏联的今天，就是咱们的明天吗？"

"所以嘛，今后有机会一定让你去！这是第一批学习班，不收女的。"

"我要的就是第一批！"

校长终于同意了梁军的请求，决定派梁军和另外两名男同学去学习开拖拉机。

这批拖拉机训练班有70多人，就梁军一个女孩子，训练班里没有单独的女宿舍，而且宿舍还是大通炕，她进屋后只觉得周围70多双眼睛看着她。她满不在乎地把行李往炕里一扔，对着镜子把长发一剪，就在男宿舍的旮旯住下了。开始的时候，有的男同学看不起她，她就往炕上一坐，较上了劲，下决心一定要学好。白天梁军和男同学一样在机车上训练，晚上躲在屋角点着小油灯整理笔记。两个月后进行结业考试时，她不但学会了开车，而且还学会了简单的修理。她最终取得了良好的成绩，考上了拖拉机驾驶员，成为新中国第一位女拖拉机手。

有了拖拉机和部分农具，扩大耕地和办农场的计划就可以实现了。从此，18岁的梁军不但顶班驾驶，而且开始带徒弟了。第一个徒弟是吴玉珍，接着又带了一批女拖拉机手。开荒点离学校30多里地，她们就在地头搭一个小窝棚，刮风透风，下雨漏雨。有一天晚上，狂风把窝棚顶给掀了，暴雨把被褥和她们的全身浇透了。第二天早上，她们照样开着拖拉机干活儿。整天野外作业，满身油泥，风吹日晒，加上营养不良，喝的是泡子水，吃的是楂子饭，梁军身上长了疥疮，又痒又疼。但她没有叫一声苦，也不回校治疗，只是简单地用盐水洗一下，抢开荒的季节，继续出车，每天坚持工作十五六个小时。一天下来，蒙尘带土像个"黑姑娘"，除了眼睛白、牙白，浑身都是黑的。头一年，她们开新荒3400亩，播种1950亩小麦，收获15 000多公斤粮食。

1949年1月，梁军作为新中国的第一位女拖拉机手，光荣地出席了在北京召开的亚洲妇女代表大会。她在会上意外地见到了慕名已久的苏联女子拖拉机队长安格林娜。这对异国姐妹亲热地拥抱起来。梁军关切地向苏联姐妹询问女子机耕队情况，安格林娜细心地一一介绍，并预祝中国女子拖拉机队早日诞生。1950年5月，吴玉珍、陈亚茹等五位女同学考为拖拉机驾驶员后，梁军提议成立中国第一支女子拖拉机队，得到了党组织的支持和赞扬。1950年6月3日，萌芽学校组织了一个仪式，宣布中国第一支女子拖拉机队正式成立，并命名为"梁军女子拖拉机队"。

县委、县政府和县妇联送来了锦旗、贺信。在全校几百名教职员工的掌声和鼓乐声中，队长梁军带领11名学员，庄严宣誓："我们决心团结广大的妇女一代，一道参加生产建设，为新中国农业机械化奋斗到心脏跳动的最后一分钟……"

接着，她们开动了拖拉机，围绕校舍绕了一周。第二天，她们就驾驶着机车，向新荒原进发了。

"哦，火犁，你是钢铁的战马，
火犁，你是我们亲爱的战友，
你发出愉快的声音，
我们已到开耙的时候，
驾着战马走遍田野……"

歌声传遍了北大荒。不久，通北机械农场也成立了女子拖拉机队，来自工厂、农村、学校的21名姑娘集合在一起，命名为"第二女子拖拉机队"。姑娘们拥有4台拖拉机、4台联合收割机，承担914垧耕地，当年打下了千余吨粮食。

1950年9月26日，萌芽学校推选梁军为出席全国第一届工农兵战斗英雄劳动模范大会的代表。她到北京后，把拖拉机队开荒生产的情况和为建设新中国的雄心写成决心书，一起寄给党中央和毛主席。汇报材料和决心书很快在《人民日报》上发表了。在大会上，梁军作为农业代表受到毛泽东主席、周恩来总理和朱德总司令的亲切接见。梁军这次到北京开会，还带了一个重要的任务，就是让毛主席给萌芽学校题写校名，但当她见到毛主席那一刻竟激动得全给忘了。这样，她当晚连夜写信，汇报了学校的发展与现状，并请求毛主席题写校名。她将此信

毛泽东给萌芽学校的题词

托当时全国总工会主席李立三转交，第二天，李立三就把毛主席题写的"萌芽学校"四个大字用信封装好拿来了。梁军说："德都萌芽学校是我的母校，为国家培养了一大批农业人才，受到毛主席和党中央的肯定。"11月，《人民日报》发表通讯《新中国第一位女拖拉机手》，梁军的事迹传遍全国。

1952年2月，由于情况的变化，梁军和女子拖拉机队带着机车来到了查哈阳农场，与十万转业官兵一起参加北大荒的开发建设。1958年，梁军从北京农业机械化学校学习回来后，被分配到省农机研究所工作。

1962年，我国发行的第三套人民币1元券上的女拖拉机手图案，原型就是这位女拖拉机手梁军。1990年，梁军从哈尔滨市农机局农机处副处长的位置上离休。

李国富受到毛主席接见时穿过的军装

在北大荒博物馆第三展厅里，陈列着一件珍贵的革命文物，这就是被授予"孤胆机智英雄"称号的李国富受到毛主席接见时穿过的将校呢军装。

1930年12月28日，李国富出生在辽宁省复县（今瓦房店市）后楼村的一户穷苦人家。他从7岁开始给地主放牛，受尽剥削和压迫。1942年初，因不堪忍受日本帝国主义的奴役，父亲李天财领着全家人流落到后二十里铺村。望着天上灰蒙蒙的太阳，李国富总是想有一天它会变得明亮而温暖。

这一天终于到来了。17岁那年，解放军路过古井村，李国富毅然报名入伍，成为一名解放军战士。同年10月，他在聂家沟战斗中首次立下了战功，接着又在辽阳城和鞍山的战斗中再立小功3次。 在著名的塔山阻击战中，李国富和他的战友们与多于他们数十倍的顽敌浴血奋战了七天七夜。山头削平了，子弹打光了，战友们倒下了，全班只剩下他一人。然而，阵地保住了。在塔山英雄团里，李国富荣获"孤胆机智英雄"的光荣称号，并荣立大功。他所在的班被授予"塔山阻击英雄班。"

李国富受到毛泽东主席接见时穿过的军装

1949年3月，党中央和中国人民解放军总部从西柏坡迁至北平。24日，李国富所在的部队接到通知，让塔山英雄团、361团、364团、军炮兵团及数百名英模功臣代表受阅。当天晚上，李国富同其他指战员一样兴奋得一夜未睡，拿出这套新发的军装试了又试。25日上午，各受阅部队准时到达西苑机场，整理好队形，静候中央领导到来。下午3时许，毛泽东、朱德、刘少奇、周恩来、任弼时、罗荣桓、聂荣臻、叶剑英等领导人乘车进入机场，阅兵按顺序进行。毛主席乘坐的车子驶到英雄团旗帜前时便停了下来。毛主席走下车，用他那深邃的目光久久地注视这面血染的红旗，庄重地敬完礼后，微笑着与战士们握手，李国富非常荣幸地第一次与伟人的手握在了一起。这是李国富第一次见到毛主席。

1949年10月1日，中华民族结束了受屈辱的历史，中华人民共和国成立了。然而，解放全中国的重任尚未完成，两广还未解放。这时，李国富跟随部队进军广东、广西。那时十万大山形势险恶，被国民党残匪盘踞，李国富跟随部队进山剿匪。他机智勇敢、猛冲猛打，又立2次大功。但在一次战斗中不幸身负重伤，伤愈后被定为二等乙级残疾。

伤残毁坏了李国富的肉体，却动摇不了他的意志。在1951年军事训练中，他由于成绩突出，获得在军旗下照相的特殊荣誉。他又找出这套军装穿上，在军旗下光荣地照了张相。他被所在师授予"练兵模范"的光荣称号，而他所在的班被授予"李国富班"的光荣称号。

1951年，全军区召开第二次英模功臣代表大会，会上发出了向李国富学习的号召。崇高的荣誉，领导和同志们的信任，激发了李国富学习文化、为新中国建功立业的决心。在1952年全军文化学习中，这个曾大字不识的战斗英雄，竟荣获中南军区"模范学员"的称号。

1953年5月，全国第二次青年团代表大会在北京召开，李国富穿着这套军装在这次会议上介绍了全连的支部建设情况，并作为主席团的特邀代表受到了毛主席的接见。

1958年1月24日，中央军委发出了《动员十万转业官兵参加生产建设》的指示。为了响应毛主席和党中央的号召，王震将军再次挥师进军北大荒。3月，已是代营长的李国富第一个向团里递交了申请书。6月，李国富告别了"塔山英雄团"，告别了战友，跟随十万转业官兵奔赴北大荒，先后在曙光农场和勤得利农场工作。

1962年10月，李国富作为战士代表参加国庆观礼，再次受到毛主席的接见。在这段日子里，李国富幸福地与毛泽东、刘少奇、周恩来、朱德等党和国家领导人合影留念。一篇篇采访李国富的报道见诸报纸、杂志。党和人民给这位出生入死、屡建奇功的英雄以崇高的荣誉。他到转业为止，共计立了大功11次，小功和三等功7次。

每每提到这些，李国富还是激动不已，他说："见到领袖三次，是我一生中最大的幸事。"

李国富作为人民功臣，他不居功，不自傲，在垦区工作的近30年时间里，历任渔场书记、武装部长、副场长等职，足迹遍及抚远三角洲。几十年来，他把青春献给了北大荒，但最令他痛心的是"文革"那场浩劫，造反派抄走了他部分宝贵的军功章，以及和毛主席等领导人合影的珍贵照片，每次想起来他就泪眼模糊，抱恨不已。

李国富离休后，还时刻关心着农场的建设，经常帮助党委工作，为农场建设出谋划策，并要求主持民兵工作。边防战士和民兵经常请他去讲革命传统。他用自己的亲身经历去教育战士们珍惜眼前的和平环境。当得知"李国富班"奋战在法卡山时，他眼含热泪、激动不已，奋然命笔写了一封信鼓励战士们严惩敌人，保卫祖国。

在对越自卫反击战中，在法卡山烟雾弥漫的高地上，"李国富班"这面英雄的旗帜接受了硝烟烈火的洗礼。

1992年，闲不住的李国富又担任了老干部党支部书记。他抓支部建设，组织老干部开展丰富多彩的活动。

李国富在开发建设北大荒近50年的历程中，为北大荒做出了卓越的贡献，先后被黑龙江省委、黑龙江省农垦总局授予"先进革命功臣""关心下一代先进个人""北大荒功勋""十佳离退休干部"等荣誉称号。2006年5月，李国富离开了他热爱的垦区，长眠在黑土地上。

2014年9月，在第一次全国可移动文物普查中，李国富在北大荒穿了多年的军装被省文物专家鉴定组鉴定为国家三级文物。

31 枚印章和 23 名烈士的故事

2004年夏天，我到二九一农场为北大荒博物馆征集展品，在没有丝毫线索的情况下，我们找到了老干部科，在座谈会上我们得知农场原来保留了一套二九一团的部队公章。我们从《二九一农场志》上，发现了几枚公章的照片，可史志办的人不知这套公章的下落，办公室主任和档案管理人员也没见过这套公章，已经退休的上届档案员说也没见过。她又推荐她前届的档案员，终于在档案室一个好久不用的柜子抽屉里找到了沉睡了半个多世纪的这31枚部队公章，这些公章全是用山东的梨木人工刻制。二九一团所有的部队公章一枚不少地展现在我们面前，我们如获至宝。

这31枚公章，有5枚6厘米见方，高3.5厘米，分别是"中国人民解放军步兵第二九一团一营营部印""中国人民解放军步兵第二九一团二营营部印""中国人民解放军步兵第二九一团三营营部印""中国人民解放军步兵第二九一团政治处印"和"中国人民解放军步兵第二九一团后方勤务处印"；有5枚宽2.7厘米，长5厘米，高4厘米，分别是"中国人民解放军步兵第二九一团司令部军务股""中国人民解放军步兵第二九一团司令部军训股""中国人民解放军步兵第二九一团

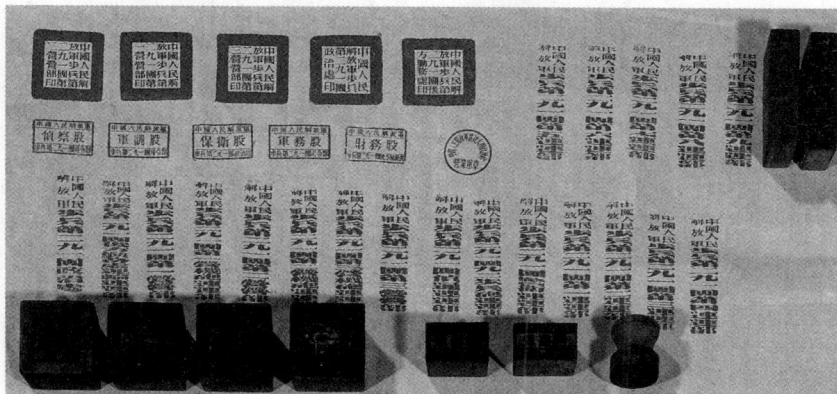

北大荒博物馆展出的当年二九一团的部分部队公章

政治处保卫股""中国人民解放军步兵第二九一团司令部侦察股""中国人民解放军步兵第二九一团后方勤务处财务股";其他20枚长10厘米,宽2.4厘米,高4厘米,是"中国人民解放军步兵第二九一团某某连",全是繁体字,公章四角倒棱,分布在四角的字笔画有不同程度的磨损;此外,还有1枚直径4.2厘米的圆章,是"中国人民解放军农建六团供应站营业用章"。

二九一团是农建二师所属的一个团。农建二师,是中国人民解放军成建制开进北大荒的第一支部队。它的前身是中国人民解放军三野步兵九十七师,辖二八九、二九〇、二九一3个团。这支英雄的部队,曾经驰骋于解放战争的枪林弹雨之中,冲破孟良崮、济南战役的硝烟,使顽敌闻风丧胆。伴随着济南战役的凯歌,他们成为驻守济南市的城防卫戍警备部队。1951年,济南警备部队改番号为步兵九十七师部队,班师山东半岛国防前线。

1952年,中央人民政府革命军事委员会主席毛泽东命令步兵九十七师部队番号改称中国人民解放军农业建设第二师,移防山东广饶北部生产待命,从事农业建设。1954年党中央、国务院指令,农建二师的万名官兵,集体移垦北大荒,先后以团为单位创建了三个机械化国营农场,这就是今天的二九〇农场、二九一农场和铁力农场。

在这31枚部队公章里,有一枚记载着一段可歌可泣的故事,那就是中国人民解放军步兵第二九一团一营机炮连连部……

部队刚来到北大荒,团部驻扎在密山县(今密山市)城东、穆棱河畔的知一镇,为了建场筹集木材。老乡听说部队要创办农场,都积极地向他们"提供情报"。团长宋光和副政委张积文听老乡反映,东去不远的虎林县(今虎林市)境内的完达山上有日本关东军当年砍伐尚未运走的木材。二九一团以一营机炮连为主,组成一支300多人的运木大队。战士们来到虎林县境内的二道山头,用树干、树枝、羊草搭起了简易工棚,在山坡下的小清河打捞早年日本鬼子扔下的困山材。另一队战士则赶着马车,将打捞上来的原木运回驻地加工。一天一宿运一趟,全程60公里,每天早上4点钟摸黑出车,冒着严寒,赶到大岗。吃饭喂马后又继续行进,赶到二道山头,太阳早已下山了,装上木材又重新返回。战士们身上虽然穿着棉袄、皮大氅,但因长途赶车,早被刺骨寒风打透了,好多战士的脸、鼻子、耳朵都冻烂了。这一冬,他们共打捞出2500多立方米木材。

快过新年了,运木大队的干部战士,接到了团党委口头传来的慰问,同志们都特别兴奋，因为他们要在北大荒欢度第一个新年。

1954年12月28日，二道山头到处洋溢着歌声、笑声。这一天，任务完成得也格外轻松，太阳就要落山的时候，几十辆爬犁就全部装满了木头。在收工的路上，不知是谁喊了一声："过年了——"远山深处传来了回声："过年了——过年了——"人们觉得好玩，便一起呼喊，回声把大家逗得笑个不停。炊事员陈洪常晚上把大碴子饭煮得特别烂，并把仅有的一条带鱼也洗了，炖了一锅汤，100多人喝着刚能嗅出一点儿腥味的鱼汤，美美地吃了顿晚饭。

然而，不幸的事情发生了。晚上8点钟，一座工棚失火了。当时，劳累的战士们已进入梦乡，唯独战士陈福昌坐在火炉旁烤着鞋里的乌拉草。他太困乏了，但为了第二天野外作业，他不得不把湿漉漉的乌拉草烤干。一不小心，炉火将草烤着，火苗腾空而起，一下子蹿到低矮的棚顶，紧接着烧着了在棚内用树枝、树条搭成的床铺，霎时整个工棚和另一个相邻的工棚变成了火海。火势十分凶猛，又无救火工具和水源，两间工棚都被浓烟和烈焰所笼罩。在梦中被浓烟呛醒的战士，奋力扑打着烈火，他们想把活的希望留给别人。有的人连门都摸不着了，有的人可能根本就没醒过来。

机炮连班长、24岁的共产党员张继通，是位来自山东省高青县的小伙子。他当时已经从烈火中冲了出来，这时他猛然想起工棚里还有不少枪支，如不抢出来，烧响的子弹会威胁他人的安全。他大喊着又冲进了工棚。当人们在失火现场找到他的遗体时，他的怀里还紧紧地抱着5支钢枪。张继通本来患有严重的风湿性关节炎，领导多次劝他下山休息，但他仍坚持留在山上，顽强地工作着。

机炮连副班长赵洪福，从火里钻出来后，在雪地里寻找不到救火工具，只听他大喊一声："拿脸盆，救火！"又重新冲进火海，外面的战士呼唤着他的名字："小赵，赵洪福……"时间一秒一秒地过去了，一双双焦灼的眼睛再也没有看到他的身影。

当熟睡的董树檀被烈火烤醒后，他来不及穿衣服，使劲拍打着身边还在酣睡的战友："快起来，着火了！"当他准备跳出一米多高的门口（当时他们住在地窖子里）时，忽然感到脚下被绊了一下，他顾不上火烤的疼痛，抱起倒在地上的战友，钻出了熊熊大火……

想到工棚内被火吞噬的战友，外面的战士眼睛都红了。此时，连长韩瑞华头脑异常冷静，他意识到多进去一个战士，就等于多失去一个同志，于是他大声喊道："谁也不准进去，这是命令！"

在这场大火中，既无水源，又无防火工具，虽然两个工棚里的72名战士中大部分人脱险，可还是有赵太和等23名战士献出了年轻的生命……

陈守仁和马克明牺牲前一天还在密山县驻扎地，当听说团党委准备调骨干人员支援二道山的消息后，主动找领导报名。结果当天晚上到二道山后就在这场烈火中殉难。

在家排行最小的董兴池，那年才24岁。他父亲50岁得子，特别疼爱他，他也很孝顺，经常给老人写信。白天他还抽空写了一封不让老人挂念的信，没想到老人接到这封字少情深的信竟是儿子的绝笔。

其实每位战士都是一部永远也写不完的书，因为他们是用自己的青春和热血写的；每个人都是一首永远唱不完的英雄赞歌，因为普通之中蕴涵着伟大。

1955年1月3日，农建二师党委和虎林县政府召开了500多人参加的追悼会。黑龙江省军区批准殉难的同志为烈士。据老人讲，当时的会场一片哭声。会后，23名烈士被安葬在虎林城北"开国纪念林"烈士陵园。农场无论是建场大会、开荒动员，还是年节期间，农场领导总是反复强调："牢记二十三烈士遗志，完成烈士未竟的事业，要尽快建好农场，让烈士含笑九泉"。

1995年9月，二九一农场在建场30周年时，战友们流着泪，排着队，将烈士的骨灰和墓碑从虎林迁回农场，建立了烈士陵园，举行了隆重的"二十三烈士纪念碑落成典礼"。纪念碑坐落在场部福山林木掩映的鲜花丛中，正面是8个雄健、隽永的大字："二十三烈士纪念碑"。

2014年9月，在第一次全国可移动文物普查中，这31枚见证了农建二师开发北大荒历史的部队公章被省文物专家鉴定组鉴定为国家二级文物。

友谊农场建场仪式上升起的五星红旗

在北大荒博物馆第二展厅里，有一面保存了半个多世纪的五星红旗，那就是当年由周恩来任命的正厅级友谊农场场长王操犁亲手升起的国旗。

1954年10月12日，以赫鲁晓夫为首的苏联政府代表团给毛泽东致电，提出要帮助中国建设一座拥有两万公顷播种面积的大型机械化谷物农场，并赠送所需的机器和设备，派遣专家给予组织和技术上的帮助。

当天，毛泽东复电，对苏联政府和人民这一重要的、巨大的、友谊的援助，表示热烈的欢迎和衷心的感谢，指出："这个国营谷物农场不仅在推动中国农业的社会主义改造方面会起重要作用，而且也会帮助中国训练农业生产方面的技术人才和学习苏联开垦生荒地的宝贵经验……"

周恩来总理立即筹划此事，指示这个大型谷物农场任务是"出粮食，出经验，出人才"。中央办公厅农业部在经过反复论证之后，把眼光投向北大荒。中央和黑龙江省有关部门迅速做出反应：成立建场委员会，派遣场址调查组，并调集各地的优秀人才。

如同苏联援建的146个重点工业项目一样，这个正在设计规划中的大型谷物农场也受到国人的关注。当时这个农场尚未命名。中央和地方的多篇报道，只称之为"苏联援建的大型谷物农场"，有的报刊则誉之为"我国农业的鞍钢"。

1954年12月7日，国务院常务会议正式通过了《关于建立国营友谊农场的决定》，决定将农场设在黑龙江省集贤县三道岗地区，命名为"国营友谊农场"，作为中苏两国人民伟大友谊的纪念；任命黑龙江省农业厅厅长王操犁为场长；成立了以东北国营农场管理局局长魏震五为首的6人建场委员会。在农业部和黑龙江省人民政府的双重领导下，农场的筹建工作紧张地进行着。

严冬的北大荒，寒气逼人，可参加升旗仪式的人们心里却感到很温暖，因为他们是友谊农场奠基这一伟大事业的见证人。12月21日，在选定的总场部位置的荒原上举行了升旗仪式。10点30分，场长王操犁在热烈的掌声中，把一面五星红旗徐徐升上10多米高的旗杆顶端。参加升旗仪式的建场委员会成员、农

当年友谊农场在建场仪式上升起的五星红旗

场主要领导、中苏专家和干部职工代表们，仰望着冉冉上升的五星红旗，沉浸在对美好未来的憧憬中。

在那热火朝天的日子里，场长王操犁始终活跃在第一线，同副场长兼总农艺师王正林一起，陪同苏联专家深入现场，向拖拉机手嘘寒问暖，并把红旗插在优胜者的机车上。这位年轻场长老家在河南省遂平，20岁便参加了抗日救亡运动，后来到延安，曾在马列研究院、中央党校任教。抗日战争胜利后，他被派到东北工作。1948年秋，他带领民工参加了辽沈战役，受到嘉奖。新中国成立后，他调任东北人民政府研究室副主任。1954年8月，他调到黑龙江省农业厅任厅长，不久就调到北大荒筹建友谊农场。

当年《黑龙江日报》报道说："现在，千百万人都在怀着兴奋的心情关怀和注视着……在那里，就要兴建一座近代化的机械农场，有两万公顷荒地将要变成年产数万吨粮食的良田；而且还意味着：北大荒这无边荒原开垦的起点，无数个社会主义的机械农场建立的开始，祖国这座巨大的谷仓之门将从此被打开了！"

友谊农场是由国务院决定建立的，黑龙江垦区唯一一个场长由国务院直接任命的特殊的农场。农场人员从全国农业战线抽调，2178台（件）农机具和设备完全由苏联赠送，并且整个农场就是一个独立的县。为了加强这个农场的领导，国务院从河北省、河南省、山东省、吉林省、黑龙江省和新疆维吾尔自治区抽调21名厅局级和县团级干部担任总场、分场甚至生产队的领导。

他们踏遍了三道岗地区的荒地和灌木丛，在2400公里的地界上。埋下了164根大界桩，划分了5个分场的场界和13个生产队的地界。1955年5月2日开荒生产，第一年就开荒35万亩，播种小麦、大豆5万多亩，收获粮豆361万公斤。

当年创建友谊农场时，不仅来了大批有志青年，其中还有从印度尼西亚回国的学生，而且许多高级领导干部也把子女送来参加建场，包括时任最高检察院检察长张鼎丞的女儿、农垦部副部长张林池的女儿，劳动模范耿长锁的女儿，还有李富春和蔡畅的女儿李特特。李特特，这位苏联季米里亚捷夫农学院毕业的女大学生听说这里筹建友谊农场，就带着刚满3个月的婴儿来参加建设了。她住草屋，吃大楂子，一边带孩子，一边搞课题试验；奶水不够，就用菜汤把窝窝头煮烂喂孩子……当年就是这种无私奉献的精神激励着大家。

友谊农场是中苏人民友谊的见证。早年，友谊农场场部中心广场竖立着一座中苏友谊纪念碑，它象征着中苏人民的友谊，是中苏两国人民友好的结晶。1955年5月22日，农场场长王操犁主持了开荒典礼，时任中共黑龙江省委第一书记欧阳钦亲临现场。典礼开始后，场长王操犁等领导与苏联专家一起开工破土，竖立奠基石。纪念碑于1956年9月落成，碑高5.8米，碑基和碑身均用青冈石和红砖砌成，灰色水刷石装修。纪念碑正面朝南，用白色大理石板贴面，上面刻有"中苏友谊万岁"6个大字。碑身上方的四周分别用生铁铸花装饰，并镶有一枚铜制的"中苏友好徽"。其图案两侧铸有麦穗图形，下部为中苏两国国旗标志，左为苏联国旗，右为中国国旗。图案正中上下并排铸有"友谊"两个字。在碑身下侧四周，均贴有长方形大理石，分别刻着纪念性的文字：南侧是"国务院关于建设国营友谊农场的决定"全文；北侧是以马斯洛夫、尼柯连科为首的来场54位苏联专家的名字；东西两侧为苏联赠送我国的农业机器和设备明细表。这座中苏友谊纪念碑仅保留了11年，十年"文革"中，它被当作修正主义的象征拆毁。后来，在原纪念碑的位置上，竖起了一尊毛泽东的雕像。

目前，友谊农场已成为全国最大的国营农场，被称为"天下第一场"。友谊农场是我国高度机械化的农场之一，现有10个农业分场，117个农牧业生产队，年创工农业总产值3亿元。目前，已引进62台(件)美国新式农机具装备了五分场二队，使该队田间作业全部达到了机械化。他们靠发挥大农业的规模效益，创全国最高劳动生产率和商品率，20名直接从事农业的工人平均每人年生产粮豆45万公斤，商品率为96％。1978年10月30日《人民日报》发表了新华社记者李普写的一条消息《现代化农业显神通——友谊农场五分场二队夺得大丰收，20人耕种11 000亩土地，平均每人产粮20万斤》。从此，五分场二队这个只有百十户人家的生产队，引起了全国的普遍关注。考察者、实习者、参观者，从全国各地蜂拥而来，两年时间，就达10余万人次。当然，五分场二队也引起了党和国家领导人的高度关注，5年时间先后来这里视察的领导人就有王任重、李先念、李德生、刘澜涛等。五分场二队被称为"国内外瞩目的农业现代化窗口"，农场被称为"黑龙江垦区一朵现代化之花"。

1957年，王操犁调任黑龙江省委农村工作部部长，1979年2月当选黑龙江省副省长，后来调任黑龙江省人大常委会副主任，1984年4月因病逝世。

2014年9月，在第一次全国可移动文物普查中，这面保存了半个多世纪的国旗被省文物专家鉴定组鉴定为国家二级文物。

苏联专家赠予王正林的怀表

在北大荒博物馆第二展厅里，陈列着一块苏联专家赠送给东北农垦总局原局长王正林的怀表。

1919年1月，王正林出生在河北省赵县西关村的一个农民家庭，自幼酷爱农业，边读书边参加劳动。他1938年光荣地加入了中国共产党，后来在国统区搞农村工作，任中共地下党支部书记。随后，他长期转战于华中华东抗日根据地。新中国成立初期，曾先后担任桦川县委书记、吉林省农业厅副厅长。

1954年，国务院决定成立全国第一个国营大型机械谷物农场——友谊农场，并任命王正林为副场长兼总农艺师，负责协助王操犁接待来自全国各地的建场人员，接收各种物资和苏联支援的各种机械。11月15日，苏联专家顾问组49人到达北京，其中有苏联农业部派来的尼·谢·马斯洛夫，有苏联国营农场部派来的马·巴·尼柯连科等。

友谊农场地处黑龙江省集贤县三道岗地区。当时那里是一望无际的原始大荒原，条件极其艰苦。第二年开春后，农场开始开荒，王正林是前线总指挥，他与苏联专家一起，顶着漫天飞雪，身穿从豫皖苏区带来的灰布大衣，打着绑腿，跑遍了全场的所有地号。4月下旬的一天，王正林带着生产队长颜世良等几个人坐上拖拉机，在泥泞颠簸的原野荒道上向友谊农场进发，直到中午才到了五分场场部。这时的分场场部实际上是一片帐篷群，仅有一座土房是给苏联专家用的。王正林下了车就和苏联专家组组长、农场场长顾问尼柯连科到帐篷里。当时尼柯连科看到颜世良还没有到作业点去开荒，就很不满意，说了一些指责的话。翻译只是说专家命令颜世良下午两点钟必须把拖拉机带到作业点投入作业。颜世良想跟苏联专家解释一下，王正林摆了摆手，示意他不要说。

1955年的7月，正是开荒的好时节。一天早晨，王正林早早地来到开荒点，只见一台机车停在那里，他走上前去才发现驾驶员累得趴在方向盘上睡着了。王正林抬脚钻进了驾驶室，亲自驾车开起荒来。这是一块低洼地，大犁堵得厉害，王正林只好开一会儿，再下去抠一会儿。他和这名驾驶员边开边抠，连续干了10多个小时，弄得满身污泥。蚊子、小咬、瞎蠓"联合进攻"，往脸上一拍，满手是血……就这样，王正林带领垦荒队足足干了两年多，开垦荒地40万亩，超额完成10万亩。

1957年，王正林与苏联专家克洛奇可夫交换了怀表。从那时起，他每天把这块怀表戴在身上，在友谊农场干了6年，从来不知道休节假日是啥滋味。他的夫人肖寒至今回忆起那时的情景仍是激动不已，她说："正林啊，干起工作来什么都忘了。那时，孩子们都在外地上学，放假回来，他们很想见到爸爸。夜里，等啊等啊，直到进入梦乡，还是没能听到爸爸的声音；早晨醒来，只见一双刚刚换下来的农田鞋，湿漉漉地摆在床下，可是爸爸早走了。"

苏联专家当年赠予王正林的怀表

1959年，王正林调任合江农垦局副局长。1963年，东北农垦总局成立后，他晋升为局长。虽然他的职务变了，但是他的本色没变，这块怀表一直揣在怀里。他规定，机关干部每年下基层时间不得少于三分之一。他要求别人做到的，自己首先做到，他每年下基层的时间在一半以上。他下基层，来去从不要人接送，也不要人陪吃陪喝。他白天跑地号，晚上找同志谈心或开座谈会，经常工作到深夜，有时睡在办公室的椅子上；有时住在职工宿舍，睡在夜班工人的床铺。

王正林是中共八大代表，1965年到中南海汇报工作时，他戴着这块怀表，受到周总理等国家领导人的接见，他从不居功自傲，心中时刻想着群众。有一次，一名"文革"中被打下去"改造"的同志回机关办事，王正林特意找他到家里吃早饭。这位同志一进屋，只见他家的早饭十分简单，但却分成两样：一样是两碗玉米面粥，一碟馒头；另一样是一碟烤面包片，一碗麦片粥，中间放两碟小咸菜。王正林招呼这位同志在那份"洋气"一点儿的食物前就座。这位同志见状，说："都不是外人，何必整两样呢？"王正林的回答简直把这位同志给惊呆了："你不是有胃病吗？这份饭是健胃的，你可要多吃点噢！"可他从来不关心自己。他刚来友谊农场时，爱人肖寒到中央党校学习，他只好把4个女儿都送到哈尔滨，两个住小学校，两个住幼儿园。当时孩子们还都很小，生活上不能照料自己，不到半年就病倒了两个，一个住进学校病号室，一个住进传染病医院。当时正是开荒的关键时刻，王正林整天在田间转，竟一次也没能去看望孩子。他早把满腔的爱融进了北大荒的农垦事业，早就立志献身于这片黑土地了。

由于工作上的劳累，加上"文革"的摧残，王正林过早地失去了健康，患上了脑血栓等多种疾病。1969年秋，他调到省革委会生产指挥部当副主任。1976年，黑龙江生产建设兵团撤销，省农场总局成立，看到经过"文革"时期垦区各项工作百废待兴的状况，他主动请求回垦区工作。省革委会为了照顾他的身体，便任命他为农场总局副局长兼党委副书记。当时农场总局的工作千头万绪，他下农场，跑地号，搞调查……有时病情加重，他只好躺在床上，照样召开会议或者找同志谈工作。

有一次，他急于搞清一个问题，一边焦急地看着点滴瓶里的药，一边看着这块怀表。后来他不顾医生和同志们的劝阻，索性拔下输液的针头，带着一提包针管、药瓶就下场去了，边调查研究，边点滴输液。他整整在基层待了一个月，召开了28次座谈会，个别谈话53人次，这就是一个脑血栓病人的工作量。从那以后，王正林的病情日益恶化，为了照顾他的身体，1980年，组织上安排他到广州去医治疗养。到那里以后，他发现南方改革的热潮风起云涌，于是，他走出疗养院的大门，参观养鸡场、奶牛场、食品加工厂、门市部……考察完广州，考察上海，离开上海，又奔长春，一路颠簸，一路辛劳，记笔记，写调查，起草报告。没有火车坐汽车，没有卧铺坐硬座。这年的9月26日，待他日夜兼程、风尘仆仆赶回时，一份长篇考察报告递交给了党委。可是他却昏倒在办公桌前，身上戴着这块怀表，手里还握着笔……从此，他再也没有起来，走完了他人生的61个春秋。

1990年，在纪念他逝世10周年的前夕，一些敬仰者发起倡议，垦区8000多名干部、职工集资5万多元，在友谊西岗陵园修建了一座"王正林同志纪念碑"。他是北大荒人的杰出代表，是深受全垦区人民爱戴和敬仰的领导干部之一，被称为"北大荒的焦裕禄"。

在北大荒博物馆征集展品期间，王正林的夫人和战友肖寒女士，主动把这块王正林戴了23年的怀表捐给了馆里，让这块怀表作为王正林为北大荒献身的见证。

2014年9月，在第一次全国可移动文物普查中，这块王正林戴了二十多年的怀表被省文物专家鉴定组鉴定为国家二级文物。

李特特用过的俄文拖拉机说明书

在北大荒博物馆第五展厅里，陈列着一本厚厚的8开的俄文农机说明书。这就是50多年前李特特使用过的"斯大林80"号拖拉机的说明书。

1954年10月12日，以赫鲁晓夫为首的苏联政府代表团致电毛泽东，提出要帮助中国建设一座拥有两万公顷播种面积的大型机械化谷物农场，并赠送所需的机器和设备，派遣专家给予组织和技术上的帮助。

李特特在友谊农场首批创建者中，因为特殊的身份引人关注：她是全场唯一带着婴儿的年轻女性；她是唯一从国外高等学校农业专业毕业的归国留学生；她还是时任国务院副总理李富春和全国妇联主席蔡畅的女儿。

国务院决定建设苏联援助的大型谷物农场的消息传开时，李特特从苏联季米里亚捷夫农学院毕业回国才两年，正在北京市华北农业研究所工作。她闻讯立即申请参加这一令人向往的事业。在得到家里的支持后，她不顾家人把婴儿留京抚养的劝说，硬是带着刚满3个月的婴儿来到哈尔滨市。筹委会的负责同志了解她的简历后，非常高兴，但看她怀里还抱一个婴儿，便有些犹豫。因为正在筹建的友谊农场，连一间房子都没有，这个带着吃奶孩子的大知识分子怎么工作呢？

李特特看着他们为难的样子诚恳地说："两年前，我在红场向列宁墓告别时，就下决心将所学知识报效新生的共和国。为了使我在苏联所学的理论更好地联系我国农业生产实际，我早就向研究所提出过到农村去熟悉情况。因为怀孕，有了孩子，拖了下来。现在是绝好的机会，有多大困难我也不会放弃的。"就这样，场领导王操犁在哈尔滨市帮她找了个年轻的保姆小胡，一起来到了友谊农场。

隆冬时节，李特特一行到达了设在集贤县福利屯的友谊农场建场临时指挥部。苏联政府赠送的2178台（件）农机具里，光拖拉机就达94台。说明书全是俄文的，当时能看懂俄文说明书的没有几个人，李特特可就成了大忙人了。

第二年初春，李特特与来自全国的大批垦荒者一起，踏上了友谊农场的荒原。纵横数百里的莽莽荒原，覆盖着严冬留下的积雪。他们在五分场东的康家店草原上，找到了不知什么人留下的一座破烂不堪的茅草屋。他们就在里面搭了两张通铺，落下了脚。顿时，破烂的茅草屋里响起了叮当的锅碗瓢盆声，升起了炊烟，变成了垦荒战士的中心营地。

北大荒初春的夜晚，依然寒风料峭。她和孩子，还有从哈尔滨带来的保姆小胡，跟大家挤在一张通铺上睡，用体温互相温暖着。

转眼间，夏季到来了。破烂的茅草屋经不起风雨的袭击，外面下大雨，屋里下小雨，要是遇上夜间就更糟糕了，得从晚上一直忙到天亮。那时吃的除了高粱米，就是苞米糙子。刚满5个月的孩子也经受了不少考验。由于营养不足和疲劳，李特特的奶水很快就没有了。孩子断奶后，只能用大糙子米汤或咸菜汤，把窝头煮烂后喂他。在那样的条件下，顾不得讲究卫生，加上营养太差，孩子患上了阿米巴痢疾。由于当时没有医疗条件，病情长期得不到控制，她只好用土法子给孩子治——把难得吃到的馒头烤焦了，碾碎后煮成糊喂他，再给他喝较浓的茶水。这个土法子还挺见效。

1956年晚春的一天，领导为了照顾试验站的同志，把为数不多的宿营车分给她们一辆。她们怀着激动的心情搬进了宿营车。她和孩子、小胡住在一间5平方米的小隔间里，内设一个上下铺，除此之外，还有个小小的桌子可以办公。孩子没铺，只好睡在一个木箱里。

生活安定了，工作随着气温的回升也紧张起来。农场领导分配李特特负责筹建农场试验站，同时拨给他们20垧土地，还配备了拖拉机和农工担负试验站的各项任务。他们首先面临的是春耕、春播任务。由于同志们都刚刚离开学校大门，没有实践经验，她与大家一起研究办法，翻阅教科书或资料。她常常找出这本俄文说明书，查看拖拉机的构造。有一次搞流量试验，要调节播种机播各种作物的流量时，大家都没有把握，于是就翻起书本，一边读一边干，反复折腾多次，终于掌握了要领，练习了一整天后，才正式播种。

北大荒开发初期的夏天，头上阳光曝晒，脚下火烫，还有埋伏在植物丛中的蚊子和小咬的围攻。小咬和蚊子的数量要以群团来计算，随手一拍至少十几个。更可恶的是小咬，它们能从蚊帐外钻进去咬她的孩子，把孩子咬得哇哇直叫。孩子浑身全是被咬得密密麻麻的疙瘩，脑袋被咬得像个凹凸不平的核桃。她心疼孩子，就顶住白天的劳动带来的疲劳，给孩子驱赶蚊虫，常常是通宵达旦，第二天还要咬牙振作精神工作。

有一次她蹲在地里观察小麦孕穗时，困得无法自制，倒在地里睡着了，不一会被蚊子咬醒，起来时，眼皮、鼻子、嘴唇都被咬起了大包。回到家小胡看到她的狼狈相，又可怜又好笑，孩子看到她吓得哇哇直哭。

不久，小胡回家探亲去了。李特特只好把宿营车里的床用栏杆围起来，把孩子围在里边。一开始孩子说啥也不肯，一见栏杆就拼命地哭，哭得她心如刀绞。但她还是狠心地离开他去工作了。很快，孩子习惯了一个人玩，也许是他知道了母亲工作忙而照顾不了他。他常站在床边的小窗口看着外边来往的行人，他很会逗趣，引得叔叔阿姨前来抱他，带他玩。场里的同志也很喜欢他，每当经过宿营车时，总要看看他，或抱他玩玩，到下班时，大家都抢着把他抱走了，直到天黑才送回来。

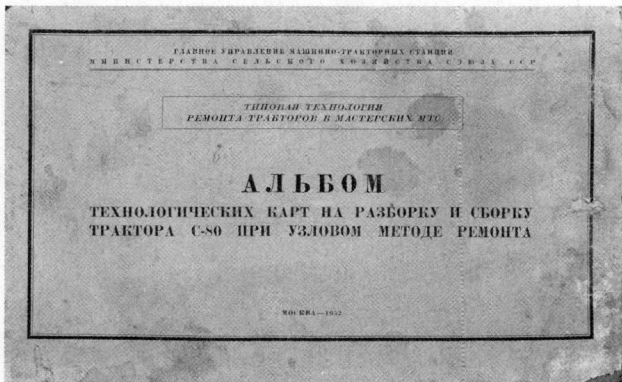

李特特当年在友谊农场用过的俄文拖拉机说明书

1956年的晚秋，场试验站盖好了，职工宿舍也盖好了。李特特分到一间平房。小胡也从哈尔滨回来了，她答应李特特等第二年春天再回家团聚，一定陪他们在这里越过这个严冬。

冬天降临了，分给的取暖煤不够用，各家都打了很多草来补充。他们家没劳力，只好省着烧，屋里的温度很低，炕也冰凉，一到半夜，小屋冷得像冰窖，早上起来，北墙结了一寸厚的冰，怎么也拽不下来。孩子的小手冻得像小馒头，每早醒来伸着小手叫："疼，疼。"让妈妈给他暖暖、搓搓，看着孩子受这样的罪，李特特和小胡心疼坏了。

小胡回去和亲人团聚了，孩子只好自己照看。因为带孩子影响工作，领导们为给孩子找阿姨，也伤了不少脑筋。当时的黑龙江省委书记欧阳钦来友谊农场视察工作时，还特意询问她和孩子的情况。后来，因为找不到保姆，领导问她有什么打算，可她却不想回北京。正当她满怀激情地在友谊农场工作时，组织上调她回北京工作。因为中国农业科学院要成立原子能利用研究室，需要这方面的专业人员。

1997年夏天，李特特离开北大荒40多年来第一次回"家"探亲，非常激动。她的身份是中国扶贫基金会理事、中国地区开发研究会咨询中心高级顾问。李特特1988年离休后，作为中国扶贫基金会理事，她几乎跑遍了中国所有的贫困地区。

这本在友谊农场修造厂珍藏了半个多世纪的说明书，是在2004年北大荒博物馆征集展品时征集到的。

2014年9月，在第一次全国可移动文物普查中，这本俄文拖拉机说明书被省文物专家鉴定组鉴定为国家三级文物。

北京青年志愿垦荒队队旗

在北大荒博物馆第二展厅里，展出了这件时任中国新民主主义青年团中央委员会书记处书记胡耀邦授予新中国第一支城市青年志愿垦荒队的队旗。队旗采用红色绸缎，左边缝有白色棉布旗裤，其余三边镶有金黄色丝绒线穗。旗面贴有黄布剪成的仿宋字，上款为"中国新民主主义青年团中央委员会授予"，正中为"北京市青年志愿垦荒队"。说起这面锦旗的来历，得让时间闪回到60多年以前。

1955年4月，北京共青团市委召开了第三届团代会。会议中心内容是号召知识青年到农村去。胡耀邦亲临会议并作了报告。

具有光荣传统的首都青年首先响应。杨华、庞淑英等5人发起并组织了我国第一支北京青年志愿垦荒队。1955年8月12日晚上7点，在北京王府井富强胡同6号一个普通的小院里，胡耀邦在家里会见了北京青年志愿垦荒队的5位发起人。

北京夏夜并不凉爽，胡耀邦热情地迎上前来，操着浓重的湖南口音，招呼他们在院子里坐下，随即亲切地询问了每个人的情况，有什么困难，有什么具体要求和条件。杨华激动地汇报了他们5人合计的三条："第一，必须绝对自愿；第二，不要国家一分钱投资；第三，去了就不回来。"这位年轻能干的乡长最后说道："毛主席发出垦荒的号召，咱们首都青年应当挑这个头，不能让祖国10亿多亩荒地闲着睡大觉。苏联共青团员能在西伯利亚建设'共青城'，咱们也能在荒无人烟的北大荒建设出自己的村庄和家园来。"

胡耀邦一边听一边夸奖他们发起并组织垦荒队是"中国的一个有意义的创举，是高尚的爱国的行为、英勇的行为"。第二次团中央把庞淑英、李连成、李炳恒、张生和杨华5人找在一起。他们5人都愿意去，没有任何要求和条件（因为当时团中央提出的第一条件就是自愿），这样团中央设立了领导小组——垦荒筹备组，由黎雁、储战书、舒学恩等负责。

原来，胡耀邦希望北京青年带个头，组织我国第一支青年志愿垦荒队，到北大荒创建新家园。

胡耀邦问杨华："你看第一批垦荒队员多少人合适？前期需要多少资金

投入？"

"我认为第一批60人就行，都挑身体好、能吃苦的。等站住脚明年再多派些人。我们不要国家投资。除了全国青年的捐助外，银行能贷点款就行，将来靠我们的劳动所得还上。"

"好！我就是你们的总领队，有什么困难随时可以来找我。出发时，我去给你们送行！"胡耀邦伸出大手，又一次与杨华紧紧相握。

以杨华为首的5位发起人，很快就聚集在垦荒的大旗下。他们向全国的团员、青年发出倡议：志愿成立青年垦荒队，用自己勤劳的双手在北大荒建立新的家园！

8月16日，《中国青年报》等报纸在头版头条全文发表了杨华等5位青年的倡议书，一时间，在北京等全国各大城市引起强烈反响。倡议书发出才十几天的时间，北京有800多名青年报名参加垦荒队；全国239封报名信先后寄来；接到各工矿企业的团组织和广大团员、青年捐赠的衣服、被褥、帐篷、五铧犁、种子等，以及现金69 698.47元。一位华侨青年在写给杨华的信中说："我从你们发起的这个有意义的创举中懂得了什么是高尚的爱国行为，什么是英雄的行为……"

8月23日，全国第一支青年垦荒队——北京青年志愿垦荒队诞生了。刚组成的垦荒队全体队员到团中央集训一个星期，进行了一系列的思想政治工作。团中央从60名队员中选出了一名卫生员，配给了药箱，并对每位队员进行了体格检查。为了防止意外，还发给垦荒队两支枪。

1955年8月30日，北京各界代表1500多人聚集在北京市工人俱乐部，为我国第一支青年志愿垦荒队举行欢送大会。胡耀邦作了《向困难进军》的讲话，他称赞道："你们是光荣的第一队，因为你们肯到祖国最需要的地方去，敢到最困难的地方去……"

授旗仪式开始了。胡耀邦代表团中央和全国1.2亿青年，把绣有"北京市青年志愿垦荒队"几个金字的大旗交给杨华。杨华坚定地接过大旗。他在心里默念着：总领队，我们拼死拼活也要把垦荒大旗扛到底。

一路上每逢停车站，垦荒队都受到人们热烈的迎送。车到哈尔滨后，黑龙江省委、共青团黑龙江省委的领导同志到车站迎接了他们，出了车站欢迎的人群一直排到当时的喇嘛台。省委领导接见了他们全体队员。第二天他们乘车去鹤岗，在佳木斯市受到团地委的迎送。到鹤岗后两台汽车把这支垦荒队一直送到萝北县。

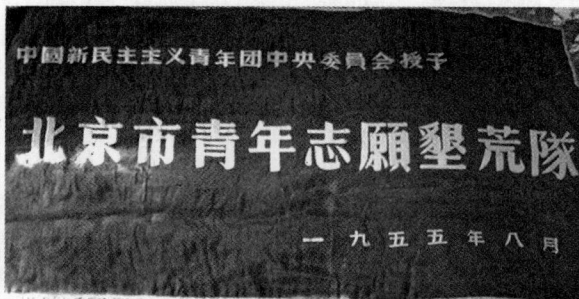

北大荒博物馆展出的北京青年志愿垦荒队队旗

9月初，垦荒队到达了黑龙江省的萝北县。不久，马买来了，五铧犁运到了，开荒地点也勘察定了。杨华领着队员们开进了荒原，清杂草，砍树枝，搭帐篷，迎来了进入荒原的第一夜。

1955年9月10日，在人迹罕至的萝北荒原，垦荒队举行了简单而又隆重的开荒仪式。他们面对茫茫荒原，站在高高飘扬的垦荒大旗下，庄严地举起了右手，进行了庄严的宣誓。随着杨华的一声令下，4台套着6匹马的垦荒大犁，在千年沉睡的荒原上，唤醒了一块块沃野良田。

五四青年节，垦区为各地垦荒队正式命名，北京垦荒队命名为"北京青年集体农庄"，简称"北京庄"。北京庄建在萝北县凤翔镇南10公里的北山脚下，当年盖起了7栋住房，1个大食堂，1个马棚，开荒1800亩，加上1955年秋开的3000亩，共产粮豆14万公斤，交国家7万公斤，收入1.5万元。此后，这面队旗一直伴随着垦荒队走过了漫长的创业道路，始终珍藏在垦荒队的队部里。

北京市青年志愿垦荒队队旗是我国城市知青上山下乡运动开端的重要物证。1958年，黑龙江省博物馆工作人员到共青农场北京庄征集该物时，杨华想把锦旗留在队部里。博物馆同志回哈尔滨后又复制了一件，送到北京庄。杨华被文物工作者的敬业精神所感动，将这面锦旗原件捐给了黑龙江省博物馆。1982年，这面锦旗被拨交给黑龙江省革命博物馆。北大荒博物馆里这面锦旗是经省文化厅批准复制的。

杜俊起穿过的羊皮大衣

在黑龙江垦区共青农场中国青年志愿垦荒纪念馆，有一件当下很流行的羊皮毛一体大衣，连帽翻领款式，拼皮外扎线，中长款，压风又保暖，这件大衣是天津垦荒队员李之雯为丈夫杜俊起亲手缝制的，大衣见证着二老60多年的爱情、亲情和农垦事业的发展变化。

1935年12月，杜俊起出生在天津的一个普通农民家庭，自幼生活艰苦。新中国成立后，杜俊起深感幸福的生活来之不易，一心希望有机会报答党和国家。1955年，党中央在全国范围内开展"向荒山、荒地、荒滩进军"的活动。当得知党中央号召青年到北大荒垦荒后，杜俊起毫不犹豫地去报了名。"也许现在的人很难理解，那个时候，年轻人都憋着一股劲儿，一定要干出一番事业，为国家减轻负担。"杜俊起激动地说。

年轻的杜俊起连夜写了一份申请书，递交给共青团天津市委。在申请书中，他写道："我要和北京市青年志愿垦荒队一道去唤醒酣睡的土地，把自己的青春和力量献给祖国，为国家增产更多的粮食，支援社会主义建设。"

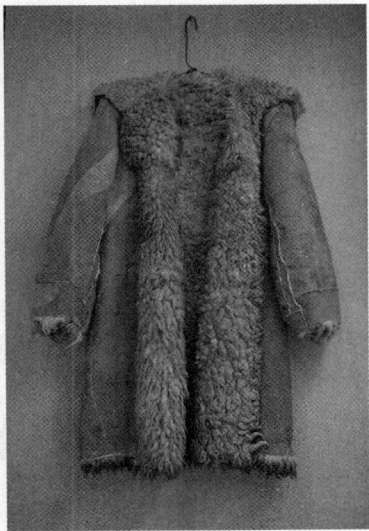

当年天津青年志愿垦荒队领头人杜俊起穿过的羊皮大衣

在公布名单的那天，杜俊起天没亮就来到工作组办公室的门外等候，当听到有人叫"杜俊起"时，他高兴地跳了起来，紧紧地和身旁的人拥抱在一起，嘴里不停地喊着："我选上了，我选上了……"禁不住流下了激动的泪水。

1955年11月5日凌晨5点，在人们敲锣打鼓的欢送声中，19岁的杜俊起和队员们踏上了开往北大荒的列车。他们坐上火车从天津站出发，历经三天三夜抵达鹤岗。那时，从鹤岗到萝北只有一条土路，他们转汽车，经过4小时的颠簸才到达目的地。

北大荒的11月份，原本泥泞的地面已经结了薄薄一层冰，一不留神，车轱辘就陷进去一个。那会儿，杜俊起和队员们丝毫没有抱怨第一次来北大荒就赶上冰天雪地的冬季，而是很庆幸没赶上雨季，不然坑坑洼洼的泥道更难走。

到萝北县垦荒两个月后，杜俊起随队回到天津进行拓荒运动的宣传，在台下的青年中就有刚成年的李之雯。李之雯也是天津市津南区人，当年杜俊起高小毕业后参加农业生产，年轻的他带头组织技术小组钻研稻田插秧技术，积极能干，赢得了姑娘李之雯的爱慕。因为同在一个村、一个学校，又同在一个支部过组织生活，当时负责村宣传工作的李之雯还是由杜俊起介绍入团的。

其实，李之雯早在天津市组织第一批青年志愿垦荒队时就报名了，可是由于1955年她才17岁，父母不同意。李之雯说："我是高小毕业的。在工作中认识了他，与他处朋友，家里也不知道这些，毕竟我们没有挑明。他出发去了萝北，我有些急了。后来，团区委了解我们在谈朋友的情况后，跟我父母做工作，于是我在1956年作为天津青年志愿垦荒队的第二批队员，来到了北大荒。"

于是，李之雯很幸运地成为天津第二批垦荒队的一员。那时的情形杜俊起记忆犹新，那天书记笑眯眯地告诉他："10点钟开会，一是迎接第二批队员，二是你的老同学也在其中。"杜俊起非常激动，他和其他队员翘首以待，当满载着第二批天津队员的6辆大卡车于3月5日缓缓到来，李之雯跳下车的时候，杜俊起被队员们起哄、开着玩笑地围了起来。

来自天津市的第二批216名新队员的到来，为这片荒原注入了无限生机。至此，天津垦荒队共有268名队员，范素兰是队长，杜俊起是副队长。"人多力量大，垦荒速度明显加快了，垦荒队员盖起了宿舍，垒起了灶台，脚下的荒地也整得一天比一天平整。"

北大荒的冬天是常人想象不到的，气候非常恶劣，冬天有名的"大烟炮"一刮就是三四天，刮得天昏地暗，五指不分，人走在对面也认不清。杜俊起回忆说："睡觉时只好不脱棉衣棉裤，戴上狗皮帽子，蒙上棉被就睡，早晨起床时，由于蒙头睡觉，哈气把棉被冻成一个硬盖，根本叠不了被。"

那会儿青年志愿垦荒队没有工资，家里带来不多的钱也花光了，杜俊起和李之雯谁都没有新衣服，筹备婚礼期间，李之雯就想着给杜俊起做件厚实的大衣，能当被子，也能抵御严寒。

1957年元旦，杜俊起和李之雯两个人与另外3对青年一起举行集体婚礼，分别组建了各自的家庭。当时，领导还为这4对新人准备了北方人过年喜欢做的小动物面食——4只叼着大枣的吉祥鼠。李之雯回忆道："那个年代，我们没有条件按风俗一同咬苹果，于是食堂里做了'米老鼠'让我们去咬。"没有新房，两个人将自己的行李搬到一块儿就开始过日子。新婚之夜，李之雯把缝制好的大衣拿给杜俊起。厚实、暖和的大衣暖着二人的身，暖着二人的心。

垦荒期间这件大衣成了二人爱情的见证，每到秋冬季节，这件大衣白天能穿着，晚上能盖着，成为最实用的生活用品。在那个激情燃烧的岁月里，他们之间浓浓的爱意已经化作内心深处的理解、信任、支持和信念，这种爱蔓延到他们生活中的每一个细节……

采访期间，这对"共青伉俪"端详着当年杜俊起穿着羊皮大衣与李之雯在北大荒辽阔原野上英姿飒爽地相依在一起的泛黄老照片，笑容甜美，脸上洋溢着幸福。

岁月荏苒，在杜俊起的眼里，追随自己到北大荒的李之雯永远是自己心中的玫瑰，他们深情地相守，不离不弃。当年的小伙子、小姑娘如今已经两鬓斑白，艰辛创业、历经苦难的北大荒人终于过上了应有的幸福生活。

2014年9月，在第一次全国可移动文物普查中，这件60多年前的羊皮大衣被省文物专家鉴定组鉴定为国家三级文物。

（共青农场　刘洋）

斯大林赠送的唱片机

走进北大荒齐齐哈尔博物馆，就能看见斯大林在1956年接见中国农业代表团时赠送给女劳模郭玉兰的手摇式唱片机。

郭玉兰是讷河人，是新中国成立之初第一批黑龙江省特等劳动模范，曾经获得毛泽东主席亲笔签署"黑龙江省政府委员"的委任状。如今老人生活在山东省滨州市，由女儿照顾。

在新中国成立前，郭玉兰家境贫寒，十岁就开始参加劳动，没有进过一天学堂，识字是在新中国成立以后，参加了土改的识字班。她白天参加劳动，晚上开会或者学习。为了能读毛主席语录，郭玉兰用受伤的右手抓着笔杆练习写字，虽然字写得不好，但还是学会了写日记。东北解放早于全国，当时讷河县县长骑马察看村屯生产，他看到有四五十人在田间耕作，其中带头的是一位长相俊俏、干活儿麻利的姑娘，十分引人注目。当时郭玉兰才20岁，但做起农活儿是样样精通，并且在村上已经成为"打头的"，带领着几十号人，参加县里的劳动竞赛又获得了头名，由此在讷河县连续几年被评为劳动模范，1956年被评为黑龙江省劳动模范。

郭玉兰在参加劳模表彰会上认识了战斗英雄胡振山，后来两人结为伉俪，随时任副团长的胡振山到了依安农场。在农场组建的过程中，郭玉兰发挥她指挥生产的能力，成为铁姑娘连的连长。这个有着"省级特等劳动模范"称号的女强人，参加了中国农业代表团，出访罗马尼亚、苏联等国。当时中国农业代表团成员中，女劳模只有两位，郭玉兰因为个子高挑，长相俊俏，被推选为为斯大林献花的代表，所以她接触斯大林的机会比别的代表多。返回祖国前，斯大林亲手赠送郭玉兰一台照相机和一台手摇式唱片机。

郭玉兰在搬家的过程中，相机不慎丢失，只剩下这台唱片机，老人特别珍惜，就连自己的女儿、外孙都不让碰。她将唱片机包裹好之后，放在衣柜上。在得知农垦总局齐齐哈尔管理局筹建博物馆后，老人虽然恋恋不舍，但还是毅然决然地将这台唱片机捐赠给了北大荒齐齐哈尔博物馆。当时老人戴上手套，坐在床上，抚摸着唱片机，给我们讲起了斯大林，讲起了中国农业代表团这些全国各地的劳动模范代表中国出访马来西亚、苏联、越南等社会主义国家的经过。老人诚恳地说："荣誉都是党给的，这个纪念品是中国共产党和布尔什维克的友好见证，是我的荣誉，但更是两个大国之间的友好见证。没有党的教育和培养，我能成为劳动模范？我能代表中国出访？""把这个唱片机放在博物馆，让我们的子孙都记住中苏友谊，不忘在建国初期的艰苦创业和苏联的援助。"

苏联领导人斯大林1956年赠送的唱片机

郭玉兰老人在依安农场退休，曾与大女儿一家生活在齐齐哈尔市，7年前去了山东省滨州市同二女儿一家共同生活。

在齐齐哈尔生活期间，大女儿家的生活状况差，老人的退休金很低，她没有麻烦组织，自己推着一辆破旧的婴儿车，在齐齐哈尔市工人文化宫前摆了多年的地摊，卖一些零碎的针头线脑和内衣内裤，以帮助大女儿补贴家用。

因为开发依安农场时右手落下了毛病，她冬夏都得戴着手套，用手套的束缚才能让这只手不颤抖。但当时老人没有申请工伤，退休后也一直靠着自己辛勤的劳动帮助儿女，从来没向组织提过任何要求，申请过任何补助。

2014年9月，在第一次全国可移动文物普查中，斯大林赠送的这台唱片机被省文物专家鉴定组鉴定为国家三级文物。

（齐齐哈尔管理局　田峰）

历史照片《王震在密山火车站》

在北大荒博物馆第二展厅里，展示着一张珍贵的历史照片，就是这张记录了北大荒重大历史事件的《王震在密山火车站》。

密山，祖国东北角的小县城（今密山市）。1958年春天，这个小县城可真正见了世面。这个北大荒东部的大门，每天要吞吐近万名转业官兵，管吃，管住，还要迅速将他们送到荒原的各新建点。这对于当时只有东西两条大街、几千户人家的古老小镇来说，压力之大是可想而知的。

当年在密山参加接待工作的丁继松回忆当时的情景说："到了密山我们一下火车，借着朦胧的曙光，只见从火车站通向城里的那条土路上，挤满了穿着军服、黄棉大衣，摘掉肩章和领章的转业官兵。土路两边的空地上，堆满了铺盖、行李、箱笼等杂物……每天好几千人在这里逗留，因计划不周，交通不便，缺人的农场又边远，没有足够的车辆把他们送往新建点，这给小县城带来极大困难。县城的机关、学校、俱乐部、仓库都住满了人。很多人住在老乡家里。"

铁道兵农垦局向农垦部告急，请示要车来解决运力不足的问题。恰巧，王震部长于1958年4月中旬来到密山。

王震在密山火车站

4月12日，这是北大荒开发史上值得纪念的日子。密山火车站广场红旗招展，人山人海。广场中央临时搭起的主席台上播放着激昂的乐曲，同时悬挂着几条醒目的"欢迎开发北大荒的转业官兵"的横幅标语，主席台右侧还竖立着王震为转业官兵书写的诗牌："红军不怕远征难，万水千山只等闲；英雄奔赴黑龙江，好汉建设黑龙江。"

王震将军身着军装，肩上佩戴着三颗金星的肩章，披着一件黄呢大衣，在农垦局长的陪同下，慢步走上主席台。站定后，他把大衣脱掉，向会场上的人群频频招手。此时，台下响起一阵阵掌声。

王震将军对着话筒，用浓重的湖南口音，做了题为《向捍卫祖国建设祖国的战士致敬》的讲话。他说："欢迎同志们到北大荒来！我代表人民解放军总部，代表农垦部所属全国农牧场50万职工，向同志们表示慰问和欢迎……大家来开垦北大荒，这个任务是很艰苦的……在这里盘踞了14年的日本帝国主义者，被消灭了，日本强盗、蒋介石匪徒，都被我们消灭了。在这没有人烟的地方，我们盖了房子、开了荒。能完成艰苦任务，就能得到光荣，英雄的人民解放军是能战胜艰苦困难的……"

说到这里，将军把话锋一转："你们都是当过排长、连长，也有当过营长的，我也当过排、连、营长。同志们，在战场打冲锋，排、连、营长是在部队前头呢，还是跟在后面呢？"

大家回答："在前面！"

"那么开垦北大荒呢？"王震又问大家。

大家回答："也该在前面！"

"遇到艰苦困难怕不怕？"

"不怕！"

"苦战三年行不行？"

"行！"

"说到困难，目前就有一个具体问题需要解决。来到密山的转业军人很多，汽车运不过来。有的同志建议：不坐汽车，走路，走上三天四天就到了自己的农场，早走早到，早到早生产。我看这个建议很好，有革命干劲儿，大家同意不同意？"

战士们齐声回答："同意！"

王震说："同意，明天早晨就出发！"

将军风趣地说："同志们！你们有的带来了爱人、孩子，还有的在火车上生了孩子。这些孩子长大以后，就比我们这一代强了，有文化，有知识，又有光荣历史。他们将会向别人讲故事说：'我的爸爸当过红军、八路军、解放军、志愿军，又是开垦北大荒的先锋队，我是在火车上生的……同志们中间，有的没有爱人，还是'单干户'，同志们，这是不是问题呀？"

大家齐声回答："是问题。"

也有人回答："是大问题！"

王震接着说："对！是问题，但这是个能够解决的问题。有好多初中、高中毕业的女学生写信给我们，要求建设北大荒，她们来了以后，也都是'单干户'。过上两三年，还能不'合作化'吗？不过姑娘都爱英雄、爱模范，要想找个好爱人，就得在工作中鼓足革命干劲儿，做出成绩。同志们说对不对？"

大家喊了起来："对！"

王震将军在这次大会上，鼓励转业官兵要能吃苦，要发扬解放军的优良传统，把北大荒建设好。但也批评了一些害怕吃苦的人，当场就撤了两名校官的职。原来转业官兵都由原部队派人护送到农场，办好交接手续，护送的军官才能返回部队。当时，南京军区有两名护送的军官（一名中校，一名少校），他俩把战友送到密山，见到当时艰苦而混乱的情景，束手无策，就"向后转"了，造成了很坏的影响。王震得知此事，当场派人将这两名校官叫到跟前，狠狠地训了一顿，当众叫人摘掉了他俩的肩章。

会后第二天，云集密山县城的转业官兵就迈开双脚，徒步进军荒原了。预六师教导员团学员蔡恒回忆当时的情景说："第二天一大早，我们这支上千人的队伍，以班、排、连为建制，各自背着简单的行李，以领队红旗为向导，浩浩荡荡，从密山出发了。沿途一片荒凉，人烟稀少。一路上战友之间、官兵之间互相换着背行李，互相鼓励。不少人脚上打起了泡，走瘸了。我从未参加过这样艰难的长途行军，走到中午，两脚起了十多个大血泡。队伍到了杨岗，天黑了下来。前面指挥部传来口令：停止行进，就地过夜……"

这无疑是垦荒史上壮丽的一页。成千上万人马在同一时间从祖国各地汇集边城，又几乎在同一时间兵分百路，徒步进军，走向荒原腹地。这是垦荒史上的"淮海战役"，是一场携家带口的进军：匆忙，而又沉着、有秩序。生动地表明了将军的魄力，也显示了十万大军是一个坚强的集体。从3月初到5月底，密山接待站共接收了七万多官兵。

当时由于事先没有充分做好各方面的准备工作，大批转业官兵到农场后，遇到了无法克服的困难。出现了密山还在接收，同时还往农场派遣的问题。为了安全过冬，妥善安置，领导决定往外调一批复转官兵。后来，去齐齐哈尔的北满钢厂和大庆1200多人，去新疆的铁道兵部队的技术人员200多人。为了加强接待站的工作，由公安部队来的大校章申负责接待站的工作。为了缓解密山的压力，在哈尔滨也设了接待站。一些复转官兵可以乘船去饶河、勤得利等农场。按计划，铁道兵农垦局需4万人，结果接收了7万多人。

本文照片是由北大荒摄影艺术事业的创始人之一郭沫水拍摄的。郭沫水，1932年出生在浙江诸暨，1949年8月参加革命，1957年5月由北京《铁道兵报》社调密山铁道兵农垦局《农垦报》，并任摄影记者。1978年，他调离垦区，任《浙江画报》社、浙江摄影出版社编辑。他在北大荒拍摄了大量的铁道兵、转业官兵、城市知青等开荒建场的照片，发表在全国各级报刊上。有的作品被介绍到国外，并在多次展览中获奖。这张照片也是十万转业官兵开发北大荒的最好历史见证。

这一雄伟的壮举，在全国各地引起了巨大的震动。5月7日，《人民日报》刊发了转业军官徐先国答谢郭老的诗《永不放下枪》；5月26日，《人民日报》发表了王震将军写给诗作者徐先国的一封信《千万人的心声》。

王震将军给徐先国的两封信

在北大荒博物馆第四展厅里，陈列着当年王震将军写给十万转业官兵中普通一员徐先国的两封信。这两封信与徐先国当年写的那首名为《永不放下枪》的诗密切相关。

那是1958年3月，号称十万转业官兵的垦荒队伍已经在各军种兵种、各大军区的首脑机关、军事院校和有关部队的军营相继组成，开始向北大荒进发。徐先国所在的信阳步兵学校，经过学习动员、打通思想、个人申请、领导批准，被确定下来的480多名学员、教官和机关干部也都准备就绪，只待一声令下，便即刻登程北上。

正是在这样一幅覆盖数千公里的画卷前，《人民日报》发表了著名诗人郭沫若的诗篇《向地球开战》，为这幅历史的画卷增添了更加绚丽的色彩。

郭老在诗的题记中写道："中国人民解放军的将士，有不少同志将赴全国各地参加国营农牧场的生产工作，作此诗以壮行色。"诗中写道："现在你们有不少同志解甲归田，不，你们是转换阵地，向地球开战……你们才不愧是不断的革命家！"当时，这首诗不只是表达了诗人的美好祝愿和赞扬，更揭示了十万大军解甲归田的含义，道出了那些转业官兵想说又没有说出的话，鼓舞了士气，壮了军威。

徐先国和战友们很受鼓舞，大家奔走相告，传抄，朗诵，没完没了地交谈。原来，郭沫若的这首诗是受当时农垦部长王震将军之托写的。当年7月，王震到宝泉岭农场后，对徐先国说："你写的《永不放下枪》，郭老看了也很喜欢，他说如今的年轻战士觉悟高，有文化，还有诗才，个个都是好样的。

永不放下枪

一颗红心交给党，英雄解甲重上战场。不是当年整装上舰艇，也不是当年横戈渡长江。儿女离队要北上，响应号令远征北大荒。用拿枪的手把起锄头，强迫土地交出食粮。让血迹尽染的军装，受到机油和泥土的奖赏。让子弹穿透的疤伤,在黑土地上泛红发光。一颗红心交给党,英雄解甲永不放下枪。

当天,在战友们的鼓舞下,作者又在诗的前边加了几句:"感谢郭老称赞,我们去向地球开战。举起科学技术大旗,冲过艰难战胜自然。"然后,寄给了《人民日报》。几天后,他们便整装出发了。离别的那天,机关百余人到火车站相送,没有红旗招展、锣鼓喧天,也没有响亮的口号声,只有默默的道别和祝福:"多保重,多保重!"当他们登上北上的列车,当火车发出一阵阵呼号的时候,离队的战士多以笑脸惜别,送别的战友却热泪盈眶。

徐先国随部队到达黑龙江省萝北县时,《永不放下枪》这首诗已经在《人民日报》上发表。他们军校的400多人分别编入预七师农场的四个分场之中。

5月26日,《人民日报》发表了王震《千万人的心声—— 给徐先国同志的一封信》和诗人郭小川《关于〈永不放下枪〉》的评价文章。正在这时,徐先国接到了王震从北京寄来的信。

王震在信中写道:"读了你的诗《永不放下枪》,我深深感动了。你唱出了我的心声。我相信,我们成千上万的同志都会同你合唱。……看样子,你是到北大荒去了。希望你和你的周围的同志们,如同你诗中所描绘的那样英勇、豪迈,'一颗红心交给党,英雄解甲永不放下枪'。"

那些天,在开荒点上,在伐木工地和基建工地上,人们时常谈论起北京来信,憧憬美好的未来,而把当时异常艰苦的生产生活条件抛在脑后,把克服困难当成一种乐趣。此间,大家没等作曲家们的精品问世,已经按照将军和诗人修改过的《永不放下枪》,开始自编自唱了。不久,这首短诗被作为大型纪录片《英雄战胜北大荒》主题曲歌词出现在银幕上,总政文工团和空政文工团代表总参、总政来北大荒慰问时,又各自谱曲搬上舞台,并在各新建点上教唱,先后有时乐蒙、李伟、丁家歧等人的作品登在报刊上,共十余种唱法流传在北大荒。

战友们在学唱歌时,联想到北京的来信。他们建议徐先国趁此"机会"立即写回信,把大家的干劲儿和好人好事汇报出去,让全国人民都知道。"我非常乐意接受大家的委托。我听到了他们'怦怦'跳动的心声,更懂得此时此地他们怀念部队、怀念家乡、怀念战友和亲人的真切情感。于是,在一个宁静的夜晚,在一盏油灯前,在一群蚊子和飞蛾的'伴奏'中写了信,第二天便寄《人民日报》转王震收。"

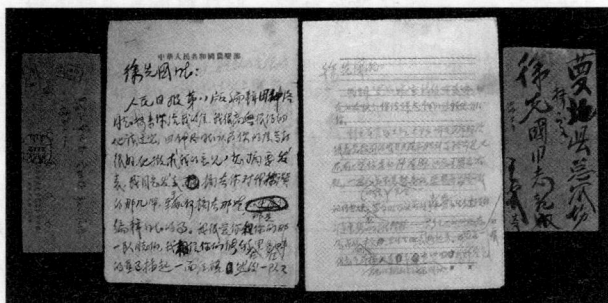

王震将军当年写给徐先国的两封信

　　半个月过去后，徐先国接到《人民日报》来信，随信转来王震写给他的亲笔信。这封信除身边几位战友看过外，鲜为人知。信是用毛笔写的，内容如下：

徐先国同志：

　　人民日报第八版编辑田钟洛转来你给我的信，我很高兴、很仔细地读过了它，田钟洛认为你的信写得很好，他征求我的意见，想摘要发表，摘去你对我称赞的那几节，至于如何摘去那些，那是编辑的事。我很爱你和你们那一队的同志们，我相信你们能够在黑龙江畔的垦区插起一面红旗，然后一队又一队都插起红旗，胜利的光荣的红旗永远在祖国的土地上飘扬。

　　我六月二十日从北京到黑龙江省来，经过密山，我打算在虎林县八五〇农场以一个普通劳动者的身份，在那劳动一个星期，然后将走遍垦区和许多同志见面，大约在七月中旬来到萝北县，那时我要在你们的红旗队和同志们一起共同劳动一天，畅谈一夕。（我相信预七师农场党委能给你们以"红旗队"的称号)请你转告同志们，争取"红旗队"称号。同志，我要联系一些先进人物，如你来信所说的军官炊事员，拖拉机驾驶员，读农业技术书籍的未来的夜大毕业的农学家们（愿你努力，作一个农业工人的诗歌作者），这是毛主席教导我们党和国家工作人员的一种应有的学习方法和态度。我将经常保持同你的联系，但是不在报纸上公开通讯，你业余写作什么也不要写我的名字。这一点是我以部长名义给你的命令。

　　此致
共产主义的敬礼！

你的同志　王震

六月十八日夜

　　徐先国收到这封信的时候，大豆已经长到一筷子高了。劳动的间隙，几位战友听说"北京"给他回信了，就把信要去看。大家对王震同志说要到北大荒来最感兴趣，都盼望能见到这位身经百战、屡建奇功的将军。

　　7月7日，《人民日报》在第八版上刊登了徐先国写给王震同志的信：

　　将军、部长同志，顺便向您汇报一下我们这里的情况。

　　北大荒真富……只要勤劳，伸手就有收获。

　　现在，向荒地进军、向困难进军的战斗已经全面打响了！冒着风雪，不怕日晒，藐视一切困难，一部分人投入了抢耕抢种；一部分人开始了修路；一部分人上山伐木，建造房屋；为了减少国家开支和解决自身困难，为了给国家增加财富，还组织了打猎队上山打猎，打鱼队下河捕鱼；家属妇女们也和大家一样，拉犁、撒种、割草……我们正浩浩荡荡地战斗在广阔无垠的荒原上面。

　　我们生产队里有连长、政治指导员、排长、参谋、助理员、教员、军校学员及士兵；有工农出身的同志，也有知识分子。他们干着各种不同的工作，生长在各个地方，但北大荒把他们连起来了。他们团结在一起，拧成一股绳，一样地拿起了锄头。因为革命工作需要，两个以前并没有做过饭的军官当了炊事员；一个学习开拖拉机的军官只花了两天的工夫就登上了拖拉机司机台；更多的军官放下了"条令"，买来了农业技术书籍，要使自己又红又专。在我们这里，克服困难简直成了一种乐趣。一个少尉助理员在回答他为什么愿意离开暖和的南方，并且放弃获得爱情的机会来到北大荒的时候说："因为北大荒最富，也因为北大荒最艰苦。"北大荒的生活多彩、艰苦，非常难得，我们都自豪地感到我们是不断革命论者。过去为人民流血打天下，今天又为人民去流汗建设社会主义。……我们决心让北大荒早日变成北大仓，让北大荒和我们一样充满朝气，歌声四起。

　　这封信发表时，编辑还加了《志气比天高的英雄好汉》为题的编者按语。

　　由于报刊的宣传，他们的行动引起了社会的关注。吸引了广大的有志青年。当时许多军垦农场都曾收到过全国各地青年要求参加垦荒的来信，徐先国曾收到这种来信30多封，来信者多数是学生，也有青年教师和文学艺术爱好者，因为那首短诗《永不放下枪》曾被编进黑龙江、湖北等省1958年9月出版的初三、高一语文补充教材。

7月19日下午，生产大队紧急动员，组织防汛抢险突击队，徐先国光荣地被批准了。20日凌晨乘车出发，行驶110多公里于5点左右到达工地。黑龙江水正在暴涨，大家以当年冲锋陷阵的姿态投入战斗，加高加固一条年久失修的土堤坝。

下午5时许，分场副场长在堤坝上找到徐先国，递给他信后说："总场部上午接到上级电话，王震部长要找你谈话，部长现在宝泉岭农场，要你今天就去。"徐先国打开信看了两遍，内容与副场长交代的大致相同，只是信里强调了"务必今天赶到！"从工地到宝泉岭农场少说也有160多里，太阳已经偏西，又无来往汽车，怎样才能今天赶到呢？

徐先国毫不犹豫地将手中的铁锹递给班长后，抬腿就出发。几位战友赶上前来，塞给他两张大饼和一个装着半壶水的军用水壶。有位战友递过来一件雨衣，并嘱咐他一路小心，代表大家向王部长问候！徐先国边吃大饼边赶路。心里盘算着：用急行军速度，每小时走14里，第二天拂晓前总可以赶到的。走了五六里路，太阳落山的时候，徐先国走到公社所在地召兴镇。只见公社门口挂着防汛指挥部的牌子，他灵机一动，拿着信走进去。一位副总指挥（萝北县副县长）接待了徐先国，在听完他的情况后，立即表示派辆摩托车送他。后来，下起瓢泼大雨，车无法走。过了很长时间，副总指挥又找了辆载重5吨的汽车，把他扶上大卡车说："车上有半麻袋香瓜，又脆又甜，请王部长尝鲜，并感谢军垦战士对地方的无私援助。"

第二天天亮，徐先国下车时，那位司机紧紧握住他的手，久久不松开，并且深情地对他说："徐同志，见了王部长，就说有一个老司机向他敬礼！"这个老司机曾经跑遍了中原大地和长江南北，还到过朝鲜清川江一带，运送过炮弹和给养。如今来到北大荒，他只剩下一桩心事，该成个家了，该把他的七十岁的老娘从关里接来啦……

这里正召开农垦局所属的八个农场的生活现场会，农垦局刘副局长听说徐先国赶来了，安排他到会场去听报告。王震部长穿一身灰布衣裳，声音很洪亮。听完报告后，刘局长领徐先国去见王部长。徐先国在回忆录中是这样回忆当时的情景："见面后，王部长同我握手，他的手很有劲，然后上下打量我一番，像战友重逢似的说：'嘀，怎么搞成这样？果真是受到了泥土的奖赏……'"

1959年5月的一天。王震陪新疆生产建设兵团陶司令员来萝北视察，又一次召徐先国前去会见。当徐先国步行25里路到总场场部凤翔镇的街口时，只见十几辆小车正从镇里开了出来，王部长朝佳木斯方向去了。

徐先国有些遗憾，但他没有灰心。晚间回来，忘了来回走了50里路的疲劳，在油灯下写信，说明当天的任务执行情况，寄佳木斯市合江农垦局转王震收。不到10天便接到王震用铅笔写的回信：

徐先国同志：

我到萝北时，电话约你来谈了，我走得太快了，你没赶上，你的信读过，谢谢你。

转业军官的战士们，大部分听毛主席的话，跟着党指引的艰巨光荣和胜利的道路前进，也有一些你要他伸左脚，他总习惯出右脚，一连人的步伐总不是完全整齐的，要想整齐步伐一致就得苦练……你们队的情况和思想情况，以及同志们的为社会主义建设的愿望，请给我来信。

致

共产主义的敬礼

王 震

六月二十六日于佳市回京时刻

王震时刻惦记着北大荒，惦记着农场的发展和战士的成长。他从1956年由铁道兵司令员改任农垦部部长后，到1959年的四年间，曾8次到北大荒，每次少则半月，多时一两个月，踏荒，选点，制定规划，与垦荒战士共同劳动，促膝谈心，到处都留下他的足迹。

后来，徐先国调到总局党委宣传部工作，1992年离休。这两封信，是在2004年夏天，由徐先国本人捐给北大荒博物馆的。

2014年9月，在第一次全国可移动文物普查中，王震当年写给徐先国的两封信被省文物专家鉴定组鉴定为国家二级文物。

一张奖状忆总理

在北大荒博物馆的第二展厅里，陈列着一张由周恩来总理签名、国务院颁发的奖状。

这张奖状长约76厘米，宽约53厘米，边沿不少地方已破损，但国徽、麦穗等上下花边图案和中间的文字依然清晰。

这张弥足珍贵的奖状，纸色已经发黄。奖状用繁体字写着"国务院奖状 奖给农业社会主义建设先进单位黑龙江省北安县福安农场"，落款是"总理 周恩来"，时间是"一九五八年十二月三十一日"。

周恩来总理为福安农场签署的奖状

福安农场是1955年经黑龙江省公安厅劳改局批准，由福安、新建两个劳改大队合并而成，对内称黑龙江省第四十劳动改造管教队，对外称黑龙江省地方国营福安农场。福安农场经历了劳改、劳教和国营农场三个发展时期，1979年同赵光农场合并后称赵光农场四分场。

1958年，福安农场2.53万亩大豆平均亩产157.5公斤。1958年12月，国务院在北京召开全国先进单位代表大会，周恩来总理在会上从理论上概括了"大跃进"中的问题，提出"高速的发展必须建立在客观可能性的基础上，必须遵守有计划按比例发展的规律"。会上，国务院颁发的由周恩来总理签署的奖状，对全国"农业社会主义建设先进单位"给予奖励。垦区获此殊荣的还有赵光、宁安、红星、花园、大西江农场及宝泉岭农场二分场和二分场七队。

周恩来总理对北大荒的开发建设给予了很大的关怀，他生前对北大荒的发展寄予厚望。

据农业部原副部长张林池回忆：1961年后，总理想把东北地区的商品粮基地统一管理起来，并通知黑龙江省、吉林省和辽宁省各派一位书记来京讨论，当时的合江农垦局局长张林池也参加了会议。总理提出建议，由三省共同建立一个"农垦总局"。张林池向总理建议把"农垦总局"设在黑龙江省。周总理指示用"东北农垦总局"的名称。张林池又向总理提出，今后开垦的荒地主要在合江地区（今三江平原），因此总局不要设在哈尔滨，以设在佳木斯为好，那里离荒原近，并给总理看了合江地区的地图和佳木斯的位置，总理同意了。

1962年，周恩来总理去大庆时，专列停在哈尔滨。王震请周总理到垦区来视察，因为实在没时间了，周总理就请当时的东北农垦总局党委书记兼局长张林池到专列上，周总理听取了张林池的汇报，很满意，并鼓励他一定要把北大荒建设成我国商品粮基地。

1965年2月的一天，时任东北农垦总局局长王正林，总局计财处计划科科长张福如，以及农垦部的领导陈漫远、肖克，新疆兵团政委张仲瀚，在中南海受到周恩来总理的接见。

总理坐定后，拿出一张表看了一眼说："你们北大荒人在零下20多摄氏度的严寒里兴修水利，搞农田基本建设，这是很了不起的，现在搞了多少？"

王正林说："在修水利工程上，我们搞800万土方，现在还在继续搞。"

"这是一个伟大的创造。"总理用鼓励的语气说，"你们北大荒能在那么冷的环境里，在地冻三尺的地方，搞农田基本建设，并取得了成绩，那么全国还有哪里不能搞呢？你们做出了榜样，要坚持下去。"

王正林向总理介绍了垦区职工冬季修水利采取的一些措施，总理又问："现在你们有多少耕地？每年给国家交多少粮食？"

王正林说："垦区目前有耕地800万亩，总产量是17亿斤，每年可交10亿斤左右。"

总理一边听一边用铅笔在纸上写着什么说："上交商品粮还可以再增加点嘛，每年增1亿斤。除了这些，还可以发展多种经营。完成了这些，你们北大荒为国家就做出了贡献……"

不知不觉，已是深夜12点了，总理仍神采奕奕，毫无倦意。这时，一个身着白色制服的工作人员，走到总理身边轻轻地说了几句。

总理一抬身招呼大家："时间不早了，今天晚上就在这里吃饭，粗茶淡饭，大家不要见怪。"圆桌中间只放了一大盆白菜、豆腐炖粉条，还有一点点肉，主食是大米饭。

总理一边吃一边和这些人唠着，就像唠家常似的，不时发出一阵阵轻松的笑声。

总理说："你们生活、工作在边疆，是很艰苦。你们在做开天辟地的事，是了不起的。"

总理吃了一碗饭后放下筷子，最后又说："你们北大荒是应用机械化的重点，要摸索经验。外国有外国的经验，但不能照搬。像美国、加拿大，他们机械化程度高，但单产不高。我们几千年来就有精耕细作的好传统，这一点外国是没有的，你们要注意积累经验。"

总理做了一个手势，加强了讲话的语气，接着讲："农业在我们国家，任何时候都是基础，这一点必须牢牢记住。我们不像外国，中国人口这么多，不能靠进口粮食过日子，只有我们手里有了粮食，社会才能安定。"

周恩来总理非常关心北大荒的开发建设，黑龙江垦区的浩良河化肥厂，当年就是总理批准兴建的。

当年，周恩来总理是有机会到北大荒来的，但是，1958年夏天，由于总理来北大荒的消息由明码电报通知各农场时，电报的内容已被日本、韩国及台湾地区国民党特务机关窃取到了，为了防止特务搞破坏活动，保证中央首长的安全，中央决定取消周总理等人北大荒之行的计划。这一电报泄密事件，不仅使十万转业官兵失去了在北大荒见到周恩来总理等中央领导的机会，也使周恩来总理失去了到北大荒的仅有的一次机会，给周恩来总理留下了遗憾，但是北大荒人却永远不会忘记总理对北大荒的关怀。

蔡尔诚手抄的降雨记录

在北大荒博物馆第三展厅里，陈列着北大荒自学成才的气象专家，全国五一劳动奖章、全国自学成才奖章和解放军英模奖章获得者蔡尔诚的60年前亲手抄的降雨记录。

1935年11月，蔡尔诚出生于四川宜宾。1950年7月，蔡尔诚初中毕业，以全地区统考第一名的成绩，第二次被宜一中录取。1958年，蔡尔诚从部队转业来到北大荒。那时的生活条件十分艰苦，经过几个月的劳动，他们迎来了第一个麦收。为了向建军节献礼，农场党委提出三天割完小麦。谁料头一天还晴空万里，第二天开始就连续下了两天两夜的大雨。眼看快到手的粮食泡在了泥水里，战士们伤心极了。面对突然降临的灾害，蔡尔诚第一次感受到了人与自然斗争的巨大压力。第二天一早，他就踏着20多厘米深的泥水跑了十几里路，到农场场部找到了农业科的李科长，建议办一个气象站。科长听了他的陈述说："难哪！谁来干气象啊？"蔡尔诚自告奋勇地说："我！"科长笑了，问道："你在部队干过气象吗？"蔡尔诚虽然从未预报过天气，不过，天下哪有学不会的事！他很干脆地回答："干过！"于是，农场给了他200元经费，买了4支温度表，捡回了临近公社废弃的百叶箱、雨量筒，一个按国家标准需要近万元的气象站，就这样建起来了。

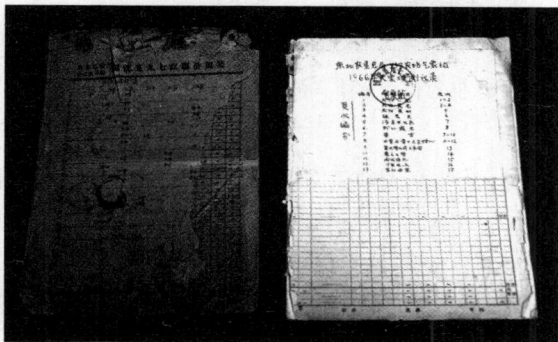

蔡尔诚60年前的气象记录

了解当地过去的气候变化，是预测暴雨和旱涝的基础，然而在茫茫荒原上，历史气象资料太少、太缺了。这份发黄的手抄数据，就是1958年7月末，蔡尔诚步行近百里，从星河镇水文站抄来的1949—1956年每天的降雨记录。

　　有了原始气象数据，怎样破解它包含的密码？20世纪50年代，概率论是世界上最先进的数据分析工具。为了掌握这门知识，蔡尔诚在初中文化基础上考上了北京大学气象专业函授班。5年的学习探索，他在毕业论文中创造性地提出一个全新概念："重叠预报"。论文被老师推荐到《气象学报》，专家审稿后认为"很有创造性"。

　　由于"文革"开始，学报停刊，论文未曾刊出。10年后，外国学者"集成预报"名称提出类似的概念，至今已成为世界长期数值预报的常规技术。

　　这时的蔡尔诚信心十足。根据分析，他预报出1966年春三江平原多雨成涝。宝清县朝阳公社的李万祥老人听了他的分析却连连摇头："不对，不对！不会涝，要旱！你看日头有多红！"他并不服气。结果，他的预报失败了。五年来，这是他第一次尝到从满怀希望到失望的滋味。他钻研了几十本气象学和数学书籍，计算出了几十万个数据，希望从中找到预报旱涝的办法，到头来却败在了一个大字不识的老农手下，这是为什么呢？

　　也就在他事业上迈步前进的时候，他家庭生活的美丽梦想被无情地打碎了。他曾幻想着找一位懂气象的姑娘，夫唱妇随，建立一个志同道合的夫妻"气象站"。他找到了一位北京气象学校毕业的姑娘，但婚后很快发现她性格古怪，猜疑心很重，经常无端地和他争吵。经医院检查，她患了妄想型精神分裂症。听完医生的话，看着手中的诊断书，他一下子蒙了。

　　1965年10月，蔡尔诚把妻子送进了精神病院，把2岁的儿子送到沈阳的岳父家，然后去北大参加毕业考试。利用等待发毕业证书的时间，他回到四川老家看望了年迈的父亲。

　　1966年2月10日，从北京大学捧回毕业证书的第二天，他就开始了用生命阅读"无字天书"的漫长历程。到1971年，经过1900多个日夜的观测，他获得了第一批气象学教材中没有的新知识。虽然这些知识只能做晴雨预报，远远解决不了暴雨灾害性预报问题，但却是书本上没有的。

　　"书本上没有，为什么我不能写出一本书呢？"这个想法激励着他。他于1971年6月写出了《看天测云雨》手稿，投给了黑龙江人民出版社。8月份他接到了出版社的通知，决定于1972年第一季度出版，让他补充修改，并送有关领导部门审查盖章。

但是，一个月后审查结论下来了："不能出版"。他去索取书稿，答复同样简单："书稿封存"。

这年的冬天，是他记忆中最寒冷的冬天。他花费了5年时间写成的书稿被查封；妻子又染上了肺结核、类风湿，住进了农场医院，每天由他到场部照料；这期间，邻居家失火，又把他那十几平方米的房子烧光了。他变成了一个纯粹的"无产者"。1981年的秋天，他在用5800多个日夜记录的100多万个数据的基础上发现了一个重要现象：气象学上认为无足轻重的一种波状低云居然是大暴雨的先导。以这个事实为基础，1982年，他搜集了全国各地200多场降雨资料加以检验，证明这是一个普遍现象。至此，一种与传统观念完全不同的暴雨预报新方法在他手中诞生了！1983年，他在国家气象局的刊物上发表了长篇论文，正式提出"中国暴雨云型"的新论点。

在科学史上，一种新的观念常常会受到传统力量的压制，只有经过艰苦斗争才能被社会所接受。"暴雨云型"是中外气象史上从未有过的新概念，而提出这一概念的人，又是一个名不见经传、"气象圈子"之外的气象员。这时，《光明日报》记者王武以一个老新闻工作者的社会责任感站了出来，他将这种情况向国务院写了一份内参，受到当时国务院主管气象的副总理的重视，批示立即组织对比试验。

国家领导人的关怀，使蔡尔诚的心情万分激动。然而，在业务部门，对一种观念承认与不承认的斗争也随之而来了。1986年6月，他按时到了某气象台。一跨进那森严的大楼，就感到气氛令人压抑。对方首先提出限制他的行动，不许进入天气会商室；其次，限制他的资料使用量，只在每天常用的四五十张图表中选出三四张复印给他。一开始，对比试验就在不平等的起跑线上。一天，一位高级预报专家走进他的工作室，随便翻了翻他的图表，指着他说："你不要把自己看得太高了，现在科学这么发达，你还用乌龟王八那一套土办法搞预报，你抬得愈高，摔得愈重。"

45天的对比试验结束了，在有新闻记者参加的会议上公布了试验结果：对方预报准确率为27%，是世界先进水平；蔡尔诚的准确率为6%，相当于20世纪60年代水平。这个意外的结果令蔡尔诚不知所措。他在心中不停地念叨："这不可能！不可能！"为了解开这个谜，他按国家气象局发布的评分标准，对对方的预报重新进行了评定，发现对方在评定双方的成绩时所使用的标准是不一致的。于是，他把计算结果上报中央有关部门，请求复查。3个月后，对比试验的组织者给他写了一封信，信中说："经我们核查，发现对方评分计算方法有误，现重新评定如下：……"新的评定结果是，对方暴雨预报的准确率不是27%，而是8%。这封信虽安抚了他内心的不平，但最早公布的结果已上报国家科委，实际上早已宣判了他的新方法的"死刑"。

1988年夏，他到四川气象台做试验，把目标定在暴雨预报上。8月2日下午，川北上空形成两个云团，气象台用常规方法分析认为，当时吹西南风，云团将移向陕西和河南，对四川无影响。而按他的方法分析，在两块云团移走后，在川北将生成新的云团，产生大暴雨。气象台接受了他的分析，进行了紧急会商，并向省政府做了汇报，省防汛指挥部下达了疏散人员的命令。结果从凌晨3时开始下暴雨，到中午12时240毫米的暴雨引起了百年不遇的山洪暴发，洪水淹没了剑阁县城。四川气象台致函黑龙江省农垦总局："由于及时疏散人员，无一人伤亡。感谢蔡尔诚为预报这场暴雨所做出的贡献！"

1991年，蔡尔诚总结了过去25年的成果，出版了第四本专著。中科院一位暴雨预报专家看了他的书后，于1992年邀请他到北京短期工作。在这位专家那里，他终于有机会把"暴雨云型"与当今世界上最先进的数值预报方法相比较，结果发现，"暴雨云型"有可能改进数值模式。这一新发现，增加了他的勇气，他把结果写成论文，寄到美国气象学会。主编Colman博士对文章非常欣赏，表示愿为他提供帮助。在Colman博士那里，蔡尔诚获得了1993年美国百年不遇的大洪水期内的气象资料。这样，他获得了一台"望远镜"，眼光从东亚伸长到了北美。河南省气象台读了他的书，也表示有兴趣，愿意与他合作把"暴雨云型"运用到河南。于是他又从河南获得了5个夏天的中尺度观测资料。有了这类资料，他就有了一台"显微镜"，可以相当细微地研究天气变化规律了。"望远镜"与"显微镜"的结合，使他的认识产生了飞跃，终于在1995年春暖花开的季节里，发现了"暴雨云型"的理论依据：波状低云可以诱发中尺度天气系统。这是气象科技界多少年来，一直想解决而未解决的课题。

蔡尔诚1993年调任黑龙江八一农垦大学气象研究室主任。45年来，他矢志不移地为北大荒"管天"，在世界上首创了"北半球暴雨云型"理论，突破当前暴雨预报的时间禁区，从可预报48小时提前到168小时。在这个基础上他发明了一套被德国气象学家誉为"开山鼻祖"的中国旱涝预报方法，连续6年基本正确地预报了中国旱涝，与此同时，有6个国家级的气象机构只报准了两至三年。因而，他的技术被欧洲最大的网上气象台——德国天气在线选中，推入世界长期天气预报市场。

1995年7月下旬，东北地区南部发生了严重水灾。此时，他正应邀在黑龙江省气象台工作。7月25日凌晨，第一场暴雨的前夕，省气象台的会商室里聚集了几十位专家与科技人员，大家的任务是确定暴雨将影响黑龙江省的哪里。虽然用上了欧洲天气预报中心、日本气象厅、北京气象中心等部门的分析成果，但是仍然只能得出部分地区有暴雨的结论。根据他最新成型的理论，他预报暴雨将在通河至尚志之间。48小时后，降雨结束了，暴雨果然发生在通河、尚志及两县之间的延寿和五常四处。"暴雨云型"理论第一次取得惊人的成功。同年8月，中国气象局情报所通过国际光盘检索，正式认定了这项成果"在国内外没有先例"，属于首创。但是他并不满足这一成果，因为他还只能预报36～48小时。为了防灾，必须得预报3～5天！1996年，他用"北半球暴雨云型"这一理论向美国强风暴预报中心挑战，成功预报美国的强风暴，时效延长7小时，落区缩小10万平方公里。美国天气局技术训练中心负责人来信承认了这一高水平的预报。

蔡尔诚为国家做出了巨大的贡献，党和人民也给予他很高的荣誉。他曾获得过全军英模荣誉奖章、省特等劳动模范称号、全国五一劳动奖章，中央电视台、中央人民广播电台、解放军报、解放军画报、科技日报、科技时报、黑龙江日报等10多家新闻媒体对他的事迹进行过报道，但他并没有满足于眼前的一切。

2001年11月的一天，时间已过深夜22点，蔡尔诚正准备上床休息，电话铃声突然响起，他拿起电话，电话里传来一个十分陌生的声音："我是德国天气在线亚洲部经理……"

经过一个多小时的商谈，双方拍板了：蔡尔诚应德国天气在线之邀担任长期预报专家，从2002年起主持大中国区的天气预报。

2003年3月15日，是令65岁的蔡尔诚终生难忘的日子：这一天，通过国际互联网，德国天气在线(中文版)向全球华语用户公布了他的2003年夏季中国旱涝预报。更值得人们关注的是，时至7月初，蔡尔诚预测的湖南中南部、江西中部、广西和广东部分已发生洪灾，安徽和江苏境内的淮河流域也发生了1991年以来的最大洪灾。蔡尔诚曾在5月份将自己的预报向回良玉副总理做了书面汇报。

这两份手抄数据是蔡尔诚于2007年夏天捐给北大荒博物馆的。

2014年9月，在第一次全国可移动文物普查中，蔡尔诚的这份手抄稿被省文物专家鉴定组鉴定为国家三级文物。

《北大荒》创刊号

在北大荒博物馆第四展厅里，陈列着一本60年前垦区创办的第一本文学期刊《北大荒》创刊号。这是一本珍贵的文献资料，因为它见证着北大荒当年文学事业发展的开端。

十万转业官兵开发北大荒，使这片古老的土地发生了翻天覆地的变化。正在建设的大型机械化国营农场群，呼唤着自己足以反映荒原巨变和具有献身精神的北大荒人形象的文学创作。《北大荒》就这样应运而生了。

编辑部设在密山北大营原日本关东军留下的一座破楼里。这期创刊号的稿件就是在这里编的。创办的条件还是很多的。林予——原总政文化部创作员，转业前就写过反映云南边防生活的长篇小说《塞上风烟》，还同白桦合作，写过电影剧本《边塞烽火》（1957年由长春电影制片厂拍摄）。符钟涛原是《解放军文艺》编辑，擅长散文和短篇创作，转业那年也出版了短篇集《静静的港湾》。杨昉是解放军文艺出版社的编辑，担任冯德英的《苦菜花》的责任编辑，有着丰富的编辑经验。于是，编辑部便在小楼的一间小屋里开始了筹备工作。筹备工作的第一件事是为创

1958年11月27日出版的
《北大荒》创刊号

刊号组稿。林予当时怀里揣着一摞盖着印章的组稿信，先到八五九农场一线采访，之后坐船来到新成立的合江农垦局及所属农场，昼夜兼程，组织一大批稿件。

当时，美术编辑只有张作良一个人，后来又调来了晁楣，一起研究创刊号设计。在晁楣到来之前，编辑部已经商定，《北大荒》每期都用一副套色木刻作封面，调晁楣来就是解决封面木刻的。局领导和文字编辑对创刊号封面木刻作品都很关心，而且从内容到形式都有较高的要求，一致要求重新创作一幅。根据大家的意见，晁楣和张作良酝酿一番，最后由张作良执笔画了一幅《荒原上新来

的主人》墨稿（后来刊用时改为《到北大荒去》）。画面是这样的：背景是茫茫雪原，待垦的荒地统贯全局；中景是向深远处进军的转业军人的行列，近景处是七八个穿军装的转复军人（包括一位怀抱婴儿的女战士）簇坐在拖拉机牵引的爬犁上行进，他们眺望远方，似乎在议论着荒原美好的明天。大家对这幅草图都比较满意，一致通过。10月13日，晁楣带着草图回到位于哈尔滨的中国人民解放军军事工程学院（简称"哈军工"），刻完了这幅版画。他回到哈尔滨后，组织上为了照顾他，批准他可以和那里的未婚妻完婚。几经周折，版画《到北大荒去》终于刻完了，10月20日，哈军工政治部的同志们还为晁楣操办了婚事，没有举行仪式，晁楣的工作照样进行。12平方米的临时新房变成了他的画室和拓印车间，墙上、地上布满了油墨、木版和版画原作。10月21日，当时局宣传部主管文艺的副部长郑亢行写信告诉晁楣，决定将《北大荒》的封面在哈尔滨印刷，要晁楣联系印刷厂并解决封面用纸（当时纸张紧张）。除封面木刻外，封二用了晁楣的《荒原春夜》，封三、封四用了张作良从北京寄来的也创作的连环画《雁窝岛》画稿。11月14日，郑亢行来到哈尔滨，看了封面画稿和印刷厂打印的色样，十分高兴，并要晁楣抓紧印刷封面。经过与印刷厂商谈之后，他们同意20日交货。当时省文艺展览会将于25日在市工人文化宫开幕，局宣传部原拟将《北大荒》创刊号作为农垦系统提供展品中的一个项目，因为版样有改动，看来赶不上开幕式了，但也想力争补上。直到24日印刷的封面墨才干，晁楣和林予事先已把24日下午4时50分由哈尔滨站开往密山的火车票买了。他们俩把足有200多斤重的15 000份胶版纸封面方方正正捆成一个货件，在火车站前卸下。最后，因为实在抬不动，在火车开之前，晁楣抽出1000份，让林予跳上车，向领导汇报情况。第二天，晁楣办理了慢件托运。

经过大家的紧张工作，1958年11月27日，由铁道兵农垦局政治部创办的这本《北大荒》终于创刊了。创刊号上，原农垦部办公厅主任彭达彰撰写了题为《让美丽富饶的北大荒放出共产主义文艺的光芒》的发刊词。辟有《向荒原进军的人们》《跃进的花朵》《在工业战线上》《歌唱我们的生活》《乌苏里江边的中苏友谊》《反对美帝侵略台湾》等栏目。重点作品有符钟涛的散文《荒野里响起号角声》、林予的小说《江畔的花朵》、杨昉的独幕剧《路》、范国栋的朗诵诗《我们是顶天立地的好汉》等。创刊号96页，16开本，近13万字。封面上印着一幅醒目的套色木刻，是晁楣、张作良创作的《到北大荒去》。

创刊号出版后颇受读者欢迎，因为这是农垦系统的第一份文学期刊。后来编辑部又调来了转业军官虞伯贤、林青、张憨、王忠瑜、罗炽静、王观泉、王其力等。12月，被错划为"右派"下放劳动的著名漫画家、《人民画报》社副主编丁聪被调到编辑部，负责刊物的版面设计、插图、题图，包括校对、发行。因当时丁聪的"右派"帽子尚未摘去，插图署名只能使用笔名"学普""阿农"等。后来，著名作家、评论家、诗人聂绀弩调到编辑部。聂绀弩原系人民文学出版社副主编，1957年反右中被错划为"右派"，与丁聪等同来北大荒。

1958年冬天，牡丹江农垦局由密山迁往虎林县，编辑部也随之来到虎林县。当时，虎林县城很小，容纳不下作为中央农垦部直属垦区的大批机关人马，住房很紧张，编辑部就临时在虎林大街上找了一间门市房子。听说过去这是一家药铺。茅草的屋顶长出尺把高的蒿草和一片厚厚的枯死了的青苔。进门处放着一个大铁炉，炉筒拐了两个弯从临街的窗户伸出去。一刮风，煤烟便倒灌进来，弄得屋里烟尘滚滚。屋内有一铺大炕，铁炉两旁放着几张褪色的桌子。大家就在这间又是办公室又是宿舍的房子里紧张地编稿，接待来自农场一线的业余作者。白天上班时，经常有老乡闯了进来，口口声声要买药，有的人一经解释就走了，有的却怎么也解释不清，弄得大家啼笑皆非。

后来，编辑部又陆续从农场调来了一批转业军官任编辑，有郑加真、王水心、朱彩斌、肖英俊、周良国等。郑加真任杂志社负责人、领导小组组长，杨昉担任小说组组长，符钟涛担任散文组组长，王忠瑜担任小说组组长，虞伯贤担任评论组组长，王其力担任通联组组长。增设了《小花一束》《公社风光》《荒原旗手》《牧地春晓》《读者论坛》《从边疆到边疆》等栏目，使内容更贴近黑土地，贴近生活。由于受当时政治气候的影响，作品内容存在着机械地配合生产任务和政治形势的现象，但仍刊登出一些好的作品。

1960年7月，因当时垦区遭受自然灾害，加上全国性纸张紧张，农垦局已无力解决这一问题，经局党委研究只能忍痛停刊，前后出版了18期，共出版了200万字的文学作品。停刊后部分人员继续留在编辑部从事文学创作。林予、符钟涛、杨昉、王观泉、王忠瑜、林青、肖英俊等调至黑龙江省文联从事专业创作。

刊物停办后，编辑部机构仍予以保留。1961年，农垦局在虎林西区建成两幢办公楼，编辑部由县城西北角平房迁入新楼。直至1963年3月，牡丹江农垦局与合江农垦局合并，机构撤销，余下人员迁往佳木斯。

作为北大荒的文艺园地，《北大荒》培养了大批业余作者，刊出了好作品，又向全国人民宣传了这块神奇土地上所发生的巨变，并塑造了具有献身精神的北大荒人的艺术形象。创刊号中的符钟涛散文《荒野里响起号角声》被选入《全国散文选》。

这份《北大荒》创刊号，是由北大荒的老作家窦强捐献给北大荒博物馆的。

2014年9月，在第一次全国可移动文物普查中，这份《北大荒》创刊号被省文物专家鉴定组鉴定为国家三级文物。

毛泽东给北大荒人的一封信

在北大荒博物馆的第二个展厅，有一件非常珍贵的文物，那就是毛泽东主席于1959年写给北大荒人李艾的一封信。

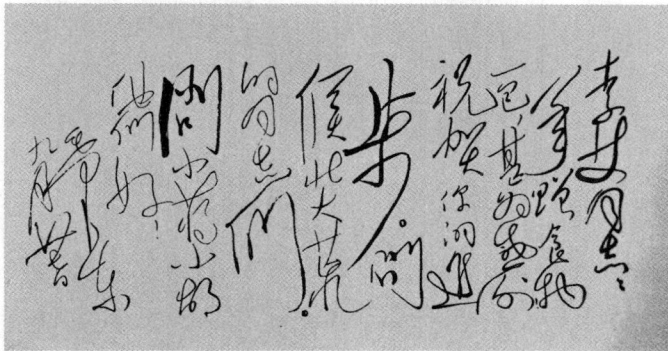

毛主席当年写给李艾的一封信

1958年初，全军掀起了来北大荒的热潮，口号是"到最艰苦的地方去，到党最需要的地方去，开发边疆，誓把北大荒变成北大仓"。这股热浪冲击着中央警卫局文工队这帮年轻人的心，文工队原来只分了一个来北大荒的名额，但大家争着报名要来，最后批准了20多人。

中央警卫团文工队由乐队、舞队、歌队共30多人组成，任务是为驻京警卫部队演出，开展连队文娱活动，培养连队文娱骨干，周末参加为中央首长举办的舞会。李艾是1954年9月由中南军区战士歌舞团调入这个文工队的。这20多人临行前参加了告别舞会，除周总理因忙于外事活动未参加外，其他中央首长都来了。朱德、刘少奇……以及他们的夫人，并都与文工队员们进行了语重心长的谈话，还送给他们每人一张签名的单人照。毛主席晚上11点钟才来，李艾他们忘了纪律，一哄围了过去。毛主席看着他们，若有所思地问："去北大荒，是你们自愿的吗？"姑娘、小伙子们异口同声地回答："是自愿的！"并说："是响应党的号召，去建设和保卫北大荒的，我们费了好大的劲才被批准的……"主席说："好，好，你们年轻人应该到广阔天地里去锻炼啊！远走高飞吧！""到那里别忘了我这老头子，要给我来信啊！"吴凤君心直口快地说："您那么忙，哪有时间看我们的信啊！"主席认真地说："你们的信很宝贵，我可以了解到千里以外的真实情况。"

毛主席在和李艾跳舞时对她说："嗯，不怕鬼的姑娘！你也要远走高飞啰！"并关心地说："那里很冷，很苦，怕不怕？"李艾说："不怕。"主席说："我晓得你们不会怕的。"舞会快结束了，大家依依不舍地又围在毛主席身边。毛主席不停地一口接一口地吸烟，大家说："您要保重身体，少吸点烟。"主席好像没有听见一样，却喃喃自语地说："老头子孤单了，老头子也想你们哪！别忘了给我来信啊！"李艾他们的眼睛都湿润了。

3月20日晚，李艾和战友们到达密山。下了火车，迎接他们的是一场大风雪，风卷着雪花漫天飞舞，吹得人睁不开眼睛。他们走了半个多小时，被带到一个空荡荡的礼堂里。女同志被安排住在舞台上，男同志都住在地上。大家这一夜都非常激动，几乎谁也没睡。他们是第一批来北大荒的，会留在密山以北大荒主人的身份，接待从祖国四面八方汇聚而来的10万转业官兵及他们的家属……

牡丹江农垦局要筹建一个现代化的糖厂，没等秋收，李艾又被分配到制糖班，开赴齐齐哈尔糖厂，接受培训。当李艾第一次独立操作结晶罐，并生产出合格的白糖时，心里真是激动。李艾大胆地找到车间主任，说："我想买一瓶我亲手制成的白糖。"主任理解地让师傅给她装了一瓶，她小心翼翼地一直珍藏在箱子里，期待着能有一天重返北京见到毛主席，把自己亲手制成的这瓶白糖献给他，让老人家尝尝。

春末夏初，李艾经过半年的生产实践，就要出徒了。她突然接到调令，让在糖厂培训的文工队员立即返回农垦局，组建自己的文工团。几年来，每当夜深人静时，姑娘们在各自的工作岗位上总是想念毛主席的音容笑貌，想念中南海的红墙、碧水和丰泽园的那棵老银杏树，姑娘们一直没有给毛主席写信，就怕给毛主席增添忧愁，但她们思念毛主席的心情一天比一天强烈。

这一天终于到来了。1959年9月下旬，李艾作为农垦系统的代表被派往北京观摩全国性的优秀节目表演。她小心地带上了那瓶珍藏好久的白糖，到了北京，赶快找到毛主席的卫士长李银桥，请他将这瓶白糖转交毛主席。一天下午4点多，李银桥给李艾送来一个很大的中式信封，说："这是主席给你的信。"李艾接过信问道："主席好吗？大家都很想念他，我想看看主席。"李银桥认真地说："主席也很想念你们，只是赶上国庆节，日程排得满满的……"当李银桥听李艾说过了"十一"就要回去了，不知什么时候能再来北京，以后就更不容易见到主席时，他沉思了一会儿说："噢，30日有个舞会，我告诉门口警卫，你来吧。送走了李银桥，李艾取出这封信仔细地看着：

李艾同志：

　　承赠食物一包，甚为感谢！祝贺你的进步。问候北大荒的同志们。问小蒋、小胡他们好！

毛泽东

九月二十七日

　　离开北京的前一天晚上，正逢中南海周末晚会，李艾又一次来到了中南海。这也是她最后一次见到毛主席。春藕斋乐声悠扬。李艾一到，毛主席就热情地招呼她。毛主席拉着李艾的手，对全场的同志们介绍说："这是从北大荒回来的李艾同志。"

　　毛主席让李艾坐在他面前，很高兴地告诉她："你们远走高飞，长大喽，成为一个劳动者了……"

　　"你有没有挨饿？"

　　李艾迟疑了半晌，心里很想告诉毛主席她们的真实情况——大雪把黄豆全捂在地里了。为了还苏联的债，为了支援全国人民，她们亲手把一粒粒大豆和玉米装进麻袋，运上火车，自己却饿得腿肚子发抖，两眼冒金花。在这种情况下，有的姑娘脸上浮肿，有的姑娘绝经了……

　　这一切能对主席讲吗？李艾看着明显苍老的毛主席，心里一阵酸楚。听李银桥说，主席已经很久不吃肉了，经常吃些野菜、芋头。她故作轻松的样子，告诉毛主席："我们北大荒还行，没挨着饿。"

　　乐曲奏响了，李艾心想明天就要返回北大荒了，不知何时才能见到主席啊。她轻轻地对主席说："主席，我请您跳舞！"悠扬动听的一曲《浏阳河》，依然让毛主席陶醉。一曲终了，毛主席又一次问李艾："你那里的情况是不是真实情况？""主席，粮食是丰收了，大家生活确实比以前改善了。我们吃很多苦，在艰难困苦的环境中，大家都发扬了人民解放军的光荣传统。"李艾两眼闪着难以察觉的不安神色。毛主席深呼了一口气，欣慰地说："问候北大荒的同志们！你们要爱护身体，身体是革命的本钱嘛！"

"主席，您放心吧，我一切都很好。"

"长大喽。"毛主席喃喃地说。

李艾举手敬了个军礼，离开了中南海。

现在，李艾已经从北京一家出版社离休。信中提到的小蒋，是八一农垦大学图书馆离休的党支部书记蒋自重；小胡叫胡敏珍，曾经在省文化厅工作，她们都已经离休了。

黄振荣穿过的军装

在北大荒博物馆第三展厅里，陈列着一件将校呢军装上衣，这就是红军战士黄振荣开发北大荒时穿过的衣服。

说起这位黄振荣，他还是个具有传奇色彩的英雄呢。1915年6月，他出生在陕西省来安县。当他13岁时，全家住在西安城里，他在一家店铺里当学徒。当时军阀混战，许多店铺倒闭，他生活无着落，被迫参加了国民革命军西北军。开始在总部任勤务员，后来担任冯玉祥将军的贴身警卫员。1930年12月，冯玉祥将军的"卫队旅"改编为国民革命军26路军74旅，奉命到江西宁都驻防。经我党中央军委的积极推动，26路军宣布宁都起义，黄振荣随起义部队编入红军。在二万五千里长征时，黄振荣已是红六军团五十一团的参谋。

1943年，黄振荣接受护送丁玲到延安的工作，圆满完成任务，幸福地见到了朱德总司令。朱总司令把一块麻将牌锯成两截，一半自己留着，一半给黄振荣刻图章用，以志纪念。宁都起义后不久，黄振荣一直在王震手下工作和战斗。在征途上，王震当连长，黄振荣当排长。南泥湾大生产中，黄振荣是三五九旅的营长。

1948年12月，"铁路纵队"成立，中央人民革命军事委员会委任黄振荣为中国人民解放军铁道兵团第四支队副支队长兼参谋长。他在抢修山海关铁道、运送大军进关中成绩突出，立了一大功。1950年8月，他任铁道兵第三师副师长。1951年率部入朝，在日夜抢修大同江铁桥中又立了一大功。朝鲜人民民主主义共和国授予他国旗勋章和二级自由独立勋章。

1954年回国后，黄振荣又奉命开赴鹰厦路前线，参加铁路建设。1955年秋，由王震提议，动员铁道兵复转官兵开发北大荒的报告已由中央领导批复。王震在鹰厦线建设南平指挥部接见了铁道兵三师代师长黄振荣。这一次，是王震特地从北京铁道兵干部学习班上把黄振荣调来的。在学习班里，黄振荣因1940年在关家垴战斗中被日寇俘虏一事正在接受审查，王震一见面就开门见山地告诉他："我们并肩战斗了20多年，你的历史、你的为人我都了解，用不着背包袱。现在胜利

黄振荣当年穿过的军装

了，国家要建设，我已向中央提出建议去开发北大荒，希望你再跟我并肩战斗，一起去开发北大荒。"黄振荣沉思了片刻，便以军人的姿态接受了老首长的任务。

黄振荣回部队做了简单的交代工作，带着这套10月1日刚替换的部队新制式的将校呢军装，于10月22日来到了虎林，出任八五〇农场副场长，开始了他的农垦生涯。不久，他奉命筹建八五二农场。

在1956年3月12日，黄振荣迎着漫天飞雪，带着小分队踏察荒原，来到了完达山北麓的宝清县。当时，虽然已是春天，可由于雪大，道路被阻，给踏察工作带来很大的困难。

就在黄振荣带领大家在荒原上踏察的时候，他的一个警卫员带着他正师级的军衔来找他，因为黄振荣来北大荒的时候还没有授衔。可这位警卫员找了几天没有找到他，就回去了。当了多年的代师长，到了授衔的时候，他却来到了北大荒。

黄振荣非常珍惜这套将校服，平时舍不得穿，只有在开会或者庄重的场合才穿上。他穿着这套军装，在6月1日举行开荒典礼后，没黑没白地奔波在田间，组织拖拉机大队开荒。他吃在地里，有时还在地头的帐篷里过夜。为完成当年试播大豆的任务，他一边组织拖拉机继续开荒，一边组织播种机抢播大豆，使开荒头一年就取得了生产成果。

黄振荣这位两次在战斗中负伤的二等乙级残疾军人，每次下地都是徒步走，一天要走上五六十里路。后来，战线越过了蛤蟆通河，在大和镇一带作业，他一天就要走上百里地。荒野里野狼很多，还有凶猛的熊瞎子、土豹，多次与黄振荣相遇。由于随时背着冲锋枪，每次他都把野兽打跑了。那种与野兽搏斗的惊险场面，让紧随着他的贴身通讯员张寿泉为他的安全担心。

王震来北大荒视察，每次都到马架子里与黄振荣促膝谈心。有一次，黄振荣说："司令员，军委三次打电报，调我回军委重新安排工作。八五二农场已初具规模，部队也安置好了，我该去军委领新的任务了。"王震说："我也要转业，中央让我组建农垦部，当部长。你想走，走不成了。我的亲妹妹王招庆全家也来北大荒，你给他们在农场安排工作，不能照顾，去当农工。振荣，脱下军装，北大荒也是战场。在三五九旅南泥湾大生产中，你我就注定了要为中国的农垦事业去奋斗，去献身。"黄振荣看着王震语塞了。从此以后，黄振荣一颗为农垦事业而勇于奉献的心，便永远牢牢地与这片黑土地贴在了一起。

为了北大荒的建设事业，黄振荣操尽了心。在黄振荣的努力下，当年"北上"的七千多官兵在这里安下了家，住进了营房。当年开荒面积达二十多万亩，1957年耕地达五十一万亩，成为铁道兵垦区规模最大的一个农场，节约开荒费用一千一百多万元。在当年十月份于北京召开的全国农林会议上，黄振荣受到朱德副主席的表扬。朱德副主席称八五二农场是全国费用最低的一个单位，号召全国农垦企业向八五二农场学习。

在"文革"十年中，黄振荣这位有着37年革命生涯的老红军战士，为农垦事业奋斗了15个春秋的垦荒先驱，却因蒙受了不白之冤而溘然长逝。当为他更衣时，在场的人都惊呆了：他遍体是青紫色的伤痕，10个脚指甲竟然冻掉了9个……

1968年2月26日黄昏时，这位劳苦功高的老红军，在医院病榻上含冤去世。北大荒的3月，春雪特别厚。一辆牛车拉着一个透缝的白皮棺材，往南横林子镇东走去。黄振荣的丧事没有花圈，没有挽幛，也没有任何悼念仪式，在凄凉的气氛中，妻子赵英华悲痛地将黄振荣遗体埋在南横林子的杂草丛中。

那年黄振荣的大儿子黄黎才17岁，他避开造反派的耳目，匆匆地到宝清县邮电局，将父亲去世的消息用电报发给在北京的王震。王震接到电报，悲愤交加，喊道："黄振荣被斗死了……他是好人！他是好人！斗死好人有罪！"

1979年2月20日，农场党委做出了《关于黄振荣同志平反昭雪的决定》。9月18日下午，农场在大俱乐部举行追悼大会，农场机关和生产队代表近千人参加了悼念活动。

王震将军始终没有忘记这位功勋卓著的老部下。1985年秋天，他在八五二农场招待所，拿着饱蘸墨汁的毛笔，在宣纸上给黄振荣的墓碑题词："黄振荣同志之墓 王震敬书"。写过之后，把毛笔往桌上一摔，脸转向朝南的窗户，眼里流出了怀念的泪水。

1990年秋天，王震副主席来到黑龙江垦区视察，当他到八五二农场时，执意要到黄振荣的墓地去，随行的何康部长怕他触景生情，影响身体健康，硬劝阻不让去。后来，他让老伴带着孙子、孙女代表他去。还把一个"黄振荣同志

千古　王震全家挽"的花圈摆在黄振荣墓前。这是对这位留在北大荒的老红军的怀念。

黄振荣的大儿子黄黎，得知北大荒博物馆正在征集展品，主动把这件保存了半个多世纪的没有挂过肩章的将校呢军装，捐给了北大荒博物馆。

2014年9月，在第一次全国可移动文物普查中，这件黄振荣穿了多年的将校呢军装被省文物专家鉴定组鉴定为国家三级文物。

徐一戎用过的放大镜

在北大荒博物馆第三展厅里，展示着被誉为"北大荒水稻之父"的徐一戎用过的放大镜。

1924年，徐一戎出生在辽宁省北镇县（今北镇市）的一个书香门第。青少年时代，他怀着忧国忧民之心勤奋求学。1943年在奉天农业大学毕业以后，又考入东北大学农学系。毕业后，满腔热情地投入新中国的建设事业中，完成了伪满时期农业统计资料的整理；编辑出版了《农业统计资料汇编》；创办了《东北农业》；编辑了一批农业丛书。

20世纪50年代，徐一戎满怀远大抱负，投入黑土地的怀抱，担任了黑龙江省劳改局勘测设计队技佐、黑龙江省劳改局农机处农业技师。当时，北大荒还没有大面积开垦，劳改农场群大都以水稻为主栽作物，他没料到会与水稻打一辈子交道。

徐一戎用了几十年的放大镜

两年半后，徐一戎落实政策又回到原单位——合江良种场（水稻研究所的前身）。

回来不久，徐一戎就承担了农业部下达的"寒地水稻直播高产栽培"课题。从那时起，这只放大镜就再也没有离开过他。翻译资料、下地观察、阅读资料，他都用这只放大镜。他夜以继日地工作，通过对多年气象资料的分析和反复试验，最终获得了成功。在黑龙江的直播水稻栽培史上，首次突破了千斤大关，为寒地水稻高产开辟了新的前景。该项成果获农垦部科研成果二等奖。

低温冷害是寒地水稻生产的主要障碍因素，不仅影响水稻的产量，还影响水稻的品质。徐一戎同时还承担着农业部下达的"水稻低温冷害的防御技术"课题，经长期观察研究，在国内首次提出了栽培防御低温冷害的水稻技术。该项成果荣获农牧渔业部科研成果二等奖。

党的十一届三中全会以后，徐一戎先后担任了宝泉岭管理局科研所农艺师、黑龙江省农垦科学院水稻研究所高级农艺师，农垦科学院学术委员会副主任、顾问，北方水稻协会理事，黑龙江省水稻研究会副理事长，黑龙江省水稻专家顾问组副组长。垦区75个种水稻的农场，徐一戎不知跑了多少遍。全省60个市县，他去讲过课的就有30多个。同时，他还担任黑龙江八一农垦大学的客座教授，教了11届本科生。每年还不定期到农业部、黑龙江农垦管理干部学院讲课。1997年被聘为黑龙江省农垦科学院终身不退休研究员。他曾荣获全国五一劳动奖章、全国优秀农业科技工作者、黑龙江省特等劳动模范、省农垦总局特等劳动模范等称号，并被聘为我国北方水稻科学技术协会荣誉理事长，终身享受国务院特殊津贴待遇。

为了尽快将研究的技术应用于生产，徐一戎精心绘制了《寒地直播水稻亩产千斤栽培技术模式图》，将水稻的生长发育进程、形态特征、诊断标志、采用措施等，都直观而形象地一一标明，使具有一般文化程度的人一看就懂。这份模式图在黑龙江省水稻栽培史上是首创，受到广大水稻专业户的欢迎。

徐一戎就像一座沟通科学技术与生产实践之间的桥梁，把科学种植水稻的知识介绍给千万个稻农，为我国东北地区推广水稻种植技术做出了巨大贡献，下面这个简要的大事记，足以证明：1979年，他是中国水稻经典著作《中国稻作学》审稿人；1989年，他编译了10万字的《水稻栽培必读》；1991年，他出版了与人合编的《旱地稻作》，填补了国际稻作的空白，被国家评为科技图书一等奖；1991年12月，他出版了黑龙江省主要作物高产栽培技术培训基本教材《水稻》；1992年7月，他出版了47万字的《北方农垦稻作》；他还编写了《旱地水稻旱育稀植高产栽培技术》讲座的录像稿……

徐一戎推广了多项在国内乃至世界领先的寒地水稻高产优质栽培技术，据不完全统计，仅1993年以来其科研成果在垦区推广面积累计增效90多亿元，结束了黑龙江垦区由于技术问题而导致的水稻发展长期徘徊不前的历史，创造了在高寒地区水稻生产面积超千万亩、单产超千斤的奇迹，为黑龙江垦区乃至全省的种植业结构战略性调整、国家重要商品粮基地建设和农户致富奔小康做出了不可磨灭的贡献，被誉为"北大荒水稻之父"。

52年来，他先后主持研究国家、部、省及总局级的大、小科研课题20余项，其中多项课题填补了省、国家乃至世界有关寒地水稻栽培技术领域上的空白。他如饥似渴地学习世界上先进的科学技术，坚持自主创新与集成创新相结合，以近乎痴迷的钻研精神攻克了一道又一道科技难关。在主持《水稻品种资源利用研究》课题期间，为了能找到适合寒地生长的水稻品种，他走遍了内蒙古自治区、新疆维吾尔自治区、宁夏回族自治区等地的水稻科研院所，对740份水稻品种材料进行了整理、分类、搞系谱，每年采集分析上万组数据，反复进行稻瘟病、抗倒伏性和耐寒性鉴定试验。徐一戎时刻追踪水稻科技前沿动态，擅长把国际最先进的水稻栽培技术理论应用到垦区的实际科研工作中，并大胆创新，反复实践。1984年，在黑龙江省引进日本水稻旱育稀植技术期间，他历经半生研究成功的水稻直播高产栽培技术已突破千斤大关，并经过省里鉴定在垦区内外广泛推广。但他认识到，自己的直播技术再好，也无法得到旱育稀植技术可以得到的300 ℃的活动积温，因此他的直播技术创高产也仅限于试验田里。他以一名科研工作者实事求是的科学态度，忍痛果断地放弃了自己的直播栽培技术，建议总局领导推广旱育稀植技术，并潜心研究出一整套适合垦区种植的旱育稀植"三化"栽培技术。几十年来，徐一戎共积累了51本笔记、1282张卡片、251本摘录资料手册，完成科研专著6种，发表科技论文70余篇，总计2300多万字。

2003年，在黑龙江农垦总局党委专门为徐一戎举办的八十寿辰庆典仪式上，徐一戎饱含深情的话语赢得了经久不息的掌声。他说："对我来说，80岁不算老，我要把它作为人生新的起点，不断学习新知识，坚持深入生产一线，继续为垦区水稻的提质增效、为稻农的小康生活做出新的贡献。"

2004年，当我们到农垦科学院征集展品时，徐一戎主动为我们捐出了这只用了半辈子的放大镜。

2014年9月，在第一次全国可移动文物普查中，徐一戎用过的这只放大镜被省文物专家鉴定组鉴定为国家三级文物。

第一部塑造北大荒人的故事片《老兵新传》

走进北大荒博物馆第四展厅，你一眼就会看到展窗里播放的电影《老兵新传》。这既是我国第一部在银幕上塑造北大荒人光辉形象的故事片，也是我国第一部"彩色宽银幕立体声"电影，讲的就是曾经在战场上浴血厮杀的老兵们脱下军装，拿起锄头，来到东北边陲开发北大荒的故事，电影里他们叫老战或小东子，现实中他们叫周光亚或梁军……

北大荒博物馆里展示的电影
《老兵新传》

他的作者说出来很多人都会很熟悉。年龄稍大一点的观众，都能记得电影《李双双》吧，今天我要说的这个人，就是因为这部电影荣获百花奖最佳电影编剧奖殊荣的著名作家李凖。

60年前，李凖因其创作的另一部脍炙人口的电影《老兵新传》，成为我国第一个在银幕上塑造北大荒人光辉形象的作家。从此，李凖与北大荒人的感情日益加深。李凖60多年来坚持文艺创作，取得了丰硕的成果。塑造了一个个栩栩如生的人物形象，成为一名高产作家。

李凖出生在河南洛阳的一个村子里。从小生活在农村，念完初一就辍学了，在家一边劳动一边跟着他的祖父学文识字，浏览古典作品。后来，他在学徒生涯中用微薄的工资租读了一个租书店里几乎所有的中外名著。18岁那年，他在小镇做邮递工作，一边投递书信，一边插空阅读经他分发的几份报刊。后来，他坚持自学写作。60年来，他著述甚丰，除了创作一系列反映新农村的中短篇小说外，仅电影创作就达20来部：《李双双》《龙马精神》《大河奔流》《高山下的花环》《牧马人》，等等。

说起当初《老兵新传》电影的创作，那是1956年的事：李凖到友谊农场采访，遇见从通北农场场长调任友谊农场当一个分场场长的周光亚。

李准当年来友谊农场时，时任团委书记刘焕高负责接待他。李准被安排在场部小红楼二楼住宿，隔壁还住着一位叫白薇的女作家。

当年，友谊农场正办得热火朝天，作家、记者不断来访。那次采访，李准是以《人民日报》特约记者的身份来的。对于这次采访，后来李准说："临来时，邓拓嘱咐我，要搞报道，反映农场的大机械生产，不要写作品，谁料来了之后，遇到周光亚这个人物，我就按捺不住，写起电影本子来。"

周光亚为了增加粮食产量，1948年到北大荒办起了农场。北京电影制片厂于1959年将《老兵新传》拍成电影。电影在全国公映后，立即引起轰动，使全国人民对北大荒有了深刻的印象，第一次通过银幕把北大荒精神表现出来，北大荒人的形象一时间也成为人们学习的榜样。当时，这部电影被评为建国十周年优秀影片，不久又在莫斯科国际电影节获奖。李准荣获最佳编剧奖，崔嵬荣获最佳男演员奖。身为农垦部长的王震将军，曾在《大众电影》杂志上著文给予高度评价："我非常喜欢这部宽银幕彩色故事片，《老兵新传》是从胜利的武装斗争上生产战线上来的千千万万革命战士的光辉形象。影片中的老兵——国营农场场长战长河（人们亲切地称他老战同志）的形象是有普遍性的，但他们又是集中的典型……从北大荒可以找到，在新疆、青海、海南岛、江西及其他各地区都可以找得到。他的传记是一篇从国防最前线走向经济建设最前线的动人的真实的传记，使人激动心弦。他的一些缺点是纯朴，得在前进中不断克服……老战同志的扮演者崔嵬的杰出表演艺术，成功地塑造了可贵形象。《老兵新传》是一部艺术为现实主义服务的出色的影片……"

郭小川曾为此发表了评论文章，指出老战这个人物形象的独创性，突破了当年塑造英雄人物的某些框框，具有鲜明的真实性。

1994年9月，李准又回到他阔别38年的友谊农场时，冒雨参观了农业现代化的窗口——友谊农场五分场二队，并聆听了这个生产队十多年来改革开放带来的大变化，不禁欣然命笔："老兵白发，北国绿野"。继而，他沉思良久，泼墨成诗，写下了："亿吨粮，千吨汗，百吨泪，十吨歌！"

吕向全用过的照相机

在北大荒博物馆第四展厅里，展示着一台半个世纪前由垦区著名摄影家吕向全用过的苏联基辅生产的135单反照相机。

生产这台照相机的阿尔谢纳厂联合公司是苏联照相机制造企业之一，于1946年建于基辅。第二次世界大战期间苏军接管德国的康太克斯照相机厂后，把该厂全部设备和技术人员搬迁到基辅，成立阿尔谢纳厂。该厂最初生产模仿康太克斯Ⅱ型照相机的基辅牌照相机。基辅、佐尔基和菲特尔是苏联照相机的三大著名品牌。

吕向全用过的照相机

垦区著名摄影家吕向全，有着坎坷的一生。然而，他对党的信念一直很坚定。1931年11月26日，吕向全生于山东省黄县（今龙口市）。1944年，他父母双亡，沦为孤儿，在佳木斯照相馆作学徒。1946年9月，他在佳木斯街头捡破烂，经一位国民革命军第十八集团军干部的指点，参加了中国人民解放军。1947年，他调任《东北画报》。1950年，他调至中央新闻摄影局新闻摄影处工作。

吕向全于1951年从中央新闻摄影局调至《人民画报》当记者。那时他刚满20岁，风华正茂，在摄影事业上正处在黄金时期。1953年，吕向全作为新闻记者，被派往朝鲜参加板门店谈判。到了1957年，他在画报社的同行中发表率就相当高了，几乎每期《人民画报》都有他的摄影作品，有时还发表专页，得到了同行们的好评。正在这时，党号召开展整风运动，动员帮助党员整顿党风……

1958年3月28日清晨，被错划为"右派"的吕向全和其他"右派分子"一行人从北京前门火车站出发，踏上了去北大荒的路程。

4月1日，他们到达了北大荒的大门口——密山火车站。第二天早饭后，他们分几辆大卡车向茫茫雪原开去，一路上几乎没有看到村庄，傍晚到达八五〇农场云山畜牧场场部。

他们到北大荒后，第一项任务就是在云山畜牧场修建一个小水库。因为在"五一"动工，就叫五一水库。水库7月底基本建成了，指导员不知从哪里借来一台135照相机，要他们照了一下水库及全体合影，以便留念。几位搞摄影的一致推举吕向全担此重任。这是他当"右派"后第一次拍照。

一天晚上，指导员找到丁聪，说王震部长决定要为修建云山水库的转业官兵出一本画册，因为丁聪是老编辑，由他带一名搞摄影的一起去做，丁聪提名要吕向全去。

第二天，40岁出头的丁聪和吕向全背上行李乘车到了云山水库政治处报到。转天林青拿来这台135照相机和一台"莫斯科"二型120相机，吕向全在丁聪的指导下开始工作。到10月底云山水库竣工时，他们的画册也编好了。当王震部长来参加竣工典礼时，由政治处领导请他审查。吕向全一直将这本画册保存到"文化大革命"时期，造反派给要去后全部烧毁。

当时，吕向全在非常艰苦的环境中从事摄影工作。到了冬天，冒着零下30多摄氏度的严寒，每次出门，都要把照相机揣在棉大衣里，防止快门上冻。有的同志照相时不得不戴手套，他却光着手，不怕手指冻伤。每次照完相，就得立即将照相机揣在怀里，进屋后要缓一会儿才敢打开。没有暗房设备，就利用居住的帐篷、马架，用布将门窗堵严，才能进行冲洗。为了保持温度，冲洗时先烧上炉子。用两个饭碗，一个用来显影，一个用来定影，再端来一盆清水。就在这样简陋的条件下，冲出来一幅幅照片。需要放大时，不得不到农垦报社借用暗房。为了摄取人们向大自然开战和机械化耕作场面，他有时要爬上几十米高的大烟囱或登上高高的架子……他的足迹遍布三江平原和完达山下，又延伸到松嫩平原。

1961年冬，中央来人把中央下放的"右派分子"带回去，重新安排工作，而吕向全跟领导表示愿意留下。1963年春，东北农垦总局成立后，他被调到总局党委宣传部从事摄影工作，一直使用这台照相机。

吕向全用这台照相机拍摄过转业官兵，也拍摄过城市知青，为党和国家领导人来垦区视察留下过珍贵的历史照片。到底用这台照相机拍摄了多少照片，谁也说不清。后来他成为著名的摄影家，是中国摄影家协会会员、北大荒摄影家协会名誉主席、北大荒摄影事业的创始人之一。他先后编辑了《知识青年在北大荒》

《我爱边疆》《大有作为的新一代》《美丽富饶的黑龙江垦区》等多种画册。黑龙江美术出版社出版了他个人的大型摄影集《岁月收藏》。这是迄今为止第一本以反映北大荒开发建设为主要内容的大型个人摄影集。他的摄影作品构思巧妙，光色运用自如，具有鲜明的艺术特色，或突出大自然的生命张力，或强调北大荒人的气质内蕴，平凡中显示艺术的震撼力，黑白中孕育着情感的流彩。

1992年，黑龙江省美术馆举办了《吕向全北大荒35年纪实摄影展》，深受观众的好评，他的传略收入《中国摄影家大辞典》。1998年5月8日17时，吕向全走完了他为北大荒摄影事业和开发建设奋斗了一生的人生旅程，把自己的毕生精力都献给了北大荒。如果说吕向全一辈子用照相机记录了黑土地的巨变，那么这台照相机可以说几乎陪伴他一生。

吕向全离休后，把这台照相机交给了汤富。汤富一直把这台照相机放在柜子里。直到2005年夏天，北大荒博物馆征集展品时，汤富才把它翻出来。

2014年9月，在第一次全国可移动文物普查中，这架当年被吕向全在北大荒用过多年的照相机被省文物专家鉴定组鉴定为国家三级文物。

《北大荒画报》创刊号

在北大荒博物馆第四展厅里，展示着一份珍贵的北大荒文物，那就是著名版画家晁楣捐赠的《北大荒画报》创刊号。

1958年秋天，密山铁道兵农垦局（后改名为牡丹江农垦局）党委，派宣传部副部长郑亢行去北京，到农垦部请示有关组建文艺队伍的事宜。农垦部人事宣教局局长张继璜和处长皮以德表示：垦区有大批部队转业下去的专业文艺工作者，作家、画家、演员，行行都有，王震部长指示要组织起来发挥他们的特长，局里可以组建文工团，农场成立业余文工队，还可以办刊物、出画报、拍电影，用文艺宣传这一武器从各方面反映垦区热火朝天的生产建设，鼓舞职工斗志。

农垦局党委根据这一指示，决定成立十来个文艺团体和单位，其中包括北大荒画报社。画报社由张作良负责，他在选调画报社工作人员时，首先想到的人选是晁楣。张作良在来垦区之前，是《解放军画报》的美术编辑，早就知道晁楣其人和作品，晁楣发表在《解放军画报》上的套色木刻《追踪》就是由张作良选编的。

9月下旬，当时在八五三农场的晁楣调到密山铁道兵农垦局宣传部，当时画报社和《北大荒》编辑部在一起办公。

1959年3月，经过半年多的筹备，《北大荒画报》创刊号

《北大荒画报》创刊号

报》创刊号终于出版了。8开，44页，全部用道林纸在北京精印，其中彩页12个。由铁道兵农垦局政治部编，中国农垦出版社出版，全国发行。

这期《北大荒画报》创刊号上，除了刊登毛主席像、王震题词、垦区农场分布图、连环画《英雄店》和两页版画外，全部是摄影作品，共212幅，其中彩色作品34幅，黑白作品178幅。封面为彩色作品《开荒》（郭沫水摄）。其他作者包括吴守业、董云波、周居方、肖枫、石生康、赖洪锦、凌云等。

《北大荒画报》创刊号以浓郁的色调和宏伟的气魄，多方位、多视角地展现了十万官兵进军北大荒的历史镜头：向荒原进军，麦海中的"舰队"，林木苍郁丛中的青年突击队，以及当年北大荒创建的第一条动脉——密虎铁路，第一座人工湖——云山水库，第一所大学——黑龙江八一农垦大学，等等。虽然大多是新闻摄影作品，但其中不乏佳作和力作，如《开荒》中展现的浩瀚的处女地刚被开垦所掀起的层层黑浪，以及天地交接处那四台正在作业的机车，显示出拓荒者们向地球开战的英雄气概。这个作品被用作《北大荒画报》的封面，他的巧妙构图和艺术视角，反映了作者郭沫水长期摄影生涯的艺术积淀。再如《王震动员官兵向荒原徒步进军》中，成千上万转业官兵和各种形态的背景占整整四分之三的画面，与正在广场主席台上讲话的王震将军的身影形成了强烈的艺术反差。《徒步进军》《麦香千里》《夜收》《林海中的青年突击队》《悠闲的北京鸭》《通车典礼》《将军抬土》……都是不可多得的力作，显示出20世纪50年代末北大荒摄影艺术的新水平。

同年8月19日，画报社由密山搬迁到虎林，之后陆续从农场调来了郝伯义、张祯麒，还从"右派队"调来了张学廉（张路）、张钦若、徐介城、尹瘦石等，使画报社人员增至8个，由张作良任组长，晁楣任副组长。在这些人中，搞版画创作的有晁楣、张祯麒、张路3个人，后来张作良、郝伯义也兼搞版画。此时，画报社和《北大荒》编辑部已经完全分开。

翌年，由于自然灾害影响，该画报仅出一期就停刊了。但是它的诞生，对于弘扬北大荒精神，反映十万转业官兵开发北大荒的英雄业绩，以及培养和团结一大批垦区摄影工作者，提高北大荒摄影艺术等方面，产生了不可估量的影响。

2014年9月，在第一次全国可移动文物普查中，这份《北大荒画报》创刊号被省文物专家鉴定组鉴定为国家三级文物。

丁聪在北大荒创作的漫画

在北大荒博物馆第四展厅里，陈列着一本丁聪在北大荒期间创作的漫画。

丁聪曾在上海美专研究班画过半年多石膏素描。20世纪30年代初他就开始了漫画创作，在上海、香港编辑《良友》《今日中国》等画报。1940年起他曾担任《北京人》《升官图》等剧舞台美术设计。1946年后任《清明》《人世间》文艺杂志主编，《人民画报》副主编，全国青联常委兼副秘书长，中国美协理事及漫画组副组长，中国摄影协会副主席等职。

1957年，丁聪结婚不到一年，就被错划为"右派"。1958年妻子生孩子时，他只能隔着医院的玻璃窗望了望儿子，与黄苗子一起心怀内疚地登上了北去的列车。来到八五〇农场云山农场后，他先后参加了修五一水库和云山水库的劳动。

为了不荒废时光，丁聪临来北大荒时，偷偷从家带来一卷日本宣纸，卷得紧紧的，塞在箱里，生怕旁人特别是领导发现。空闲时，他就偷偷地画，或者追记工地劳动时的场景和人物。没有尺子，他就把皮带解下来，比尺子还方便，旁人也发现不了。在北大荒，偷着画画，让丁聪感到生命的充实，感到精神有所寄托。用他自己的话来说："正是这些画，帮我度过了最艰难的时刻，使我恢复了自信和乐观。"

丁聪当年在云山农场创作的漫画《农工看慰问演出》

黄苗子曾谈到他和丁聪修水库时的情况：一到不久，就宣布在我们驻地下坡挖一个大水库，为了纪念五一劳动节，定名为"五一水库"，以表示这些人都拥护劳动改造。这个水库是由一位"土"工程师设计的，经常修改计划，挖了又填，填了又挖。从5月到9月底，终于算完成了。七一前夕，为了动员大家向党"献礼"，提出"白天晚上不停干""夜战一星期"等口号，督工的生产队长（穿军装的）随时用"板报"表扬批评。当时还提出了"分组、分班大竞赛"。记得我和小田庄（比我小20岁）抬一副筐，搭档得很好。但事后他病倒了，躺了好几天。记得一个满是星光的夜晚，在吹哨休息的时候，田庄望着天空喃喃自语说怪话："共产党是特殊材料制造的，制造右派分子的材料更加特殊……"丁聪当年是参加过五一水库的劳动的，但完工前，他就调离云山，到虎林去编《北大荒》杂志。

　　他在回忆当年工地劳动的情景时说："真是一辈子也忘不掉的，劳动强度相当大，铲土运土，抬土上坝，来往穿梭，好在我当时才40岁。身体比较棒，拼命干活儿，也就把心里苦闷丢在脑后了。"

　　一天，王震部长让人把他找去说："你原来编《人民画报》，你要好好地发挥你的专长，把复转官兵开发北大荒、抢建北大荒'人工湖'的事迹，用图片形象地记载下来，要为修建云山水库的转业官兵出一本画册，给后人留点资料……人手不够，由你亲自挑选！"

　　丁聪愉快地接受了编画册的任务，挑选了原人民画报社的吕向全作他的助手。吕向全是个从小参加八路军的年轻记者，由于受了丁聪的牵连，也被打成了"右派"。云山水库竣工后，丁聪就把编完的《云山水库画册》画稿交给农垦局有关部门。

　　后来，丁聪同聂绀弩一样，当作一名戴"右派"帽子的特殊编辑，调到由当年日本关东军驻守虎林机关的气象站改成的《北大荒》编辑部，负责封面设计、插图、刊头补白、画版样等所有美编的活，另加跑印刷厂，搞发行。他每天都有条不紊地忙着。每期10万字，他要一个字一个字地校对，直到装订成册送往邮局，他才松口气。使丁聪印象最深刻的是刊物印出来后，要亲自赶着一挂牛车将刊物从印刷厂拉到邮局寄发。他那双握了几十年画笔的手，一旦举起牛鞭，怎么也不听使唤。可那头倔强的老牛，仿佛故意和他闹别扭，总是不听调遣。

　　当时印刷厂设在密山，刚建成的密虎铁路行驶着已淘汰的闷罐车，冬天不保暖，车上生着火炉，丁聪穿着棉袄，头戴狗皮帽子，风尘仆仆地在密山与虎林之间穿梭。

当时《北大荒》上有许多署名为学普、阿农的插图，读者很爱看，但熟悉丁聪的人一看就知道是他画的。别人在《北大荒》上发稿可以领到稿费，而他画插图却不得一文。这一切都未使他感到不公平，因为只要允许他拿画笔，就可以使他本来单调的生活变得充实。1960年秋天，在北大荒生活了两年多的丁聪，终于踏上了南归的列车。

生活中的丁聪，与他的漫画一样幽默。1981年11月的一天，丁聪到聂绀弩家做客，聂绀弩把他介绍给家中的客人说："他是小丁，我的难兄难弟，北大荒大同学，老'右派'朋友……"聂夫人周颖笑着加上注解："他是画家，著名漫画家，抗战时期重庆的三神童之一——丁聪，都叫他小丁……"

丁聪的漫画集出了一本又一本：《古趣一百图》《昨天的事情》《绘图新百喻》《今趣图》……近20年来，已出版画集30多册。丁聪的漫画深受读者喜爱，喜欢他适度夸张、变形不谬，投合中国老百姓的审美情趣。

北大荒，深深地刻在他记忆的印辙里。无穷无尽的天宇，广袤无垠的大地……实在太空旷了，充实他心头的只有寒冷、饥饿和风暴。没想到，30多年以后，他和"难友"吴祖光作为历史的证人，应邀重新踏上北大荒的土地。

1994年8月，丁聪和吴祖光一起重访北大荒，笔者有幸一路陪同。他微胖的脸，阔阔的嘴，头发乌黑，一根白发也没有。来到云山农场，丁聪来到当年劳动过的五一水库，大为惊讶："原来是这么大个小水坑呀，看来不值得骄傲了。"大伙听了，都笑了。他为云山农场深情地写下了："云山是我到北大荒的第一站，五一水库、云山水库的坝上，都有我抬上的土。今日能重游故地，真是三生之大幸也。"当驱车来到波光粼粼的云山水库时，他才兴高采烈地告诉大家当年工地劳动的情景，继而泼墨题词："我知盘中餐，粒粒皆辛苦。"

丁聪一行来到位于佳木斯市的农垦科学院后，他挥毫泼墨，写下了"战天又斗地，旧貌换新颜"几个大字后，解释道："我的意思就是再也别斗人了，斗人怎么能把建设搞上去呢！如果当初把我们批错了，国家前进了，我们委屈也就无所谓了，关键是国家的损失太大了……"

吴祖光用过的陶瓷笔筒

2004年夏天，我们专程来到了北京，到曾经在北大荒工作生活了3年的已故著名剧作家吴祖光的家去为北大荒博物馆征集展品。吴老的女儿吴霜接待了我们，当得知我们来的意图后，给我们找出了两件东西，一件是中国文联颁发给吴祖光的奖牌，一件是画有中国京剧脸谱的陶瓷笔筒。吴霜补充道："这个笔筒，是父亲生前很喜欢的物件。"

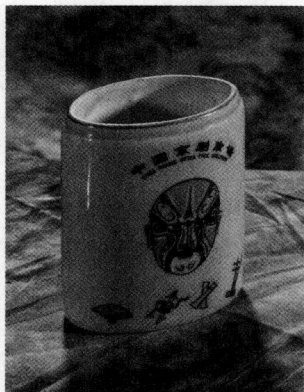

吴祖光用过的陶瓷笔筒

说起吴祖光先生的境遇，可以说他一生历经坎坷。1958年3月，他告别了妻子新凤霞和孩子，随同国务院直属各部、委、局的六百多名"老右"，乘"专列"沿着十万转业官兵的去向，踏上去往北大荒的路程。车站上挤满了即将启程而不知去向何处的远行人和依依惜别的送行家属，可能是有人想打破一下这种痛苦又沉闷的气氛，大声喊道："吴祖光，讲个笑话吧。"四周一下子就安静下来了。吴祖光强忍住内心的悲愤和伤痛，讲了一个大约是来自西方的笑话，他神态潇洒，心头却在滴血……他希望自己也患健忘症，忘掉眼下这场厄运，可万万没有想到，到了农场又挨批斗。

祸从口出，挨斗就因为那个笑话。说火车刚要启动，从站台口跑过来三个人。一个乐于助人的警察站在火车门口，帮助第一个人和第二个人上了车，第三个人比较胖，跑不动，赶到门口车已经开了。警察说："对不起，你晚了一步，我没帮上忙……"那人喘了半天才说："我真对不起这两位朋友，今天是我赶火车，他们是为我送行的。"批斗者说这个笑话是影射该走的没走，不该走的走了。说吴祖光不放过任何一次机会，再一次恶毒反党。至今，每当人们提起这个笑话，吴祖光还说："我真佩服这样解释笑话的人。"

来到北大荒后，吴祖光分到八五三农场二分场六队参加劳动。后来，农垦局成立了文工团，要写一个反映十万转业官兵开发北大荒的大型话剧。剧本初稿由业余作家写出来后，因为不懂戏路子，就从"右派队"借来两位名人帮助修改，其中就有吴祖光。

吴祖光早年从事戏剧事业并卓有成就。当他看完了《北大荒人》(当时叫《雁窝岛》)初稿后，曾提出了几条很不错的建议。比如在第一部中党委书记高建民与战友之父黄志清和战友之女燕子相认这一场戏很感人，吴祖光看了后称之有戏，建议大做文章，可把燕子改为高的亲生女儿，抗日战争中失散，相见不相识，使之成为人物关系的一条主线贯串全剧，不要一下子就认出来，要放到最后，戏到高潮时再相认，相认本身又是高潮。这本来是提高戏剧艺术的一个好主意，是行家里手的有识之见。可是这建议在集体讨论中被否定了，因为有人说："搞不好会有'人性论''人情味'的危险。"

当时作为剧本的执笔者范国栋，看到吴祖光那天挂在嘴角的一丝苦笑，心里只有遗憾。虽然他脑中也有"怕"字，但修改剧本时，他还是采纳了吴祖光的一些建议。如第一幕中燕子在过灯节点蜡的细节对当场几个人物性格的刻画和舞台气氛的渲染都是很生动的。吴祖光当时曾笑着说："这可是有点'人情味'啊。"范国栋挤了挤眼说："这是无产阶级的'人情味'。"说罢两人都笑了起来。

剧本几经修改，《北大荒人》在首都正式公演了。中国戏剧家协会主席田汉对该剧给予了高度评价，演出结束后，他走上舞台祝贺演出成功并与演员们一起合影留念。《北大荒人》在京公演时间约1个月就结束了，中国青年艺术剧院赶排了这个戏，接着演了1个月。《剧本》月刊在7月号上发表了这个剧本后，上海艺术剧院、天津人民艺术剧院、四川人民艺术剧院、甘肃省话剧团、哈尔滨话剧院先后上演了这个戏。北京电影制片厂还将它拍成电影，向全国发行，成为新中国第一部反映北大荒的故事片。

吴祖光在北大荒的这3年，新凤霞每天除了演戏和干些杂务，剩下的时间就给吴祖光写信。她每月给吴祖光寄一个包裹，那里面有她一针一线缝制的衣物。她的文化水平不高，在信中没有缠绵的词句和高深的哲理，但是却充满真情。她把一切困难、屈辱和思念的痛苦，和着泪水吞咽在自己的肚子里，她总这样写："我很好，老人和孩子也都好，你放心！"吴祖光是最爱孩子的，在信里，新凤霞有时把孩子的一双双小手，贴在纸上画下来，寄给远隔千里的爸爸，让他感触到孩子们给他的温暖。吴祖光在给新凤霞来信时，向她描绘北大荒风雪的诗意，也向她叙述自己学干农活的趣闻。他也和她一样，把被惩罚的苦楚隐藏在内心深处，他不愿给她在精神上填添任何负担。他也总是这样写："我很好，劳动已经习惯了，身子骨也壮实，不要再寄衣物了，你寄来的东西我用不完。不要为我操心，有时间努力学文化，锻炼着写些东西……"

3年的北大荒特殊生活，为吴老的创作提供了丰富的素材。在北大荒他与同去北大荒的好友王正共同创作过大型话剧《卫星城》《光明曲》，还为牡丹江农垦文工团创作了京剧剧本《夜闯完达山》、儿童歌剧《除四害》。

吴祖光于1960年返回北京。1994年8月，吴祖光与当年同去过北大荒的老友画家丁聪来到了当年劳动过的"右派队"——现八五二农场二分场六队，终于见到了阔别了34年的当年"右派队"的队长李富春。这个当年从杭州转业来的上尉参谋长，见了吴祖光分外亲热，吴祖光双手紧紧握住李富春的手说："你还认识我这个战士吗？""认识！认识啊！"李富春激动地说："真没想到我们还能见面，当年我和你们一样，都是来建设北大荒的，没啥区别，王震部长开会时还称你们同志呢。"

其实，本来就应该称同志，他更是国家难得的人才。吴祖光曾任戏剧专科学校讲师，中央青年剧社、中华剧艺社编导，《重庆新民晚报》副刊编辑，香港大中华影业公司、永华影业公司编导，中央电影局、北京电影制片厂编导，中国戏剧学校实验京剧团、北京京剧团编剧，文化部艺术局专业作家。他的主要著作有话剧《凤凰城》《风雪夜归人》《林冲夜奔》《闯江湖》，散文集《后台朋友》《海棠集》，京剧本《武则天》《三关宴》《三打陶三春》等。并编导过《红旗歌》《花为媒》《洛神》等10余部电影。

李富春一边走一边指点：当年"右派队"的帐篷、马架在那里，食堂在那里；有一回帐篷塌了，把"老右"们压在里面，幸好没伤人；王震来时，"老右"们集合的地方在那里，当时王震建议改名"向左村"，大伙激动万分，陈明(丁玲的丈夫)还带头喊口号，事后又小心翼翼地找他，问像他这样"老右"的身份，该不该喊口号？

当年"右派队"的遗迹已荡然无存，流逝的时光却没有磨掉吴祖光当年的一些印象。他说："以前我们在北京也没有想到过地球是圆的，那年一到这里，看到无边无际的雪，才看到了地球的模样。有一回，从天际出现两个小黑点，渐渐地朝我这个方向移动，原来是两匹乘骑，踏雪而来。走近一看，两个穿军大衣的人下了马，事后才知道其中一位是王震，他是专程来'右派队'看望我们的。"

"三十六年如一梦，几生修得到云山"，吴祖光和丁聪来到云山农场后，为农场写下了这样的条幅。

岁月流长，人生苦短。这36年的巨变，变的是山河，不变的是秉性，是他们对北大荒的那一份特殊的情、真诚的爱。

1998年春天，《大荒涅槃》摄制组的人员到北京采访吴祖光，说起北大荒时，他深情地说："如果当年要不是那么一种原因到北大荒的话，我会很喜欢那个地方的，现在想起来，我这一生如果没去过北大荒的话，那一定会很遗憾的。"

回到北大荒后，我们把这两件珍贵文物摆放在第四展厅"名人榜"前的展柜里。

2014年9月，在第一次全国可移动文物普查中，这支吴祖光用了多年的笔筒被省文物专家鉴定组鉴定为国家三级文物。

郭小川用过的木制花瓶

在北大荒博物馆第四展厅里，在"文化名人榜"前的展柜里，陈列着从著名诗人郭小川家征集到的一件展品，就是这件郭小川生前很喜欢的木制花瓶。

2005年10月18日下午，我们为北大荒博物馆征集展品，来到了位于北京黄寺大街的已故著名诗人郭小川的家，他的夫人、87岁的杜惠老师热情地接待了我们。根据我们的要求，杜老师为我们找出了郭小川生前用过的笔筒，以及当年的照片、手稿和部分文集。她一边看着对面墙上的挂钟，一边给我们介绍着郭小川的情况。

郭小川用过的木制花瓶

1919年，郭小川生于河北省丰宁县凤山镇。1933年春，日寇侵占承德前夕，郭小川随父母逃亡到北平。"七七事变"后，他报名参加了八路军，被分配到120师359旅任宣传科干事，后来调司令部任机要秘书，在王震旅长的直接领导下工作。1943年春节，郭小川与杜惠在延安结婚。解放后的10多年里，他一直从事新闻宣传和文艺工作……

时间在不知不觉中悄悄流逝，杜惠老师突然跟我们说："今天是小川逝世29周年纪念日……"我们听了这一信息不知如何是好，赵国维满脸歉意地说："真不好意思，我们真是不知道，今天真不该打扰您……"

杜惠老师赶紧说："那有什么，我们今天在这里整理他的手稿，不是对他最好的纪念吗？"是啊！诗人也不会想到，在他逝世近30年的时候，遥远的北大荒人没有忘记他。

我们没有理由忘记这位诗人，因为我们不能忘记历史。1958年的春天，十万转业官兵响应党中央的号召，从祖国四面八方汇集到北大荒，参加垦荒建设。在这场波澜壮阔的运动中，郭沫若写了《向地球开战》这首诗，发表在《人民日报》上，为转业官兵壮行。原信阳步校政治部宣传助理员徐先国，读了郭老的诗深受感动，随后写下了一首名为《永不放下枪》的诗来回应郭老的称赞。诗中写道："一颗红心交给党，英雄解甲重上战场。不是当年整装上舰艇，也不是横戈渡长江，儿女离队要北上，响应号令远征北大荒……"

此诗1958年5月7日在《人民日报》上发表后，王震将军立即给徐先国写了一封信，信中写道："你唱出了我的心声。"当天晚上，郭小川到王震家去做客。一见面，将军就告诉郭小川："今天《人民日报》登了一首好诗。"随后，郭小川拿过报纸看了两遍，觉得确实不错。

王震将军激动地说："这些话，很动人，也道出了像我这样的老战士的心声。"郭小川说："是啊，用拿枪的手，强迫土地交出粮食，多有气势！多有力量！合乎一个战士应有的风格。后四句意境更高，不但使有过亲身体验的老战士动心，就连我这没有负过伤的，不少老战士，感情上也很激奋。"

王震将军说："应该请一位作曲家，给谱成歌曲。"于是，郭小川和将军一遍遍地吟唱起来。后来，郭小川在《人民日报》上发表了一篇《关于〈永不放下枪〉的诗评》中写道：."为了这首诗，我们用了几个小时的时间，首先不是这首诗，而是这些人。只有具有这种革命风格的人，才能写出反映这样的人的诗来。作者并不是知名的诗人，然而，生活的力量却使他写出诗人都未必写出的诗来。我想，如果千千万万在生活中迎风破浪前进的人们都来写诗，那一定会涌现出伟大的天才来。"从那时起，北大荒在郭小川的脑海里留下了很深的印迹。

郭小川对北大荒人充满了感情。1962年12月，时任《人民日报》特约记者的郭小川，陪同老首长王震视察了北大荒，目睹了战士们那种战天斗地其乐无穷的生活，掩不住内心的激动和喜悦，提笔赋诗，在从虎林返回北京的列车上，写下了不朽的诗篇《刻在北大荒的土地上》。诗人吐纳时代风云，追溯北大荒开拓的历史，纵情讴歌英雄的北大荒人无私无畏的爱，以及绵延子孙的崇高理想。

这首《刻在北大荒的土地上》，令我们这些北大荒人永远感到无比的骄傲和自豪。不光在中央领导来视察时，总局领导会在会上朗诵这首诗；在北大荒博物馆里，更是把这首诗全文刻在最醒目的位置。"……继承下去吧，我们后代的子孙！这是一笔永恒的财产——千秋万古长新；……耕耘下去吧，未来世界的主人！这是一片神奇的土地——天上难寻。"这些诗句被北大荒人广为引用。

1964年，诗人之子郭小林被送来北大荒，长期生活在基层的八五二农场，并且写出了《我爱北大荒》等许多受欢迎的好诗，表达了"后来人"的真挚情感。后来到黑龙江省插队的大妹妹郭梅岭、小妹妹郭晓惠，也成为北大荒人。

在杜惠老师的家里，除了书和郭小川的遗物外，没有一件像样的家具。书房里，放大了的郭小川的遗像，高高地摆在书柜上面，诗人仿佛没有离开我们。

当我们把想征集郭小川的遗物并作为展品在北大荒博物馆里展出时，杜惠老人沉思了许久，走到卧室，找出了这件木制花瓶。

2014年9月，在第一次全国可移动文物普查中，这件在郭小川家中摆放了多年的花瓶被省文物专家鉴定组鉴定为国家三级文物。

聂绀弩的《北大荒歌》手稿

在北大荒博物馆第四展厅里，展示着一幅著名文学家聂绀弩在北大荒时写下的《北大荒歌》手稿。

当代著名文学家、杰出的杂文家、人民文学出版社原副总编兼古典文学部主任聂绀弩，1957年7月30日被文化部当成"右派"揪出来，带着两大箱子书，坐火车从北京到达黑龙江省的虎林后，分配到八五〇农场四分场二队。

八一建军节前夕，这位已过了"知天命"之年的老人就磨刀霍霍，随大队人马下地割麦子了。他每分钟只割10刀，而其他"右派分子"每分钟割80刀！指导员仔细观察，发现老聂每次把握的麦秆甚微，于是手把手教他"握大把"和"砍滚刀"的要领，经过数次练习，"握大把"勉强可以对付，遗憾的是镰刀每次砍下去，只能割断两三棵麦子。指导员叹息道："我找个小孩子来，一根一根地拔，也要比你快！"

后来，生产队看到56岁的聂绀弩人老体弱，便不再让他下地干重活，安排他管理宿舍，为大伙烧一烧炕。当时气温零下三四十摄氏度，这位步履维艰、老眼昏花的"书呆子"，唯恐在田野劳动的伙伴们回来辛苦，夜间受冻睡不好，就不断添柴，结果引着火，竟把宿舍烧掉，被判刑后关进了虎林监狱。

聂绀弩虽然是个文人，但却是军人出身。1924年考入广州黄埔军校第二期，与徐向前同学。林彪当连长时，他在同一连里任政治指导员。1932年加入左联，与胡风等组织"新兴文化研究会"，出版反日刊物《文化斗争》，因此被押送回上海。1936年和丁玲奔向延安。1938年与艾青、田间去山西临汾，准备在民族革命大学任教，但随即被周恩来派遣到皖南新四军任文化委员会委员，负责编辑军

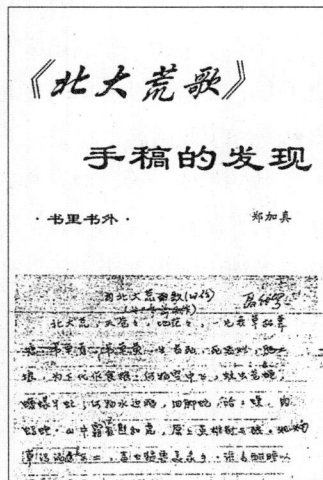

聂绀弩先生的《北大荒歌》手稿

部刊物《抗敌》的文艺部分。

刚进虎林监狱时，天不亮就要出发干活，头顶月亮才返回。没月亮的晚上，还要点燃草堆照明来延长劳动时间。对于像聂绀弩这样的年迈之身，除扫雪外从不派他事，晚间还允许下象棋、拉胡琴。不如意的事只有一件：不参加劳动（扫雪不算劳动服务）者没干的吃，只许不定量地喝玉米面粥。聂绀弩于是每餐都放足量连喝七碗，然而鼓胀的肚儿只要小便两次，就瘪了。有一个原来是汽车司机的犯人，他膀大腰圆干重活儿，所以每餐不但有窝头，还有菜——腌咸萝卜，他常常在火边把窝窝头的外皮烤焦，再悄悄揣回来拿给聂绀弩。

狱方为了照顾他身体，不让他参加重体力劳动，叫他给犯人烧炕。他听了婉言谢绝，说："不能再干了，我正是因为烧炕烧了房子进了班房。如果再让我烧炕，烧着了房子，又要进班房，可那时班房也烧了，连牢也没得坐了。"

不久，聂绀弩被放出来，并调到了《北大荒》编辑部工作。这是本铅印的文艺刊物，作者和读者都以在北大荒工作的复转军人为主。在五六名编辑中，只有聂绀弩和丁聪两名"右派分子"。

1959年的一天，他在八五〇农场劳动。一天夜晚，正准备睡觉，指导员忽然来宣布，要每个人都作诗，说是上级指示，全国都一样，无论什么人都得作诗，说是要使中国出多少李白、杜甫，多少鲁迅、郭沫若。这是聂绀弩第一次正式写旧体诗，大半夜，交了一首七言古体长诗。第二天领导宣布他做了32首（以四句为一首计）。那是"大跃进"年代，白天劳动放生产"卫星"，夜间人人写诗放诗歌"卫星"。此诗就是那个特殊年代的产物。

北大荒，天苍苍，地茫茫，一片羡草枯苇塘。苇草青，苇草黄，生者死，死者烂，肥土壤，为下代，作食粮……

这首豪放浓郁的千古绝唱——《北大荒歌》真实反映了北疆黑土地的原始风貌。1984年，在尘封了20多年后，这首《北大荒歌》终于随聂绀弩的平反破土而出。北大荒的老作家郑加真当时在黑龙江省农垦总局史志办，主编《黑龙江农垦史（党史）资料汇编》。他接到黑龙江省社会科学院文学研究所的副研究员王观泉寄来的《北大荒歌》手稿，他看着用人民文学出版社稿纸书写的这五页原稿，担心丢失，让责任编辑按原稿抄录下一份，这样，聂绀弩的手稿才得以保存下来。

原来随诗歌手稿寄来的还有聂绀弩的一封信，遗憾的是此信尚未找到。信的大意是："三王兄，此诗是旧诗作，如发表，可留纪念。聂绀弩1983年6月。"三王是指原《北大荒文艺》编辑部三位姓王的编辑，他们都是1958年从北京转业来北大荒的军官，曾与聂绀弩在编辑部共事，聂绀弩复出后都保持联系。一位叫王其力，原《人民空军》杂志社通联助理员，来北大荒编辑部任通联编辑；一位叫王观泉，原训练总监部助理员，编辑部评论组编辑。聂绀弩复出后，王观泉已调至黑龙江省社会科学院文学研究所任副研究员；还有一位叫王忠瑜，原《人民空军》杂志记者，来编辑部任诗歌组组长。聂绀复出后，王忠瑜已经是黑龙江省作家协会专业作家，并著有抗联题材的《李兆麟》《赵尚志》等传记多部。信中说的"三王兄"就是这样来的。

诗稿上有聂绀弩修改的手迹。如诗名原为《为北大荒而歌》，他删去"为""而"二字，改为《北大荒歌》。诗名后注有"旧作"二字，并写下了"聂绀弩"三个字。又如"山中霸有熊和虎"改为"山中霸主熊和虎"。再如原诗"天低昂，雪飞扬，风癫狂"之后，删去"万苇齐鸣草同吼，似（与）沙坞争存亡"。原诗中尚有"口号超英刚学步，如名超美正呼娘"，此两句也被删去。再如"裸头颅"改为"裸头顶"，"正辉煌，太平常"改为"不奇巧，太平常"等。从《北大荒歌》手稿的修改中，可以看出聂老认真严谨的态度。

聂绀弩在北大荒生活期间，共写了50多首以北大荒生活、劳动为题材的格律诗，有歌颂劳动、苦中寻乐的《搓草绳》《刨冻菜》《削土豆种伤手》《锄草》等，诗人的胸怀超然物外，表现得十分旷达、诙谐，溢于言表。但是，给北大荒人留下深刻印象的还是这首《北大荒歌》。

《北大仓》创刊号

　　在北大荒博物馆第四展厅里，展示着一本已经发黄的旧刊物，走近展柜后你就会发现，这是一本近半个世纪前由合江农垦局编辑出版的一本文学期刊《北大仓》。当时位于佳木斯的合江农垦局和位于虎林的牡丹江农垦局是国家农垦部直属的两个兄弟局。

　　1959年秋天，在全国"大跃进"的热潮中，合江农垦局宣传处决定创办一个能反映十万转业官兵开发建设北大荒英雄事迹的文艺刊物。合江农垦局党委经研究后批准了这个方案，随即由宣传处窦强（负责文艺宣传的干部）负责筹建工作。窦强接受任务后制订了组建编辑部方案，将编辑部定为8人，立即从集贤农场（今双鸭山农场）调来苏金星、武一匡，从宝泉岭农场调来谌笛，从友谊农场调来杨凯生，从萝北农场（后来分为军川、名山、延军、共青、江滨农场）调来黄天顺，从勤得利农场调来廖有楷，从局文工团调来陈中夫。他们都是1958年来到垦区的转业军官，大都在部队时就从事文字编辑工作。

　　年底，在合江农垦局原党校的旧楼里，这个由8人组成的编辑部宣告成立。关于刊物的名称，在酝酿创办时就拟出《黑土》《拓荒者》《合江农垦文艺》。

《北大仓》创刊号

卜荣先副处长对荒地里的五花草原很感兴趣，觉得挺美，主张刊物名叫《五花草》，得到不少人的支持。可是，向开荒指挥部的专家请教后方知，在荒地资源中，有五花草的地方往往偏涝，不是好地，于是只好忍痛割爱。后来，编辑部根据王震将军在一次讲话中曾说到的"要把北大荒变成北大仓"的精神，最后决定刊物名称采用《北大仓》。此名称正好与牡丹江农垦局的《北大荒》遥相呼应。

　　《北大仓》16开，每期平均60页。封面与《北大荒》相似，每期刊登一幅套色版画。创刊号的封面版画，是机车在田野上播种，一台拉种子的马车上坐着三个妇女，驭手扬鞭催马向前奔，题目叫《春晓》。这幅由廖有楷和杨楷生创作的封面，今天看来似乎有些简单、粗糙、过于直观，但很有生活气息。五月号的《新的家》（廖有楷作），以其浓厚的生活气息，深刻的思想意义，受到著名版画家古元的称赞，被收进《建国以来优秀版画作品集》。"北大仓"三个字系借用毛泽东的手书体，将《北大荒》中的"荒"换成"仓"。"仓"字是从毛泽东手书诗词中找到的，并作了一点修改。1960年创刊号及5月份出版的第2期封面上均用《北大仓》。因为与牡丹江局的《北大荒》只一字之差，又全用毛主席的手写字体，邮局常常把来稿去函错投。该寄虎林的寄到佳木斯去了，该寄佳木斯的也有寄到虎林去的，邮局对此提出意见。《北大仓》从第3期起改为《北大仓文艺》，并改用鲁迅手书体。既为了区别《北大荒》，还加上"文艺"二字，表明本刊不限于文学。

刊物的内容辟有《金色的北大仓》《读者论坛》《革命回忆录》《学习毛泽东文艺思想》等栏目，并举办"英雄踏破北大荒"征文。在前后出版的9期中，共刊登小说28篇，散文、特写54篇，诗歌178首，农场史33篇，回忆录8篇，评论36篇，其他如曲艺、儿童文学等22篇，有77万字。这些作品都从不同角度反映了农垦战线上拓荒生活的感受，对艰辛创业的记述，以及对北大荒未来远景的描绘，充满了革命英雄主义和乐观主义的精神。

《北大仓文艺》出版期间，外地作者也纷纷来稿，著名女作家白薇寄来长诗《钢铁歌颂金色海》及讴歌友谊农场机械化麦收、秋收中男女老少下地拣粮豆热烈场景的《人之流》，分别发表在1960年10月号和1961年1月号。黑龙江省的著名作家、诗人谢树、中流、毛撬等均为本刊撰写散文、诗歌等作品。

《北大仓文艺》还注重开展对作品的评论，前后共发表对《护士薛梅》《抓"老等"》《一张没有署名的奖状》等作品的评论文章。发表在创刊号上的《护士薛梅》（作者是汤原医院群声），叙述在一个暴风雪的夜晚，值班护士下班后，不顾自己孩子小宝有病在家，去荒野路上为产妇杨淑贞接生的故事。这篇文章描写生动，发表不久就被《新观察》杂志转载了，并开展讨论，接连发表向薛梅护士学习的文章。由五九七农场郭其良创作的叙事诗《仙泉》一经在创刊号上发表，就被中央人民广播电台配乐后反复播出。另外，苏金星的散文《抓"老等"》被《解放军文艺》转载；罗平伟的小说《一张没有署名的奖状》被《北方文学》转载后，收入《黑龙江短篇小说选》。

1960年《北大仓文艺》10月号出版以后，正值我国三年困难时期，党中央对国民经济各方面进行压缩调整，由于纸张供应紧张，由月刊改为不定期出版，由邮局公开订阅，改为在垦区内部发行。1961年第一期封底印有"内部发行，不定期出版，发至生产队"的字样，但是仍由佳木斯邮电局发行。

为了买到印刷刊物的纸张，编辑部的同志们四处托人。后来窦强从佳木斯百货批发站一个战友那儿，买回了一批黄包装纸，所以我们看到的最后几期刊物纸张又黄又粗，不是时间长纸张氧化的结果，而是当时就那么黄。

国家当时正处在国民经济调整时期，垦区的两本刊物都在被"砍"之列。为了保住刊物，农垦部人事宣教局皮以德处长还专程去了一趟佳木斯，建议将《北大仓文艺》与《北大荒》合并，为了生存，两个局合办一本刊物。合江农垦局派窦强去虎林牡丹江农垦局商谈合办刊物一事，窦强拿着黄家景局长写给王景坤局长的介绍信，找到虎林牡丹江农垦局宣传部，见到了林予和魏喜生，他们领着窦强见了郑亢行部长。听完了窦强说明的情况后，郑部长拿着黄局长的信上楼请示王景坤。等待期间，窦强拜访了《北大荒》编辑部，大家都乐于合并。第二天中午，符钟涛领郑部长来招待所，告诉窦强局领导研究过了，由于《北大荒》准备停刊，所以就无法合办了。

不久，编辑部脱离宣传处，划归《合江农垦报》社，人员逐渐发生变动，部分编辑相继离去。编辑部划归报社后，又出版2期，即1961年第1期和1962年第1期，随后宣布停刊。这本共出版了9期的《北大仓文艺》，在黑龙江垦区文学史乃至黑龙江省文学史上留下了重重的一笔。黑龙江省社会科学院组织编著的《黑龙江文学通史》（北方文艺出版社2002年12月出版）上这样评价："《北大荒》和《北大仓》两本文学期刊的创办，对黑龙江诗歌乃至整个文学事业的繁荣都起到了至关重要的作用。首先这是适应了时代需要而又服务于现实的纯文学刊物，由垦荒战士自己写、自己办，反映自己的垦荒生活，无论从社会意义还是文学意义来看，都是黑龙江开发史上的一项盛举。"

2004年夏天，我去佳木斯的总局干休所，找到了《北大仓文艺》的创办人之一窦强，他找出了这份《北大仓》创刊号，并捐给了北大荒博物馆。

2014年9月，在第一次全国可移动文物普查中，这份《北大仓》创刊号被省文物专家鉴定组鉴定为国家三级文物。

北大荒第一部彩色故事片《北大荒人》

当走进北大荒博物馆第四展厅时，你就会看见展窗里的电视上正在播放着北大荒第一部彩色故事片——《北大荒人》。此时此刻，作为了解北大荒的人一定会想到已故的北大荒剧作家、《北大荒人》执笔创作者——范国栋。

范国栋1935年生于北京，1951年毕业后，参加了中国人民解放军。1958年春天，范国栋随十万转业官兵的洪流来到北大荒，在八五三农场四分场（雁窝岛）当农工和文化教员。后来，他随农场业余文工队的部分同志调到刚刚成立的铁道兵农垦局文工团。转业官兵艰苦奋斗的气魄、火热的生活使范国栋激动不已。又由于局里马上要搞文艺汇演，话剧队缺少合适的剧本，他决心把十万转业官兵创业的历程，以及听说过的当年老铁道兵开发雁窝岛的动人事迹和有趣故事化为立体的形象再现舞台。

北大荒博物馆展示的电影
《北大荒人》

范国栋当时只凭着年轻人的一股子闯劲儿，一夜之间写成了独幕话剧《愿望》，在局第一届职工文艺汇演期间上演了，反响还不错。当时正在垦区检查工作的农垦部宣传处副处长皮以德也看了戏，他很高兴，立即找到范国栋和话剧队的同志们，对大家讲："你们的戏演得不错，演员阵容也很强嘛！剧本写得也很风趣，只是反映的生活面太窄了：两个四川姑娘到北大荒来，一心想开拖拉机，结果分配她们去养小鸡，闹情绪，在大家的帮助下转变了，就这么一点子事。当然，作为一个独幕话剧也还可以了。我现在提个希望，希望你们写个大戏，大型话剧，写十万转业官兵进军北大荒！这是一件大事，在古今中外都算是个创举哩，全国人民的眼睛在看着我们，许多外国人也都在注视着我们，'那么多当兵的到北大荒搞啥子名堂？''能不能站住脚？''能不能打出粮食来？'你们来北大荒一年了，用事实做个回答，这还不够，还要用一个戏来回答，在舞台上向全国人民汇报！这是个大题目，题目我出了，文章要靠你

们来做，好不好？"大家不约而同地答道："好！"于是，范国栋开始了话剧剧本《北大荒人》（原名《雁窝岛》）的创作。在写这部剧时，他"一边写一边淌泪，连稿纸都湿了"。剧本前后大删大改6次。

吴祖光当时在八五二农场二分场六队参加劳动。农垦局就从"右派队"找来了吴祖光帮助改这部戏。吴祖光早年从事戏剧事业并卓有成就，曾任戏剧专科学校讲师，中央青年剧社、中华剧艺社编导，中央电影局、北京电影制片厂编导，北京京剧团编剧，文化部艺术局专业作家等。当他看完了《北大荒人》初稿后，曾提出几条很不错的建议。比如在第一部中党委书记高建民与战友之父黄志清和战友之女燕子相认这场戏是很感人的，吴祖光看了后称之有戏，建议大做文章，可把燕子改为高的亲生女儿，他们在抗日战争中失散，相见不相识，使之成为人物关系的一条主线贯穿全剧，不要一下子就认出来，要放到最后，戏到高潮时再相认，相认本身又是高潮。这本来是一个提高戏剧艺术效果的好主意，是行家里手的有识之见。可是这建议在集体讨论中被否定了，因为有人认为搞不好会有"人性论""人情味"的危险。

当时范国栋看到吴祖光挂在嘴角的一丝苦笑，心里只有遗憾。虽然他脑中也有"怕"字，但修改剧本时，他还是采纳了吴祖光的一些建议。如第一幕中燕子在过灯节点蜡的细节对当场几个人物性格的刻画和舞台气氛的渲染都是很生动的。吴祖光当时曾笑着说："这可是有点'人情味'啊。"范国栋挤了挤眼说："这是无产阶级的'人情味'。"说罢二人都笑起来。

剧本几经修改，1960年8月，由王震命名的话剧《北大荒人》在北京正式公演后，立即引起轰动。演出后，中国戏剧家协会原主席田汉在协会秘书长李超陪同下，走上舞台祝贺演出成功，并与演员们合影留念。随后，李超招呼范国栋和团长，说田老很高兴，要谈谈这个戏，叫他们去听田老意见。说着他们就上了田老的汽车，来到西单曲园饭庄，跟着田老夫妇往里走，原来是田老请他们吃饭。田老一边吃饭一边谈意见。田老还询问了他们在北大荒的生活情况和文艺活动开展情况。时任解放军总政治部主任肖华还专门为话剧团举行了一次招待宴会，名义是欢迎北大荒的转业官兵代表回京为部队做汇报演出。当年7月《剧本》月刊发表，上海、天津、四川艺术剧院、甘肃话剧团、哈尔滨话剧院先后上演这部戏。王震指示："要拍成电影，一部电影全国都能看到！"随即，北京电影制片厂把《北大荒人》列入拍摄计划，导演为崔嵬和陈怀皑。

第二年3月，北影摄制组在著名导演兼演员崔嵬的带领下，到八五二、八五三农场拍景，基本上按照同名话剧的路子进行改编，使之电影化，并突出了原剧中存在的两条路线（即先进与保守之间）的斗争。崔嵬担任该片导演，并主演剧中的老猎人这一角色。著名演员张平扮演剧中的角色——党委书记兼场长。其他演员（包括群众演员）大都来自北大荒文工团。如于绍康饰演剧中的另一个重要角色——农场副场长；袁玫饰演老猎人的女儿小燕子。

影片通过对雁窝岛的开发，展开了一波三折的矛盾冲突，即是否进岛，敢不敢进岛，以及进岛后能否站住脚跟等一系列故事情节，塑造了一群复转官兵的大无畏精神和战胜万难的英雄气概。影片当然也受时代的局限，残留着当年"大跃进"带来的痕迹。

影片完成后，迟迟未公映。其原因就在于：当时"大跃进"时代过去了，人们开始冷静下来，党中央开始纠正当年"左"的偏差，并制定了"调整、巩固、充实、提高"的八字方针。后来，影片做了某些技术处理，还是公映了。

1963年春节，彩色故事片《北大荒人》在京举行首映式后，在全国放映。同时，千里之外的祖国边陲虎林县，北大荒人怀着按捺不住的喜悦，坐在剧院里观看了这部电影。据说，拷贝是北京特意送来的。从此，黑土地上的人们有了一个风靡全国的称号——北大荒人，这个称号延续至今。直到20世纪90年代，那些分布在全国各地的知青仍以拥有"北大荒人"荣誉称号而自豪。

《北大荒人》影片的艺术成就，还在于借助彩色的渲染和构图，第一次在全国广大观众面前展现了北大荒大自然的瑰丽与广阔，大农业和农业机械化的威力，以及北疆军垦农场的社会习俗，使整个影片充溢着浓郁的地方特色、军垦特色和泥土气息。大批北大荒文工团演员塑造了自己熟悉的复转官兵形象，都成功地突出了北大荒人的英雄形象。《北大荒人》不愧为"北大荒人编，北大荒人演，演北大荒人"的一部好电影。

黑龙江省第一部长篇小说《雁飞塞北》

在北大荒博物馆第四展厅里，陈列着一本由北大荒文学的奠基人之一林予在50多年前创作出版的长篇小说《雁飞塞北》。这部长篇小说不仅是北大荒开发建设半个多世纪的历史上的第一部，也是新中国成立以后黑龙江省的第一部。《黑龙江文学通史》上曾这样评价："在黑龙江文学艺术发展史上，20世纪50年代末期，异军突起的垦区文学是建国后黑龙江小说创作隆起的第一座艺术高峰，而林予与他创作的长篇小说《雁飞塞北》则是这座高峰的奠基石。"

林予当年创作的长篇小说
《雁飞塞北》

然而，当年为了创作这部长篇巨著，还有许多鲜为人知的故事……

林予，祖籍江西省上饶县，1930年生于北平，童年随父母回南方居住。1949年5月，林予参军后，随部队进军大西南，穿过十万大山来到了风景秀丽的西双版纳，火热的战斗生活激励着他开始了文学创作。1955年调《解放军文艺》社当编辑，后任总政治部创作员。曾与白桦等人创作电影文学剧本《边塞烽火》，并创作长篇小说《边塞烽火》。

1958年初夏，林予随同十万转业大军从总政文化部转业来到富饶美丽的北大荒，开始在八五〇农场当农工。拓荒者的斗争生活，激起他的创作热情，很快他创作了反映垦区生活的短篇小说《我们的政委》。不久，他调至牡丹江农垦局宣传部，参与北大荒电影纪录片的摄制和编导工作。后来，他奉命筹办《北大荒文学》。那时，编辑部的同志还都没调来，他就独自怀揣一个刚刚制成的编辑部印章，挎包里装了一沓宣传部信笺，下农场为创刊号组稿去了。他昼夜兼程从牡丹江种畜场到八五九农场，坐火车、坐船，有时搭汽车，有时步行，在交通极不便利的农场群里奔波跋涉，直到他组织了第一批稿件回来，作家符钟涛、杨昉等人才从农场调来。经过短短几个月的筹备，创刊号终于在1958年11月出刊了。这100多页的创刊号面世后，立即引起了垦区转业官兵们的热烈欢迎，也引起了省文艺界、首都文艺界和首都文艺报刊的重视。当时，各报刊纷纷转载了创刊号的作品。

林予是一个创作极其勤奋的人，又是一个出色的讲故事能手。他醉心于出乎读者意料的情节和事件，通过形象、叙述、画面非常生动地把所想的东西表达出来，使他笔下的人物栩栩如生。在北大荒的4年时间里，他深入农场，采访各式各样的人物，热心地辅导业余作者，使创作与辅导完满地结合起来。他选择了八五三农场四分场作为他的生活和创作基地，有时长期在那里蹲点，一边创作，一边发动广大业余作者写稿。在他的苦心经营下，一本反映转业官兵开发北大荒的报告文学集《雁窝岛》终于在解放军文艺出版社出版了。当他得知转业军官刘存亮当年曾当过董必武副主席的警卫员时，就动员他给董老写信，请董老题写书名。果然，董老从广州寄来了苍劲有力的大字"雁窝岛"。至今，董老题写的岛名还悬挂在分场场部的大门口。

林予的创作态度是严肃认真的。为了写《雁飞塞北》这部长篇小说，他多次去雁窝岛，深入生活，与那里的转业官兵们同吃同住，召开座谈会，访问职工家属。1962年小说出版后，他还专门到八五三农场、宝清一带与读者座谈，征求他们对小说的意见。

林予在创作《雁飞塞北》这部长篇小说时，正与北大荒的散文作家平青为邻。有一天，平青在家听到林予家传来做木匠活的声音。中午，林予在隔壁喊平青，叫他们过去参观他的杰作。原来，他把通铺拆了一半，拆下来的木板铺在地上，地板上靠北墙塞上了一张三条腿的桌子。正当他们为找一根桌子腿犯愁的时候，住在房山头的司机送来一根他家的烧火棍。林予接过来，顶在桌子下，还短几寸，他又垫上两块砖头，才把桌子放稳。林予得意地坐在桌子上，拍拍桌子，"这下我总算有个写作的地方了。"他踏踏脚下的地板，笑着对平青说："好舒服啊，你们向我学习吧！"从此，林予夜以继日地在这斗室内奋笔疾书。

《雁飞塞北》取材于1956年铁道兵和1958年十万转业官兵开发荒原雁窝岛、建设农场的生活原型。小说以生动的艺术形象，在相当大的规模上表现了20世纪50年代末期，十万转业官兵开发北大荒的宏伟蓝图，反映了他们战天斗地的英雄气概，讴歌了他们艰苦创业的丰功伟绩。经过作者的提炼、加工和艺术概括，小说所反映的转业官兵开发孤岛的斗争生活，真切动人，催人奋进；描绘的自然风光，神奇壮丽，令人神往。这部小说的成功创作，产生了深远的影响。20世纪60

年代，著名作家茅盾在总结全国文学创作成果的书面发言中，曾将这部长篇小说列为当时的优秀之作。当时，有一些青年就是看了这部长篇小说后，要求来到北大荒参加开发建设。

林予创作的这部长篇小说既是一曲开拓者的赞歌，也是创业者艰苦斗争历程的壮丽画卷。林予在创作这部作品时，正值黑龙江垦区最艰苦的时期。他每月9元钱的伙食费，吸1角多钱一包的香烟。在农场体验生活时，住在仅能遮蔽风雨的马架子中，但他以高度的责任感，在半年多的时间里完成了小说的初稿。

1962年，林予调到黑龙江省作家协会，从事专业创作，那年他才32岁，这本来是他进一步开拓生活视野、发挥聪明才智的黄金时代，谁料十年"文革"降临到他的头上。命运对他极不公道，他曾因文学成绩显著得到人们的夸奖，到了"文革"时期，又因他的文艺成就被诬蔑为"文艺黑线人物"，而遭到无休止的批斗和迫害。他曾割颈自杀，想了此一生。幸亏时任省委书记王一伦得知此事，立即指示医院大力抢救，才使他活过来。不久，他又因涉及所谓"陈沂反革命集团"而被捕入狱。就这样，这位热情、勤奋而有才华的年轻作家，在"文革"中停笔多年，度过了他一生中最为坎坷的岁月。

"四人帮"被粉碎后，林予重新焕发了创作热情。除了先期与谢树合著长篇小说《咆哮的松花江》外，他又与丛深一起创作了反映抗联斗争的多幕话剧《间隙与奸细》，同时还创作了电影文学剧本《奸细》。这部电影于1980年由八一电影制片厂投入拍摄。影片刚公映，他就风尘仆仆地来到佳木斯市，找到省农垦总局的作家郑加真，商量合写一部反映北大荒的电视连续剧。后来，他又多次到北大荒，冒着严寒，去友谊农场、洪河农场采访，还特地返回阔别了20多年的雁窝岛，探望当年作为《雁飞塞北》原型的干部、职工和他们的下一代。

然而，岁月不饶人，病魔已开始侵入了他的身体。1992年冬天，天冷道滑，他不慎摔了一跤，引发了脑出血，出院后他还是那样勤奋。1993年夏天，他应总局邀请，与郑加真、李龙云、王凤麟、刘进元一起，研究电视连续剧的创作。他一只手腕因摔跤骨折后愈合不好而红肿，并且消化不良，患有肠炎。他一边吃药一边坚持创作，在连续奋战30个昼夜后，顺利地完成了电视剧前10集的故事提纲。可后来没多久，林予带着遗憾永远地离开了我们。

王震将军写给张惟的一封信

在北大荒博物馆第四展厅里，陈列着一封50多年前由王震将军写给张惟的一封信。

1962年，一直关心《农垦报》的王震将军，在给《农垦报》驻场记者的信中，鼓励张惟多给《农垦报》写稿，生动反映转业官兵开发北大荒的劳动业绩。

1932年生于福建省龙岩县的张惟，1958年3月与战友们告别北京，奔赴北大荒，分配到八五〇农场六分场第三生产队。当时他激动万分，住在马架子里点燃油灯，连夜创作了散文《初上北大荒》，并在5月出版的《解放军文艺》改题为《北大荒来信》发表。这燃起了他的创作激情，接连又在上海的《萌芽》发表了《旅伴的心》《战斗在北满平原上》，在《人民日报》发表了《离别》，在《黑龙江日报》发表了《边镇黎明》，以及在《农垦报》上发表了一些通讯文章。

在1959年第10期《北大荒》"国庆十周年"专号上，发表了张惟的中篇小说《第一书记上马记》，描写的是1959年十万转业官兵来到北大荒开荒创业的故事，是黑龙江垦区第一部闪烁着现实主义艺术光辉的力作，它为北大荒文学风格的形成奠定了基础。作品通过对某农场第八生产队围绕兴修水利和制定生产指标所展开的两种思想、两种作风相斗争的描写，热情讴歌了实事求是的科学态度，有力地鞭挞了当时"大跃进"中出现的浮夸风。

这篇作品所取得的成就，首先在于作者以饱满的激情真实、生动地描绘了转业官兵垦荒创业的壮丽图景，表现了他们战天斗地的英雄气概，赞扬了他们开发荒原、建设边疆的丰功伟绩。从历史上看，自1958年春天开始便有大批转业官兵涌入荒原。但这里既无场址也无住房，甚至连最基本的生存条件都不具备，有的只是一望无际的亘古荒原。面对这极其恶劣的环境，这些拓荒者却并未屈服。他们凭借在部队多年锻炼的政治觉悟和艰苦创业的雄心壮志，自力更生，盖小窝棚居住，啃冰冻的窝窝头充饥，冒着零下30多摄氏度的严寒兴修水利，用人拉播种机的办法，播下了第一粒种子……终于使这片荒原出现了勃勃生机。他们这种顽强拼搏和艰苦创业的事迹都是前无古人的，从而为北大荒今后的发展奠定了基础。其次，这篇作品率先在小说创作领域成功地塑造了第一批具有拼搏精神和开拓意识的创业者形象。最后，这篇作品还具有浓郁的乡土气息和鲜明的地域特色。

张惟的《第一书记上马记》，是一曲拓荒者的赞歌，是创业者艰苦奋斗的壮丽画卷。然而，这篇作品却"生不逢时"。它发表不久，就被扣上"攻击大跃进""为右倾机会主义分子唱赞歌"的政治帽子而惨遭批判。编辑部在各方面舆论的压力下，对《第一书记上马记》展开了批判。1960年第一期的《北大荒》上刊登了《不能令人容忍》《是谁上马？》等批判文章，认为《第一书记上马记》的作者是"站在右倾机会主义的立场上，攻击大跃进，攻击党的领导，否认大跃进的基本成绩"，"作者要我们歌颂右倾机会主义分子，要我们学习右倾机会主义，要我们反对大跃进"。一时气氛紧张，有黑云压城之势。当时在编辑部任编辑的我国著名作家、评论家聂绀弩对此愤愤不平，写诗赠作者张惟。诗云：

> 《第一书记上马记》，绝世奇文惹大波。
> 开会百回批判了，发言一句可听么？
> 英雄巨像千尊少，皇帝新衣半件多。
> 北大荒人谁最健，张惟豪气壮山河。

1962年的严冬，张惟和八五○农场的1000多名转业官兵，来到小兴安岭朗乡林业局支援伐木。

一天早晨，张惟刚走进指挥部的木屋，时任总指挥张一千指着一位高瘦的年轻人说："王震部长派《农垦报》徐记者上山来送一封信给你。"张一千是八五○农场党委书记，也是1958年随十万官兵来北大荒的。

张惟激动地把信抽出来一看，是用当时垦区自产的印刷《农垦报》的粗质白纸写的，内容也极其简单，开门见山：

> "张惟同志，你在林区工作，请写一点通讯。既要充分表达职工特别（是）转业官兵参加劳动（的）军官的革命干劲，忠于社会主义事业的蓬勃的生活力和斗志——不浮夸朴素生动的平凡的劳动事例——给农垦报。"

原来，几天前时任农垦部长王震冒着风雪到八五〇农场视察工作，提出要召见张惟，得知张惟随伐木队去了小兴安岭，就当场挥毫，请《农垦报》派一名记者持信飞驰上山。

信函末尾的一段是"我看过你一些通讯之类文章，觉得还好，特此致意。"最后署名"王震一九六二年十二月二十四日"。

张惟看完信，心情更加激动了。他心想："王震将军来信特地提到要"不浮夸"，难道他也看到了我为《北大荒》写的那部反浮夸的中篇小说《第一书记上马记》？"这篇文章发表不久，就被批判为

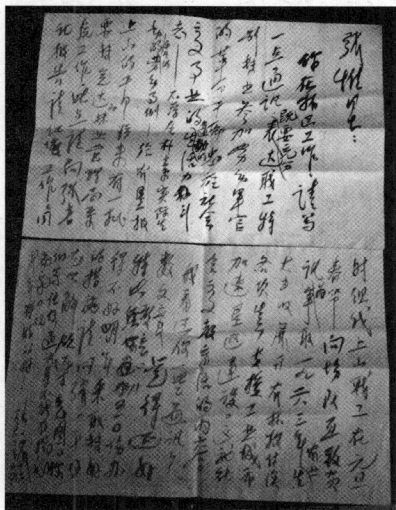

王震将军56年前写给张惟的一封信

"右倾机会主义的毒草"，此即老作家聂绀弩赋诗《怀张惟》所言"绝世奇文惹大波"。但农场老红军余友清场长和群众却将他保护起来，另一位老红军出身的时任中共黑龙江省委宣传部副部长延泽民也特地来信鼓励："不要紧的，还应写作。"而今王震部长还亲自给他写信约稿，在那个"左倾"之风劲吹的年代，张惟感受到了北大荒人特有的宽广胸怀和政治温暖。

1963年春，张惟随伐木大军回到八五〇农场。这时，上级宣布牡丹江农垦局、合江农垦局合并成立东北农垦总局，八五〇农场归属东北农垦总局虎林分局，余友清为分局长，张一千为党委书记。《农垦报》《合江农垦报》也合并为《东北农垦报》，总社驻佳木斯，张惟被任命为虎林分局记者，结束了他农场宣传干事兼场文工队政治指导员、党委办公室秘书的生涯，成为一名职业新闻工作者。

1964年，张惟调离垦区后，任福建省龙岩地区文化局长、文联主席，成为闽西文学的领军人物。他笔耕不辍，为北大荒留下了《初上北大荒》《战斗在北满平原上》《塞上夜》等优秀作品，曾为中国作家协会会员。

中国现代文学馆也曾给张惟来函，征集王震写给他的这封信。在纪念黑龙江垦区开发建设60周年之际，张惟把这封信原件捐给了《农垦日报》社，在福建找专家复制了一份，捐给了北大荒博物馆。

胡志明接见中国农垦专家组

在1979年2月开始的中越反击战，因为国际因素等，将社会主义阵营中的中越友好双方直接从友好送向了敌对，也就成了持续10年之久的中越战争的起点。但在胡志明主政越共的岁月里，中越友好是在中华人民共和国成立前就开始的。北大荒博物馆保存着一张越南前主席胡志明在主席府接见中国农垦专家组的合影，这张照片能够印证在20个世纪50年代，中国在农业方面援助越南的一个侧面。

1949年9月，在中国的解放战争取得了决定性胜利的时候，胡志明派人来中国同中共中央直接联系，并请求援助。后来，随着中国人民解放军百万雄师南下的胜利进军，中越边境的交通线终于建立起来了。

1950年1月14日，胡志明代表越南民主共和国政府发表声明，庄严宣告："越南民主共和国政府是越南全体人民唯一的合法政府。"当胡志明向斯大林和毛泽东提出希望得到军事和财政经济援助的时候，斯大林推脱称，二战让苏联和东欧各国受到严重战争创伤，负担很重，希望援助以中国出力为主。1950年4月，当新中国建设急需人才时，中共中央还是根据越方的要求，从各野战军和相关部门选调优秀人员组成中国军事顾问团赴越。1949年10月中华人民共和国成立，在中越关系史上揭开了崭新的一页。1950年1月18日，中国首先承认越南民主共和国，从此两国建立了友好互助的睦邻邦交。中国成为第一个承认越南民主共和国的国家。

时任查哈阳地区党委副书记（副厅级）、主持全面工作的农场场长杨清海是中国援越建设农场的三个组长中的一个。来自黑龙江生产建设兵团、新疆生产建设兵团、海南垦区、广西垦区、云南垦区的援越工作组到越南支援农业建设，成为中越友好的农业战线的使者。

老一辈无产阶级革命家胡志明在生活方面比较简朴。胡志明是住进中南海的三名外国元首之一，他和毛泽东主席在出席活动时被拍下来的照片上，裤子前面甚至还有补丁。在这张与中国农垦专家组的合影中，胡志明穿着合体的中山装，微笑着站在前排的中间。

胡志明接见中国农垦专家组成员

1957年12月4日，时任越南副总理、国防部长武元甲和越军总后勤部副主任邓金江一行16人来到新疆，访问新疆生产建设兵团，学习新疆部队从战斗到生产的演变经验，以解决越南3万多名人民军官兵转业生产问题。

武元甲等人回国后，越南主席胡志明决定：一方面，按照武元甲介绍倡导的兵团模式和办法，于1958年初将若干个师就地转业，并以驻地名称命名了一批农场，开始了军垦生产；另一方面，通过外交途径和国家领导人的交往，要求中国在越南举办新疆生产建设兵团军垦事迹展览会。

1959年4月到5月，遵照越南胡志明主席"按长远计划建设北越"的战略方针，越南人民军派邓金江少将一行出访中国，与中国农垦部商谈，希望中国派出技术人员，提供物质援助，按新疆生产建设兵团的办法，加快发展北越的军垦事业。1959年8月1日，胡志明参观访问了石河子垦区，受到石河子垦区人民的热烈欢迎。

中国援越议定书是1960年3月8日形成的。同年3月19日，周恩来总理亲自批示3年援越拨款4000万元，并指派张仲瀚与越方签订议定书。

3月28日下午，中国代表张仲瀚和越南代表、时任越南驻华大使陈子平分别在《关于中华人民共和国政府援助越南民主共和国政府建设八个农场和一所中等农业技术学校的议定书》（简称《328议定书》）中越文本上签字，时任国务院副总理陈毅出席了签字仪式。

在中国政府和越南政府的共同努力下，到1963年，由中国政府援越农垦工作组承担的"8个农场1校"规划建设工作全部完成。规划总面积达到53 174公顷，是原议定书面积的1.4倍。棉花面积1973公顷，其中苏效农场1146公顷。8个农场共规划粮食面积5695公顷，饲料地2210公顷，橡胶树已定植2800公顷180万株。

按照《328议定书》，中国政府还向越南提供各项援助物资，其中包括橡胶树种子20吨、菜种5吨、棉种3吨、椒苗2000株；同时，还向越南援助拖拉机240台，载重机48辆、拖车128辆，以及各种农机具、植保器械、兽医器械1741件；除此以外，中国政府还向越南政府援助新疆细毛羊4000只、奶牛300头、伊犁马60匹，各种鸡鸭种蛋32 400枚。

1959年到1965年期间，兵团为越南选派了水利、测量、农业、畜牧、农机、房建、轧花榨油等技术人员36人次，主要参与农场规划、作物栽培试验、轧花榨油设备设计安装、人员培训等。

在中国政府农垦援越期间，中国农垦援越工作组还运用多种方式，为越方培训初中级技术干部和技术工人2500人次。

在中国专家组离开时，他们帮越方建立的木州、苏效、奠边府、越中、决胜、石城、富山等8个农场已初具规模。同时，中国政府还完成了一所中等农业技术学校的校舍建设，圆满完成了中国农垦援越任务。

（农垦齐齐哈尔管理局 田峰）

童陆生将军的《五花堂诗词稿》

在北大荒博物馆第四展厅里，陈列着一本由当年在九三农垦局劳动改造的童陆生将军创作的诗词集《五花堂诗词稿》。

反右倾运动中，被错划为"阶级异己分子"的中国人民解放军少将童陆生被开除党籍、军籍，撤销一切职务后，下放到北大荒，来到黑龙江省九三农垦局农业科研所劳动改造。

童陆生，1901年生于湖北省黄陂县至通口。他1919年参加五四运动后，投考南方政府云南讲武堂韶关分校学习；1926年加入中国共产党；"四一二"事件后，党组织派他到杨虎城那里工作，被委任17路军总部上校参议；延安时期，任八路军总部高参室参议，后为朱德总司令领导的战略小组成员，中央军委一局局长、四局代局长；1946年，他以国民革命军第18集团军少将高级参谋的身份，跟随周恩来到重庆、南京进行国共谈判。后来代表团迁到南京，童陆生也到了南京，担任代表团军事组组长。1947年党中央撤离延安，童陆生率王家坪工作人员转移到晋西北。周恩来总理曾带童陆生去见毛泽东主席，毛泽东主席向童陆生问了一些民情。

童陆生将军创作的《五花堂诗词稿》

在延安时期，他还当过抗大三分校的军事教授，并主动找校长许光达要求教参谋训练队。他培养了大批参谋人员，这批参谋人员在抗日战争和解放战争中发挥了重要作用。在几十年的戎马生涯中，他立下了赫赫战功，于1955年被授予少将军衔。

中华人民共和国成立后，童陆生曾任中央军委四局局长、训练总监部军事出版部副部长、军事科学院院务部副部长。1955年他被授予少将军衔，这是他在我军第三次被授予少将军衔，这在开国将军中绝无仅有。他获得了二级独立自由勋

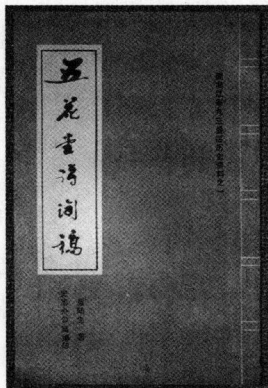

章、一级解放勋章。童陆生被处理的直接原因是他回乡为母送葬，并用其母的积蓄为当地建了一所用其母亲名字命名的图书馆。而其母土改时的成分是地主，于是就有了"阶级立场"的问题。童陆生因而被开除党籍、军籍，并被发配至黑龙江的北大荒。

童老在北大荒的两年中，"身临其境，两度春秋领略风光，体会农业为立国之本，工业为主的建设社会主义指南针"。

1962年9月，童陆生在九三荣军农场科学研究所时著的《五花堂诗词稿》自序中这样写道："一九六〇年秋我由北京下放到黑龙江北大荒九三农场，地处塞北，冰封千里，积雪遍地，待春来解冻，荒岗起伏，地貌渐露真容，寒气日消，野色春化，眼见黑土肥沃，田园油绿，一片美景出现人间，堪称佳壤。但已往视为荒土，人迹罕至，只有在中国共产党的领导下，人民得到胜利解放后，建设起来的农场一改过去之荒凉面目，而呈现今日之兴盛景象……"

作为一名将军，童陆生有着非凡的经历，这样一位身经百战的将军，堪称武将；但他又是一位博览群书、著述颇丰的文才。他爱书，以书为伴，以书为师，以书为乐。他读的书涉猎很广，他撰写的回忆录、诗词等曾在多家报刊上发表。

他在九三农垦区科研所"劳动改造"的两年中，在当地职工中结识了许多善良纯朴的人。他在与黑土地的接触中，更加坚定了共产主义的信念，始终保持乐观的情绪，与北大荒结下了不解之缘。他爱北大荒的山，爱北大荒的水，爱北大荒的无名花草，爱北大荒的玛瑙、石子，然而他更爱北大荒人。在当时缺医少药的北大荒，童陆生经常义务行医，为职工解除病痛。许多当年让童老治过病的职工至今还对他念念不忘。

在九三科研所工作期间，童陆生深深地被北大荒的富饶美丽所打动，于是，他提笔写下了42首诗词。为了纪念这位老将军对北大荒的贡献，九三农垦局史志办于1990年出版了他的诗词集《五花堂诗词稿》。童陆生说："此地老乡相传名五花堂，意谓此地野生奇花异草之繁茂别处少有，犹未为人认识定名者尚多。我利用春夏之际，寻花问草以欣赏求知自然界之奇观，且采集藁本、防风等品医治头痛病。还拾过各种色彩花纹的石子，如化石、水石、玛瑙、矿石、花岗石、浆石等。对此虽然爱好，但多不识其名，拾取后还须请教别人、查阅书籍，了解其用途，它将是建设社会主义之工业原料，不会久被弃置于河滩、草甸、山岗之间。或以诗词记事咏物间有感怀之作兼以自勉。今我将离此，迁地疗养宿疾，将两年来拙作抄集起来拟名曰《五花堂诗词稿》以志行踪。并将有关谈及诗词及诗词之信件亦检附其中以存意旨……"

他在《北大荒冬天》中这样写道："山岗草甸连无边，北大荒来又一年，冻土茫茫常积雪，寒林处处带霜烟，中霄月色银光夜，偶见彩虹耳挂天。最是农场忙不尽，春耕冬备话炉前。"

童陆生在北大荒农场劳动改造期间，劳动之余，他钻研中医，并义务行医，在农场附近颇有名气。1963年，中央组织部调童陆生回北京，未分配工作，闲住在军事学院的大院里，童陆生就在北京义务行医，渐起名声。

1978年，童陆生的冤案得到了彻底平反。他历任军事科学院院务部副部长，全军第一军事图书馆第一任馆长，军事出版部副部长。1980年离休后，曾于1985年受总政治部通报嘉奖，为全军优秀退休干部；1989年7月31日，他同陈锡联、杨得志等300多位战功卓著的同志一起，受到时任中央军委主席邓小平颁发的"红星"勋章。

这本《五花堂诗词稿》于1990年2月，经过黑龙江省新闻工作局批准，由齐齐哈尔市站前印刷厂印刷1000册，内部发行，被九三农垦史志办列为"九三垦区历史资料之一"。装帧设计采用古老的排版方式——立文排版。原九三史志办主任赵庆才担任诗集的编辑，除了在书前写了《我所敬佩的童老》外，还在书的末尾与原九三农垦局信访办主任张泉礼于1986年9月共同写了《读童老〈五花堂〉诗集有感》。九三农垦局著名的书法家石安述题写了书名。该书在附录部分还刊登了10首读后感怀的诗词。

2001年2月27日，童陆生在北京逝世，享年100岁。2004年，中国文联出版社出版了他的传记专著《百岁将军童陆生》，记述了童陆生将军战斗的一生。

晁楣早期的版画代表作《第一道脚印》

在北大荒博物馆第四展厅里，版画单元展示的第一幅作品就是著名版画家晁楣在20世纪60年代创作的代表性作品，也是被社会各界用得最多的作品——《第一道脚印》。

1931年4月2日，晁楣出生在山东省菏泽市何楼村晁大庄村。1937年开始在家乡读书，在家中随父兄学习古诗词，课余曾在菏泽书画院学习绘画及书法。1945年离家去南京，以优异的成绩考取江宁师范美术科和社会教育学院，选后者入学。他随美术老师学西画，开始接触版画艺术，并置木刀试作木刻。1949年5月南京解放后，他参加了中国人民解放军，考入当时刘伯承将军任校长的二野军政大学，结业后调军大文工团美术队。1951年，他创作出了他的第一幅木刻宣传画《提高警惕，保卫祖国》，后来刊登在当时的《西南画报》上。

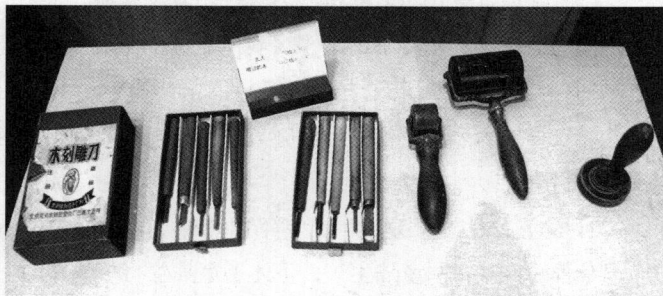

晁楣早期在北大荒创作版画时使用的二具

1952年，晁楣调至哈军工政治部任助理员，业余从事美术创作，其作品开始入选全国美展，并在全国性报刊上发表。1958年3月，举世瞩目的十万转业官兵从全国各地向着北大荒进军了。那是一个寒冷的春天，晁楣和广大战友一起胸佩红花，轰轰烈烈地登上了去密山的列车，来到北大荒。他走进一个新奇的世界：辽阔的天空，无边无际的黑土荒原像一匹黑缎一直延伸到天际，白桦树银色的枝干在淡淡的春阳下闪着白光，空气里饱含着水分，从犁铧翻开的泥土里嗅到了春天的信息。

晁楣完全被这充满生机的世界吸引住了，他谢绝了农垦局要留他在局里工作的好意，来到了八五三农场最边远也最艰苦的五分场当农工。那纵横无羁的挠力河、景色迷人的雁窝岛给了他天然的陶冶。他们在冰天雪地的旷野里，砍来树枝，割来荒草，搭成马架子，把荒草铺在冰雪上就成了床铺。春天解冻时，鞋竟像小船一样漂在水上；晚上睡觉时，青蛙会跳到被窝里。在这样的环境里，晁楣坚持在劳动之余画了许多生活速写，并写下了一本又一本生活笔记。后来，他又当上了踏荒队员，顶过"大烟炮"，涉过"大酱缸"，在荒草荆棘中踏出"第一道脚印"。

在开发北大荒那段艰难的岁月里，晁楣始终没有丢下手中的木刻刀。艰苦的拓荒生活，与大自然冷峻的搏斗，对未来事业创造迸发出来的激情，都凝聚在他的刻刀上。在开发荒原的创业阶段，晁楣参加过伐木割草建设临时性住所的突击性劳动；饱尝过规划土地、勘察荒原工作的甘苦；在沼泽排水工地和点播大豆的处女地上，洒下过辛勤的汗水。《第一道脚印》的题材、构思来自荒地勘察那段经历，也是晁楣参加垦荒创业劳动生活的总体积累。

一年后，晁楣创作了套色木刻《第一道脚印》。画面的场景是虚构的，又是真实的。

《第一道脚印》是一幅表现开垦荒原的尖兵生活的优秀作品。它表现了一队踏察队员在茫茫雪原上，步履艰难地向前行进，身后留下一行深沉、坚韧的脚印。他们为征服荒原踏出了第一道脚印。是黎明时分，还是暮色降临，抑或是沉沉黑夜，都无关紧要。在昏暗中因抽烟点燃的火光映

晁楣当年创作的版画《第一道脚印》

着垦荒战士严峻、坚毅的脸庞，那是闪烁在茫茫雪地上燎原的星火……这是惊醒沉睡中的荒原的第一批人，它预示着大规模的垦荒战斗即将开始。这幅版画的形象生动性，不仅通过有气势的构图、浓重的色调、遒劲的刀法将风雪的夜晚踏察的具体场景描绘出来，使人们饱尝北大荒景色的"阳刚"之美，而且让人们从荒

凉境界的诗情中体味到了那富有哲理的标题。

东北师范大学美术系教授齐凤阁评价道："《第一道脚印》就艺术技巧而论，并不是晁楣的成熟之作，正像力群评论的那样，它的成功之处就在于作者构思的深刻，取材的聪明，以及题目的画龙点睛。它记录了转业官兵征服荒原的第一步，那沉睡千年的雪地上留下的一行清晰的足迹，叩开了北国边陲的大门，踏察队员迎风挺进的动势表现，并无独到之处，但回首点烟的瞬间动作，却令人叫绝，它显示出画家敏锐地感受生活、捕捉形象的本领，以及通过细节为画面平添情趣、开掘意境的能力。"

晁楣每每回忆起20世纪50年代末期荒地创业的生活往事，仍然激动不已，那是因为他曾为之奉献了宝贵的青春年华。他说："应该庆幸，当时我坚定地选择了美术创作的业余爱好，使那段艰难而又充满生气的人生经历和深切的感悟，能够在我的一些作品中滞留。在这些作品中，我珍惜并偏爱套色木刻《第一道脚印》，正是因为它比较真实地概括了我对那段生活贴心的感受和美好的憧憬……"

这幅画曾经挂在垦荒者的帐篷里，之后，又刊登在许多报刊、画册、书籍的封面上，也曾多次出现在国内外大型的美术展览会里。

这幅画已创作完几十年了，每当谈起这幅画时，晁楣先生还是很激动，浮想联翩。他说："（《第一道脚印》）从纯技巧上从严要求，稚嫩之处，显而易见，也许它尚不能算是我整个创作生涯中最具代表性的作品，但是我对它却怀有特殊感情。它能引发我心灵的震颤，因为它涵盖了我拥有的那段宝贵的生活经历的深层意义，它还使我人生道路的里程跨入了一个新的阶段。"

后来，他在致力于北大荒版画创作的同时，积极组织垦区版画创作队伍，逐渐形成了一个实力雄厚的版画创作群体，创作了一大批以转业军人屯垦戍边为题材的版画作品。这些作品以其强烈的时代精神、浓郁的生活气息和鲜明的艺术特色，在全国美术界引起强烈的反响。"北大荒版画"美名不胫而走，晁楣成为饮誉海内外的北大荒版画学派创始人之一。

晁楣虽然早已是名人了，可他没有囿于已有的成就而止步。但他也常常被苦恼缠绕，他感慨地说："要成为一名真正的艺术家是艰难的，因为你必须是一名有顽强斗志的勇士。"2006年7月中旬，晁楣荣获黑龙江省"终生艺术成就奖"。

2014年9月，在第一次全国可移动文物普查中，晁楣先生的这幅早期版画作品《第一道脚印》被省文物专家鉴定组鉴定为国家三级文物。

王震将军在江滨农场用过的锄头

在北大荒博物馆第二展厅里，陈列着一把看上去很普通的锄头，可就是这把锄头，诉说着中国农垦事业的奠基人王震将军在北大荒视察工作时发生的一个小故事……

1962年5月31日，时任国家农垦部部长的王震将军在合江农垦局局长黄家景、萝北县委书记刘海等陪同下，来到连遭阴雨40天的萝北农场十一分场二十一庄（现江滨农场十一队）视察灾情。一到庄边，看到农工刘崇华在吃力地铲地。

王震上前打招呼道："老汉，你休息一会儿，让我来铲一铲。"

刘老汉瞅了一眼王震，慢腾腾地说："你不是铲地的人，能行吗？"

王震一把抢过锄头笑着说："当年在南泥湾大生产中，我没少干呢，不信你看！"说着脱下外衣，一锄一锄熟练地铲了起来。刘老汉连声说："好！好！行！行！"

王震送还锄头后说："现在粮食不够吃，这是暂时的困难。战胜

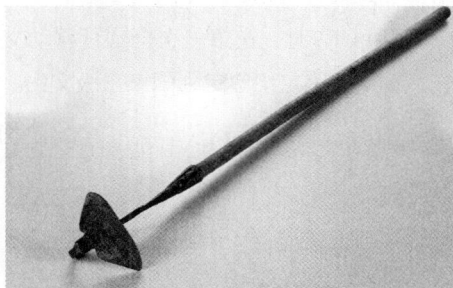

王震将军当年在江滨农场用过的锄头

困难我们垦区要做出样子来。"他弯下腰拔了几棵草说："今年草多，要抓紧铲掉。"接着，他指着刘海风趣地说："地里的草就像他的头发那么多了，不过还都是嫩芽子，早点动手，一铲就死。"大家都笑了。

王震对大家说："抗灾的根本办法，就是要抓紧有利时机多开荒，多种地，管好地，春天捅一棍，冬天吃一顿嘛！"最后，他强调，机关工作人员要带头参加劳动，抗灾自救，特别是农场书记、场长要挂帅。

当王震一行离去时，刘老汉看到这么多领导陪同，也猜个八九不离十。他自言自语道："怪不得他这么会干活，原来他就是王部长……"

王震来到庄里，一队小学生列队敲鼓，鼓声不大，但很整齐，王震部长以为

是欢迎他，忙对陪同的人说："不要搞这一套，我说过的。"刘海书记告诉他，这是学校在排列体操队形，准备明年庆祝六一儿童节的，王震部长这才弯下腰，摸摸这个，亲亲那个，疼爱的心情突然变得沉重起来。他抱起一年级女学生董舒萍，仔细地看着她发黄的面颊问："你几岁啦？""10岁。"回答的声音很细小，很拘谨。王震摇摇头，轻轻地将她放下，自语道："体重太轻，太轻了！"他转过身问大家："学生的粮食能否保证，学生得没得浮肿病？"见没人回答，他用力将衣领扣解开，说："这样孩子们怎能安心学习？现在我国暂时困难，粮食不够吃，这是事实，但要首先保证学生吃饱，让他们上好课，学好习。地里的苗没长好，要让他们这些苗长好，长壮！"陪同的人纷纷点头赞许。

刘老汉的这把锄头一直放在家里，直到几年前，农场史志办的人把这把锄头交给了宝泉岭管理局史志办的梁亚萍。

2004年秋天，我去宝泉岭管理局征集文物时遇见了梁亚萍，她把这把锄头交给了北大荒博物馆。

2014年9月，在第一次全国可移动文物普查中，这把王震当年用过的锄头被省文物专家鉴定组鉴定为国家三级文物。

周恩来与咸氏三姐妹的合影

　　北大荒齐齐哈尔博物馆里有一组特殊的照片，其中一张是周恩来总理与三个小女孩的照片，另一张是三个女青年的照片。

　　这三个女孩是新中国成立后，中国第一胎三胞胎，出生在上海。第一张是周恩来总理于1963年1月8日在上海机场送别锡兰（今斯里兰卡）总理班达拉奈克夫人时，与在机场参加欢送活动的三胞胎女孩拍摄的合影。后来，三姐妹随着上山下乡的洪流，自愿申请参与开发建设北大荒，来到了查哈阳农场。另一张是三个女青年的照片，这是三姐妹在查哈阳农场金光管理区拍摄的。这三姐妹就是咸慕真、咸慕和、咸慕群。

　　1963年1月8日上午，周恩来总理健步走向舷梯，与走下飞机的锡兰总理亲切握手。这时，三个长得一样的小姑娘跑上前去，老二、老三向外宾献花，老大向周总理献上鲜花。把外宾送上轿车后，周总理用温暖的手揉搓着老大冻僵的小手，亲切地问："小鬼，你冷不冷？"老大笑着说："不冷，不冷！"周总理又把老二、老三叫到自己身边，然后对摄影师说："来，给我和三个小姐妹照张相吧！"照相时，周总理拍着她们的肩膀说："小鬼，你妈妈生养你们姐妹不容易，你们可要好好学习呀！"

　　后来，这张周总理与三胞胎姐妹的合影，就一直挂在上海徐汇区日晖二村14号那栋老楼的一间房子里，这里是老大咸慕真的家。就在这张珍贵的照片下，老大和老二接受了我的采访，老三没有来。

　　岁月无情，在这两位已经58岁的姐妹脸上已经找不到照片上三个小姑娘天真可爱的神情了。那时，她们才13岁，梳着小辫子，同样颜色的条绒上衣，又朴素又漂亮。三个女孩那一样的装扮，一样美丽的笑容，谁看了都会被感动。

　　老大说，我们姐妹见过两次周总理。第二次是在1965年7月，他陪同缅甸外宾来沪访问时，观看上海民兵军事表演。在我们三姐妹射击表演结束后，周总理接见了我们。他笑着说："你们哪个是老大、老二和老三？"我们争着说："我是老大！""我是老二！""我是老三！"总理和蔼地点头笑了。"可能在场的领导告诉了周总理，我们的大哥咸镛泉牺牲在抗美援朝的上甘岭战役中了，他用深沉的语气嘱咐我们："要继承你们哥哥的遗志，好好练习本领，保卫好国家！'"

"没想到，周总理的这一句话决定了我们一生的命运。"说起这件往事，老大、老二十分感慨。

咸家三姐妹出生在1950年1月28日，那时上海刚刚解放几个月，她们是这个城市解放后的第一例三胞胎。她们的父母生了9胎，共11个子女。当时父亲在电车公司当乘务员，家里生活特别困难。妈妈望着这三个可爱的女儿默默流泪，她不知道能不能把她们养活。这时，上海市妇联主席章蕴赶到医院看望她们母女，给她们送来一大包大人和孩子用的衣物。她拉着母亲的手说："大姐，你把两个儿子交给了党，送去参军，我们帮你养育三个女儿。"就在医院，章大姐决定，给她们三姐妹吃奶粉、请保姆。这之后，她们母女在医院住了9个月，一直到三个孩子断奶。回家后，政府还每月给她们50元的补助费。为了感谢政府对她们的关怀，父母给她们起名为慕真、慕和、慕群，意思为仰慕真理、和平和群众。后来大哥在朝鲜战争中牺牲后，政府又把她们送到刚成立的上海市中国福利会幼儿园，一直免费供养到上小学。

老大说："我们全家一直有种感恩的思想，当我们上小学时，父亲决定不能再要政府的补助了。那时学费也便宜，最后学校给了半免，一个学期每人才6元钱。到了1968年，正好我们初中毕业。我们一心想当兵，因为周总理说了要我们好好练习本领、保卫祖国，当兵是保卫祖国的最好岗位了。可当时我们住的卢湾区只有两个女兵指标，我们检查身体就没通过。这时，听说黑龙江兵团也来招人，上兵团也能保卫祖国，我们就跑去报名。可区里不同意，因为当时我们姐妹三人经常参加军事表演，市里不想让我们离开，答应将来可以安排我们到工厂学徒。可我们坚决不同意，就是要上兵团。我们姐妹三个一商量，决定写血书表决心！我划破手指，在一张大白纸上用流下的血写道：'我们姐妹是党和政府培养大的，现在我们坚决响应党的号召，到边疆去建设祖国，保卫祖国！请组织一定批准！'因为字太大，我手上流的血不够，老二、老三又都用刀划破手指头才写完，结果用了三张纸。我们把这份血书送到区知青办，当时写血书要求到边疆的不少，像我们三个姐妹一起写血书的，谁也没见过。他们被感动了，上级终于批准了我们的请求。8月21日，我们三姐妹一起登上了北去的列车。父母都到车站送我们，就像当年送两个哥哥当兵一样。他们都在流泪，我们却在笑，这回可以实现周总理的嘱托了——我们也拿起枪去保卫祖国了。"

列车呼啸着一路北上，最后她们在一个叫拉哈的小站下车，又通过摆渡过了嫩江，然后又换汽车。她们的目的地叫查哈阳，那里是兵团55团的所在地。三姐妹被一起分到了55团2营16连，后来老二被调到连队的小学当老师，老大和老三当上了拖拉机手。

北大荒喜欢要强的三个上海姑娘。1972年，她们三人陆续被调到了团部，老大被调到团科研连，她很热爱科学种田，在这个连里当过保管员、出纳员和团支书。老二被调到团部医院当护士，开始她不同意，要与老大调换。因为老大修水利时累出过肝炎，科研连比医院劳动强度大，她要姐姐到医院，自己去科研连。她还去找过团政委说情，政委表扬她有风格，但还是让她服从了命令。后来姐妹三人先后返城。

咸慕真说："周总理的人格形象影响了我们的一辈子，我们就是照着他的嘱托工作和生活的。虽然吃了许多苦，但是从来没有后悔。"

（农垦齐齐哈尔管理局 田峰）

董必武为八五〇农场赋诗手稿

　　在北大荒博物馆第二展厅里，陈列着一件珍贵的革命文物，那就是原国家副主席董必武为北大荒题写的诗《访问农垦部实验农场·虎林红星村》手稿。

　　说起这首诗的背景，还得让我们把北大荒的历史翻回到54年前的一个夏天……

　　1964年7月14日，朱德委员长和董必武副主席，偕同他们的夫人康克清、何连芝，乘专列由北京到密山，后改乘小轿车专程到农垦部实验农场（今八五〇农场）视察。

　　八五〇农场是第一个军垦农场。1954年，铁道兵五师从抗美援朝战场归国后，即奉命到黑龙江省伊春地区抢修汤旺河林业局铁路。5月底，铁道兵司令员王震由北京来到黑龙江省视察部队。6月3日，王震司令员在洪山看望了集结待命的五师复转大队官兵，问大家："你们复员以后到北大荒去，建一个机械化大农场好不好？"战士们高兴地齐声说："好！"王震对副师长余友清说："你先带一部分人去，你是打头阵的，是去点火的，得搞个样子，以后要大发展，要母鸡下蛋。"1954年9月初，汤旺河林业局铁路工程结束，铁道兵复转官兵500多人编成垦荒先遣队。10月19日，先遣队到达密山，次日前往虎林。虎林县机关、企业和农业社广大群众热烈欢迎军垦战士，腾出办公室，让出住房安排复转官兵。1955年元旦，中国人民解放军八五〇部农场在虎林镇宣告成立。

　　那天，朱德委员长、董必武副主席来到八五〇农场办公楼二楼会议室，接见了农场场长曾纪银、书记郭崇华等场领导同志，听取了农场情况简要汇报。康克清、何连芝探访了场直电工赵资萌的家，并询问了生活情况。

　　半小时后，朱德委员长、董必武副主席一行，乘轿车去一队一号地，察看了庄稼长势，后返密山乘专列回京。

　　朱德委员长、董必武副主席对复转军人"开发北大荒、屯垦戍边"，创建国营农场建设事业的成就，予以肯定和赞许。董必武副主席特赋诗一首：

　　　　　访问农垦部实验农场，虎林红星村

　　　　红心(星)农场黑土层，麦黄豆绿黍苗青。

　　　　今年望保丰收确，高屋巍峨已建瓴。

　　　　斩棘批荆忆老兵，大荒已变大粮屯。

　　　　虽然经验有得失，得失如何要细论。

一九六四年七月十八日董必武未定草

　　　敬呈

王震同志指正

董必武　八月九日

　　董必武副主席回京后，把这首诗送给王震部长，王震部长推荐给当时东北农垦总局主办的《东北农垦报》。同年9月14日，这首诗发表于《东北农垦报》。

　　董必武副主席一直关心着北大荒，关心着这里曾给他当过警卫员的刘存亮。

　　刘存亮1930年8月生于山西省泌县羊庄乡萝卜涯村，1947年2月加入中国共产党，同年3月参军，随即到山西大岳军区补充团受训，7月被选派到中共中央警备团警卫连工作，在毛主席等中央首长身边做保卫工作。1949年1月到1951年11月，刘存亮一直担任董老的警卫员。

　　1952年2月，刘存亮从哈军工毕业，转业到八五三农场四分场(即雁窝岛)，开始在装卸队工作，不久调到三队作政治工作。1959年春，刘存亮任基建队指导员。1960年秋，他又到畜牧队当指导员。

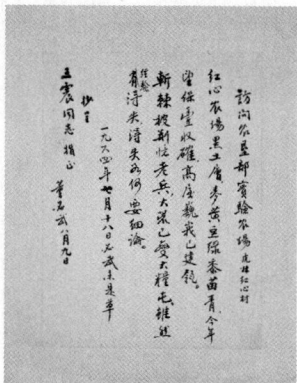

董必武为八五〇农场赋诗手稿

　　1961年6月，作家林予来雁窝岛畜牧队找到了刘存亮，让他给董必武副主席写封信：第一，代表雁窝岛上的转业官兵，向董老汇报抗风雪、战严寒，开发北大荒的英雄事迹；第二，正在写雁窝岛场史，望董老能题词鼓励。于是刘存亮就给董老写了封信寄往北京。

　　刘存亮在回忆录中这样叙述接到董老回信时的情景：

"1961年7月的一天下午快下班时，我正在畜牧队养鸡场检查工作，一位姓张的(他当时是畜牧队的文化教员) 拿着一牛皮纸信封的大信，高兴地对我说：'刘指导员，你看，中央给你来信了。'我急忙从养鸡场门口出来，拿着信一看，信封上写着我的名字，信址是'中共中央办公厅'。当我展阅后，发现内有一张长约70 至90厘米，宽约30厘米的淡黄色宣纸上，写着'雁窝岛'三个大字。知道这是董老的亲笔题字，所以在场的同志们很高兴。"

　　刘存亮本以为董老那么忙不会回信，竟没想到，前后20多天的时间，就收到了董老在广州疗养期间给寄来的题字。这对于正在编写雁窝岛场史的同志，以及开发北大荒、向地球开战的转业官兵，是极大的鼓舞和鞭策。

　　刘存亮转业来到雁窝岛后，一直没有去北京看望过董老，也没有回过老家山西。1962年2月，他收到家乡电报："母病故，父有病，速回"。当时，他正在参加分场召开的群英会。另外，总场即将召开党代会，他还是四分场出席总场党代会代表， 故未及时回乡。时至同年下半年，分场领导批准他回山西探亲。领导对他说："给你30天探亲假，再给你加10天，这10天是你专门去看望董老的。"并给他一个大熊掌，还给了他一张免费去打鱼队挑选30斤大鲫鱼的批条。让他代表雁窝岛的领导同志们，带着这两样礼物去看望董老。

　　董必武副主席的诗稿，是2004年由中国农垦事业的奠基人、原国家副主席王震的夫人王季青在捐赠王震遗物时，一同捐赠给北大荒博物馆的。

　　2014年9月，在第一次全国可移动文物普查中，这份诗稿手迹被省文物专家鉴定组鉴定为国家二级文物。

李范五在绥棱农场用过的铁锹

在北大荒博物馆第二展厅，在一个狭长的展柜里有一把弯弯的铁锹，像一个累弯腰的老人，静静地躺在那里，这就是当年黑龙江省省长李范五在绥棱农场劳动时用过的一把铁锹。

李范五在"文革"中经历过多次批斗、游街示众，最后于1975年初夏被下放到绥化农垦管理局绥棱农场，度过他一生中最难忘的七百个日日夜夜。

绥棱农场"文革"前曾经是个劳改农场，1967年将全部犯人调出，又调入近千名刑满释放和解教就业人员；1968年开始接收城市下乡知识

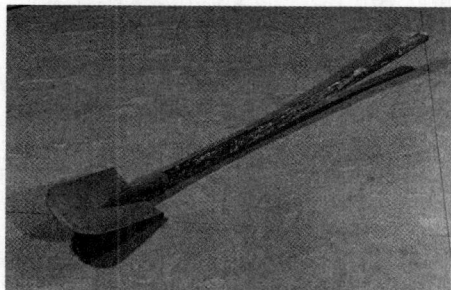

李范五当年在绥棱农场用过的铁锹

青年；1970年又接收部分强劳分子。农场人员复杂，李范五到场后场领导也费了一番心思，经过研究，最后决定把李范五安排在农场的一个实验站。这个站人员少，占地面积大，地理环境好，劳动强度不大。

李范五到农场时，除了两名"护送人员"外，陪同他来的有老伴儿黎霞、女儿李黎立，还有个叫"大愚"的10岁外孙女。那年李范五63岁，还患有许多慢性病，更严重的是多次受到拳打脚踢等肉体摧残，肢体备受损伤，已不适于从事任何体力劳动。一点活儿不安排他干又不行，考虑到他曾担任过林业部第一副部长，实验站分配他到这个站的林业组劳动。

林业组的任务是培育各种树苗，在附近田间道旁栽树造林。组长范垂忠听说叫他管省长，心里忐忑不安，翻来覆去睡不着觉。老范是1956年从四野38军转业的军人，长期的部队生活，使他养成了严格的组织纪律性，那种下级绝对服从上级的组织原则，在他思想上有较深的烙印。现在突然让他这个21级的干部去管一位6级的大官，老范一时不知所措。可是李范五对这一切毫不介意，到农场后

只休息一天就出工了。他直挺挺地站在老范面前，听候分配劳动任务，并且表示对栽树既有兴趣，也有粗浅研究。那天在场区道旁，李范五就用这把铁锹栽樟子松，李范五栽的树比任何人都好，他一边栽一边滔滔不绝地讲发展林业的意义，还讲了一些林业基础知识。

范垂忠看到李范五在栽树时双腿跪着操作，还不停地用拳头敲打着腰眼，他的面部肌肉每隔几秒钟就抽搐一下。在劳动休息时，老范问他什么时候患的这种病，李范五只是笑笑不答，后来日子长了他才说出这是被殴打的后遗症。老范告诉他："早晨可以晚出来一会儿，中午多休息一会儿，什么时候觉得身体不舒服可以不出工。"可李范五从来不耽误工，除了住院治疗和严重犯病外，都坚持出工，这把铁锹每天不离手。他还利用节假日和业余时间上山采集橡树籽，在实验站水库边沿种橡树。他还用绳子、量弓测量了实验站周围的地形，绘出一张林带分布图，并对农场发展林业提出一个切实可行的长远规划。

李范五曾因病到场部住院，在治病期间他还在病房周围栽了许多鱼鳞松小苗，现在有21棵已有碗口粗了。

李范五在农场时，先是在实验站职工食堂买饭吃，后来自己做饭。当时霍广兴是职工食堂的管理员，对李范五主副食的供应，全得通过老霍。李范五在职工食堂买饭吃，每月无论如何也达不到50元的标准，那时食堂的主食只有馒头，而副食也只有白菜、萝卜、土豆三样循环，鱼肉每月也只有一两次，烙一顿油饼算是改善伙食了。李范五身体虚弱，又患有多种慢性病，急需在饮食上调养，霍广兴就想法额外卖给他一些肉、鱼、豆油。这种对"走资派"的特殊照顾，也招来一些人的非议甚至责难。李范五意识到老霍有压力，告诉他："以后有啥吃啥，不要因为我给你找麻烦。"老霍只是摇头，背地里对黎霞说："每天晚上8点后您到食堂拿东西，无论如何也得保住老省长的身体。"炸好的鱼、鹿肉、鸡蛋、瘦猪肉等由公开供应转入"地下"。李范五爱吃野味，老霍到老乡家去买野鸡、野兔，自己家的咸菜、大酱也给他拿。李范五到农场后由于水土不服，经常有地方病症反应——头晕、呕吐、高烧。老霍把自己家的维生素C、樟脑注射剂拿去，还到农场附近的公社卫生院买了牛黄安宫丸送去。

李范五的头发长了，实验站没有理发员，要走7公里多到场部去理。霍广兴拿来理发工具说："我来试试，反正理不好。"李范五苦笑着说："来吧！现在我的头好剃多啦！"这一语双关的玩笑话，包含着多少信任和感情。黎霞也接着说："请你给我也剪一剪，只要不剪成鬼头就行。"三个人都笑了，这笑声中有多少辛酸！

1976年底，神州响彻十月的春雷，但"文革"对人们的影响依然存在。那年春节，附近公社的生产队都组织了秧歌队，庆祝冲出黎明前黑暗的第一个传统节日。双岔河公社双泉大队距离农场实验站大约5公里。大年初五，这个大队的一支秧歌队一行百余人，乘坐两辆拖车、四挂马车，浩浩荡荡、锣鼓喧天地开进实验站。憨厚朴实的农民完全不隐瞒自己的观点，他们说是专程给老省长拜年的。当时的李范五还是一个被监督的"罪人"，实验站有人想把这支秧歌队劝阻回去，可谁也没有胆量去说服这支秧歌队。李范五夫妻听说有一支上百人的秧歌队专程来给他们拜年，激动得手足无措，穿戴整齐地迎了出来。大队支部书记郭俊高喊："老省长，我们给您拜年来了！"一声喊得李范五夫妇热泪直往下淌。

2004年，总局筹建北大荒博物馆的工作人员到绥棱农场征集展品，农场的工作人员从苗圃找到了这把铁锹。

2014年9月，在第一次全国可移动文物普查中，这把李范五当年用过的铁锹被省文物专家鉴定组鉴定为国家三级文物。

《老红军》连环画册

在北大荒博物馆第四展厅里，展示着一本46年前出版的连环画册《老红军》。这本画册是由原黑龙江生产建设兵团四师（今牡丹江农垦管理局）政治部组织知青作者编绘的，反映的是曾担任过永安农场（现八五一〇农场）建场初期的副场长、老红军战士、张思德的战友张文忠的生平事迹。1972年9月，由黑龙江人民出版社出版。

《老红军》连环画册

张文忠是个具有传奇色彩的人物。1906年6月，他出生在四川省曲家湾村一个贫苦农民家庭。他刚出生3个月，母亲就活活饿死了。张文忠刚刚8岁，就给地主扛活，19岁被逼得去给船把头拉大纤，成年累月在苦海中挣扎。

1933年9月，中国工农红军解放了他的家乡，他跳出苦海毅然决然地参加了红军，在红四军第91师276团当战士。1934年10月，红军开始了二万五千里长征。张文忠跟随部队爬雪山、过草地，粉碎了敌人的围追堵截计划。1936年10月，红四军胜利到达甘肃会宁与红一方面军会师。他加入中国共产党之后，调到中央警卫团当排长，在大生产中与战士张思德一起在陕北安塞县山中烧过木炭。

1944年9月15日，张思德因炭窑崩塌而牺牲，毛泽东在中共中央直属机关举行的追悼大会上，做了题为《为人民服务》的重要讲话，号召全党全军和全国人民学习并发扬张思德全心全意为人民服务的革命精神。从那时起，张文忠在怀念战友张思德的同时，牢记毛主席的号召，一生默默无闻地工作。

在苦水里泡大的张文忠，作战十分英勇，参加了大小数十次战斗，曾三次负伤，多次立功受奖。由于张文忠身伤体弱，又得了肺结核、高血压等疾病，组织上为了照顾他，1948年把他调到沈阳市，任东北人民政府某军需仓库主任。工作条件优越，生活舒适，可是他不愿意享清福。新中国成立后，党中央组织开发边疆，他就积极要求到北大荒去。1950年2月，组织上批准了他的清求。

来到北大荒后，张文忠和其他职工一样，住的是马架子，吃的是大碴子，用人拉犁，劳动十分繁重，又缺医少药，他的身体越来越坏。过草地时伤的左腿，完全麻木了，肺结核发展到了开放期，体重下降到40公斤。1955年，组织上决定让他退休，可他退休"不褪本色"，仍然跟职工群众一起参加劳动。

1959年，为了多打粮食，他亲自带几个老工人，把办公室周围空闲的5亩荒地开出来，种上水稻。他整天光脚赤膊下田，秋收后收水稻1200公斤。

为了改造北大荒的低产田，1971年，已66岁的张文忠起早贪黑积肥。他的右手抽起两个筋疙瘩，落下残疾，刨粪握不住镐把，他就挑着担子到场捡，一冬春捡了40吨优质肥，都送到试验田里。播种时，一大早，他就领着一个小青年挑水浇地，两只水桶压在肩上十分吃力，但他咬牙坚持干，三天工夫两个人挑水几百担。玉米种上了，并且一色双株。当时有人说："双株双株，一个没毛一个秃；一半喂牛一半喂猪。"为了夺取高产试验田的成功，张文忠不怕冷嘲热讽，把全部心血都花费在种试验田上。从小苗出土时起，他就整天围着田里转，不管刮风还是下雨，一天不到地里看看，心里就不踏实。到7月份，玉米长得又高又密。就在丰收在望的关键时刻，天下起了大雨，试验田南边不远就是穆棱河，河水猛涨，眼看快要到坝顶了，一旦河水冲开堤坝，不只试验田保不住，就连沿河一带公社的土地和队里的庄稼都要被淹。他带领一个青年沿堤坝观察水情时，突然发现堤坝被河水冲开了一个口子，他二话没说，跳进河里，用身体紧紧堵住缺口，并叫那个青年赶紧回队里报信。人们闻讯赶来了，一场水灾避免了。秋天，6亩试验田的玉米平均亩产550多公斤。就这样，他连续8年种试验田，面积扩大到13亩，最高亩产玉米600多公斤，大豆170多公斤，小麦290多公斤，为农场大面积夺高产闯出了路子。

张文忠几十年来如一日，始终保持旺盛的革命斗志和艰苦奋斗的光荣传统，从不居功自傲。他给自己和家庭订了个规矩：旧的衣服能穿的就不换新的，坏的东西能用的就不用好的。因此，他的衬衣是补丁摞补丁。

张文忠曾多次立功受奖，连年被评为农场、管局、总局乃至省的优秀党员和劳动模范，上级党委曾多次宣传表彰他的事迹。1971年，他代表黑龙江生产建设兵团出席沈阳军区四好连队、五好战士代表大会，根据他的事迹撰写的长篇人物通讯《牢记两个"务必"，永葆革命青春》当时就以整版的篇幅刊登在《黑龙江日报》《辽宁日报》《吉林日报》三家省级日报上，他本人又被邀请到沈阳军区各部队和大连干休所做报告。1973年他被评为黑龙江省劳动模范。

1990年，84岁的老红军张文忠，倒在他奋斗了40多年的黑土地上。

为了弘扬张文忠的老红军精神，四师组织人员创作了这本连环画册，这是垦区开发建设70多年来仅有的三本连环画册之一，与冯远创作的，由黑龙江人民出版社1972年12月出版的反映知青烈士生平事迹的《冯百兴》齐名。

郑加真的长篇小说《江畔朝阳》手稿

在北大荒博物馆第四展厅里，陈列着垦区著名作家郑加真50年前创作的长篇小说《江畔朝阳》的手稿。这部长篇小说最初定名为《黑龙江畔》，手稿共18章，分为2册，用黄色牛皮纸订的封面和封底。手稿用的是上海文艺出版社的8开稿纸，每页500字左右。手稿用黑墨水笔抄写，后来用蓝墨水笔修改。手稿字迹流利、清晰，用蓝笔勾掉的部分还可辨认出原来的字迹。个别地方还在稿纸格外增加那么一两句，几乎每页都有改动。

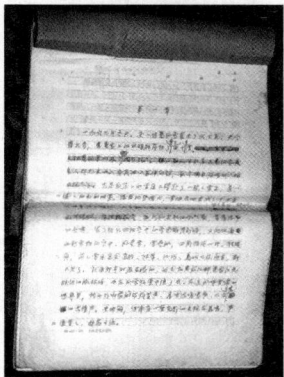

郑加真当年创作的长篇小说
《江畔朝阳》手稿

这部手稿的作者郑加真，1929年11月9日出生在浙江省温州市一户普通人家。1951年，在上海复旦大学中文系读二年级时，朝鲜战争爆发，他瞒着家里报名参了军。

1958年3月24日，郑加真随十万转业官兵从已是春暖花开的首都北京来到冰封雪飘的荒凉北疆，身份也从中央军委空军司令部的上尉参谋，一下子变成国营八五六农场三分场一队的普通农工了。到农场后，他参加了生产队组织的一个青年突击队。盖房、修路、打羊草、扛麻袋、上山伐木，火热的生活激发了他的创作灵感。

一天，他和战友们在一个名叫老等窝（"老等"是一种水鸟）的水草甸子里割羊草时，他不慎挂彩了——飞快的镰刀从草丛弹到小腿肚上，顿时划开一道一寸长的口子，伤口像小孩嘴似的张开，鲜血不停地淌着，大家急忙把他抬到马架子里，让他卧床休息。他全身感觉良好，就是小腿不能动。这时他突然产生了一个念头：为什么不把眼下的沸腾垦荒生活写下来呢？他找来了七八张信笺，正反面写得密密麻麻，一口气把北大荒生活的情趣和感受写在纸上。借用郭沫若为十万转业军官壮行的诗篇的题目《向地球开战》，副标题是：记我们在密山垦区的生活。全文浑然一体，意脉贯通。文章在开篇不久写道："你问我们是些什么样的转业复员军人？告诉你，就拿我们这个小村子来说，可以成立一个联合司令部，在我们这百十来个人中间，有空军，有炮兵，也有坦克兵；有参谋长，有营长，也有主任；有搞作战的，有搞领航的，也有搞通讯的；有翻译，有打字员，也有医生……我们这伙外行农民就成立了一个农业生产队……"他把文章寄给在北京工作的妻子刘安一，请她替他重新誊写一遍，寄哪家报刊都行。不久，《新观察》竟刊登了他的这篇处女作，他欣喜地看到这篇马架子里写的东西真的变成了铅字，还配发了好几幅转业官兵开发北大荒的照片。原来，杂志社看过稿件后非常满意，准备马上发表。为形象生动、图文并茂，杂志社专门写信给当时在虎林县的农垦报社，由当时的摄影记者郭沫水提供了照片。

杂志社把57元的稿费寄给了刘安一，这在当时可算是一笔可观的收入。郑加真因为远离新婚妻子，不能很好地照顾她一直感到内疚，写信让妻子用这些钱买身衣服穿。但刘安一感到北大荒生活艰苦，她利用所在单位正在修建人民大会堂之便，在招待外宾的商店买到市场上买不到的食品，将稿费一分不留地全买成好吃的寄来。

就是这个偶然事件，使他在人生的道路上跟文学结下了不解之缘。那年冬天，他被调到农场宣传部工作，后又走进《北大荒文艺》编辑部，担任领导小组组长。

北大荒拓荒者的丰富生活，极大地激发了郑加真的创作热情。1963年初，他调到东北农垦局宣传部负责文化工作。经过几年的生活素材的积累，一部长篇小说已在他脑海构思之中。从1963年起，郑加真给自己安排了一个时间表，每天早晨三四点钟天一亮就起床写作，写到吃早饭。中午不休息，继续写作，下午下班后，吃完晚饭，挑灯夜战。用了半年时间，他写了20多万字的长篇小说《黑龙江畔》（后改为《江畔朝阳》）。小说以麦收为背景，其中人物都能在他挂职的共青农场（当时叫青年农场）找到原型。年底，正赶上搞社教，郑加真再次要求下基层挂职锻炼、体验生活。他被派到八五〇农场某队当工作队副队长。其间，上海人民出版社副总编辑范正浩到黑龙江组稿，从省作协了解到郑加真正在创作一部长篇小说，就专程来到佳木斯。郑加真的妻子刘安一当时在东北农垦总局宣传部工作，她将这部尚未完成的手稿交给了范正浩。不久，范正浩从上海致函东北农垦总局党委，建议给郑加真创作假，让他完成这部长篇小说。

郑加真激情满怀地奉命回来后，总局批准他两个月的创作假。1965年夏秋时节，他南下上海。出版社临时腾出一间房子让他改稿。每天大清早，食堂鼓风机响起时，他便起床写作了。中午、晚上，连续作战，每天达10多个小时。经过3个月的昼夜奋战，他终于将这部长篇小说修改完。定稿、排版后，他带着6本清样，回垦区征求意见。1965年底，清样正式交送出版社。然而，此书"生不逢时"，"文革"风起，呕心沥血之作就此搁浅。

1968年夏，黑龙江生产建设兵团成立后，郑加真被下放到五师49团（今尖山农场）7连，代理副连长、副指导员。不久，团里接到上海人民出版社的一份公函，让他赴上海去改稿。到了出版社，他见到了当年到垦区组稿的范正浩。范正浩当时已经在总编室工作。这次的责任编辑是施浩祥，原来是上海少儿出版社的。在招待所里，一桌、一椅、一台灯，郑加真就开始马不停蹄地改稿。

据当年该书责任编辑回忆，出版社提出了对原作进行"伤筋动骨"的修改意见，"以及如何以阶级、阶级斗争主线贯穿全书的设想"，就在这种高温天气和阶级斗争、路线斗争必须年年讲、月月讲、天天讲的气氛下，书名要他改成《较量》或《搏斗》，郑加真据理力争，最后改成《江畔朝阳》。书稿前后修改了3遍，作品增加了大量篇幅，增加了许多情节，加浓了阶级斗争的气氛，作品主题也偏向了路线斗争的主线，字数也从原来的25万字增加到47万字，最后才算得到出版社革命领导小组的首肯。

1972年，长篇小说《江畔朝阳》由上海人民出版社正式出版了。第一版就印了30万册，连续印刷13次，共100多万册。在当时的新华书店里，摆放得最多、最畅销的有两部小说，一部是浩然的《金光大道》第一部，另一部就是郑加真的《江畔朝阳》。评论家蜂起，这是"文革"中我国出版的第一批长篇小说中的一部。1972年7月7日，《人民日报》以《努力反映社会主义时期的阶级斗争》为题，发表了吴士余的评论文章，指出这部作品"从社会主义时期人民内部出现的多种矛盾，生动地揭示了社会主义革命的深刻性和复杂性"。1973年6月13日，《光明日报》发表花中文的评论文章《朝着太阳朝着党》。文章在叙述如何塑造人物形象时说："作者运用多种艺术手段，表现英雄人物扎根的土壤和力量的源泉，使英雄性格的发展有一条可信的脉络。"1976年10月，日本作家岛田正雄与伊腾克将《江畔朝阳》译成日文，初版时改题为《北大荒的赞歌》，再版时恢复原名，由日本青年出版社分上中下3卷出版。

今天看来，这部小说虽然有历史的局限性，但还是有许多可取之处。首先，在艺术上展露了郑加真深厚、成熟的艺术功力，作品浓厚的生活气息、生动细致的人物描写给读者留下了深刻的印象；其次，小说布局宏大、人物众多、矛盾集中、情节紧凑，显示了作者驾驭长篇巨作的能力；再次，作品还塑造了戴联这样一位反面的领导者形象，将戴联人性中的两面性揭示出来。

垦区一位后来成为著名作家的女知青给郑加真写了封长信，她表示，看过这部小说后很激动，想将其改编成话剧。她在信中写道："为了使《江畔朝阳》的精神力量能更迅速、更有效地在现实生活中转化为巨大的物质力量，我怀着极大的兴趣和热烈的愿望，向您建议，把《江畔朝阳》改编成话剧……"

因《江畔朝阳》的成功，上海人民出版社请郑加真再写一部续篇，郑加真又快马加鞭地完成了40多万字的续篇初稿，名为《无限风光》。1974年拿到出版社改稿，正巧这位女知青也在这里改稿。在出版社的大食堂，大家排着队缓缓前行等着买饭，女知青听说排在她身后的就是《江畔朝阳》的作者郑加真，她马上过来打招呼。后来，两个人熟了，在一起谈了起来，她笑着说："郑老师，当年《江畔朝阳》出版不久，我给你写了一封厚厚的信，你没回，我可对你有意见！"面对很多读者来信，郑加真一直保持低调，面对复杂多变的形势，还是少说为好。

有人猜测郑加真因《江畔朝阳》发了一笔小财，认为上海人民出版社给了一笔稿费不说，日本青年出版社翻译后又给了一笔钱，还传说给了他一台大彩电。其实有点常识的人都知道，"文革"期间文学作品出版是不给稿费的。只是在改稿期间，出版社每天给几毛钱的补助，加一个夜班给两毛钱的夜班费。日本青年出版社也只通过上海人民出版社寄来两套书，分文未给。这两套书郑加真给了出版社一套，自己留了一套，如今陈列在北大荒博物馆。

可《江畔朝阳》出版带来的余波阵阵，吸引了电影界和美术界的目光。长春电影制片厂（简称"长影"）派专人来五师（现九三农垦管理局），约郑加真将小说改编成电影。郑加真从未搞过电影，便建议和原北大荒话剧团下放到五师六十七团（现查哈阳农场）的金康民（1958年从公安军转业，曾参加《北大荒人》的演出）一起去。长影由著名导演王家乙（电影《五朵金花》的导演）接拍此片。与导演见面沟通了基本思路后，郑加真和金康民便被安排在长影招待作家的小白楼里构思动笔。为《江畔朝阳》的改编，郑加真去了3次长影。但终因各种原因，电影的拍摄不了了之。

上海人民美术出版社准备将《江畔朝阳》改编成连环画，派著名连环画家贺友直来到兵团五师，五师的知青画家侯国良（哈尔滨知青，现为哈尔滨画院院长）、吕敬人（上海知青，现为中国青年出版社一级美术师）、陈宜明（上海知青，现为旅日著名油画家）参加，由郑加真陪同，到四十九团七连体验生活，收集素材。贺友直的连环画《山乡巨变》曾在全国美展获奖，成了美术院校学生临摹学习的范本。1975年10月，上海美术出版社出版了连环画册《江畔朝阳》，印刷80万册。

1995年10月，郑加真在作家出版社出版了长篇报告文学《北大荒移民录》；1999年10月，他在黑龙江人民出版社出版了100多万字的长篇报告文学《中国东北角》；2007年4月，他重新修改后的35万字的《中国东北角——北大荒六十年》，在黑龙江人民出版社出版。他的纪实文学作品填补了北大荒长篇纪实文学和北大荒史学上的空白，被媒体誉为"史诗式的作品""雕塑在历史丰碑上的英雄群体""北大荒文学的里程碑"。

2006年夏天，郑加真荣获省委、省政府颁发的"终身艺术成就奖"。可这位年近90的老人，仍然笔耕不辍，为北大荒书写着颂歌。

2014年9月，在第一次全国可移动文物普查中，这份郑加真的长篇小说《江畔朝阳》手稿被省文物专家鉴定组鉴定为国家三级文物。

《九三战报》创刊号

在北大荒博物馆第四展厅里，展示着黑龙江垦区最早的一份由管理局党委主办的报纸九三战报（《九三报》的前身）创刊号。有缘分的是，我原来就在这个九三报社工作，而且这张《九三战报》创刊号就是我捐赠的。应该说对于这张报纸的来历，我是有发言权的。

《九三报》有着悠久的创办历史。它是随着九三管理局机构的变更，从一张油印的小报演变而来的。《九三报》最早的名字是《丰收报》，那是1951年由鹤山八一五农场创办的。1952年，九三农场将《丰收报》更名为《星火报》，均为4开2版，每周出刊2至3期，油印套色，图文并茂。1953年，九三农场与伊拉哈荣军农场合并后，该报仍叫《星火报》，每周3刊。1958年"大跃进"时，该报名更名为《生产快报》，8开1版，每周3至5刊，于1966年"文化大革命"期间停刊。

《九三战报》创刊号

1977年8月10日，《九三战报》出版创刊号。为8开2版铅印，每周1至2期。

1978年5月，时任省委常委、省农场总局党委书记王振扬视察九三农管局，找到当时的九三局宣传处副处长张成富说："在垦区西部办张报纸，弥补《农垦报》当时发行不畅，到西部局时已成为迟到的消息的遗憾，让九三局先试办。张成富和宣传处的同志们一讲，大家都反对，其理由是：现在办一张不定期的《九三战报》已弄得大家手忙脚乱，组稿、编稿、排版、校对、发行，占了全处很大的精力，这定期出版正规报纸不能办。张成富立即把大家的意见向时任管理局党委书记王元钧作了汇报，也转达给王振扬书记。王振扬书记听后很不高兴地说："你们这个宣传处长咋这么多畏难情绪，办报纸是宣传工作的一件大事，别的局都求之不得，你们却推三阻四。"王元钧书记立即找张成富谈话，让他下决心办报。报纸叫什么名一时定不下来，管理局决定在全局征集报名，这样也为办报大造了舆论，经过反复酝酿，最后把带有深刻时代印迹的《九三战报》去掉一个"战"字，改为《九三报》。

出版报纸需要省出版局批准，张成富带着试刊版几次跑省城。出版局一位女科长来到九三局实地考察办报条件，同意后发给出版刊号。报纸内部发行，每期2000份，周刊。

一开始，由齐齐哈尔女知青汤劲松独自忙活。不久，刘安一（老作家郑加真夫人，后来到《农垦日报》当编辑）被从局文卫处调来办报。汤劲松一个人背个书包起早贪黑地约改稿、排版、校对清样、发行。后来，局编委会给定编4人。张成富兼主编，具体由当时的新闻科长张福宽（后来调到黑龙江日报社工作）负责。

试办期间，由管局印刷厂印刷，由于设备落后，字号不全，印出来的报纸像黑板报，制锌版还要到齐齐哈尔或哈尔滨，既费钱又保证不了出版时间。张成富与齐齐哈尔铁道报印刷厂联系后，当即与对方签订了合同。报社每期编好后派一名编辑到印刷厂校对、分发、邮寄。后来，报社发现这样也很费钱，就在印刷厂聘了一名退休工人帮助做这些工作，每月给他40元工资。从此，《九三报》越办越好。

我于1979年9月19日从九三修造厂调到工交党委政工科（后来改为党委办公室），负责全九三局工交系统的共青团和宣传报道工作。召开团代会后，政工科长王凤江兼工交团委书记，我是专职团委副书记。当时在基建工程大队政工股做共青团工作的刘文秀（后来担任九三管理局党委委员、九三管理局党委宣传部长）是工交团委的兼职副书记。我们两人那时候来往比较多，除了工作上有联系外，业余时间我写点东西就去找他帮助打印，因为他会用铅字打印机。打印完我们就在一起吃顿工作餐。当时那纯粹叫工作餐，一个是没啥可吃的，再一个是也没有钱可以用来吃好的。他知道我爱好收藏，有一天我去他那，他告诉我他在为徐华大队长收拾办公桌时，发现抽屉里铺的那张报纸竟是《九三战报》创刊号，他就把这张报纸收藏起来。那天他拿出来给我看时，见我很喜欢，就把这张创刊号送给我了。我回到家里，把这张报纸贴在了我已经装订好的《九三报》合订本的第一页，珍藏起来。后来，我被调到总局党委宣传部工作后，家也从九三管理局搬到了佳木斯市。在佳木斯市生活的10年中，我搬了6次家，可每次淘汰旧书报时，我都会翻出这本《九三报》合订本，仔细翻一遍后，就还放到保险的地方。这张创刊号上留着雨水浇湿的痕迹，就是我家在佳木斯市住平房时，一些书报全都放在一个漏雨的仓房里浇的。

1981年5月《九三战报》更名为《九三报》，并列入《中国新闻年鉴》企业报名录。《九三报》为4开4版，周刊，铅印。1版为要闻版；2版为经济版；3版为综合版；4版为《沃土》副刊。副刊当时办得比较活跃，我负责编辑副刊。为了培养副刊作者队伍，1988年11月13日，在九三农管局组织成立了"九三垦区文学联谊会"，制定了《九三垦区文学联谊会章程》，把全局8个文学社团的130多人组织起来，我担任理事长和《沃土文学丛书》主编，王英文、王剑刚担任副理事长和副主编，秘书长由付明、刘文秀担任。我编印了诗歌集《最初的旋律》、散文集《早春的鹅黄》，较有影响的栏目有《七日谈》《每月一场》《九三南北》等。

1987年我还主动创办内部刊物《九三报通讯》，专门供通讯员阅读，每期印刷500份，每季度出一期，到1989年11月15日，共出版了10期。每期除了刊登《九三报》的宣传报道要点外，还刊登一些采写体会文章和编辑的论文。

自1990年开始，《九三报》开始自办发行。1992年1月22日，经管局党委扩大会议决定，《九三报》由周报改为周二刊，并新增了3名采编人员，由机关3楼搬到"小白房"办公。但因印刷、编辑等原因，周二刊只出版了几期，后又变为周刊。

1993年3月17日，《九三报》出版最后一期。经管局党委决定，同年4月1日，《九三报》停刊，报社解体，原报社编辑、记者多数调出垦区。《九三报》的创刊与发展，在九三农管局的发展史上和两个文明建设中发挥了特殊的作用，是九三广大新闻、文学爱好者的重要活动阵地，是培养和锻炼文学和新闻人才的一个重要摇篮。

这张创刊号是九三印刷厂印的，《九三战报》报头4个字是黑体字，报头下面还有一行汉语拼音，拼音下面写着"黑龙江省九三国营农场管理局政治部编印"。北大荒博物馆筹备期间布展时，我把这张创刊号捐给了北大荒博物馆。

丁玲的散文《杜晚香》手稿

在北大荒博物馆第四展厅的"名人榜"前展柜里，陈列着著名女作家丁玲在北大荒生活了12年后，创作的反映北大荒人的散文《杜晚香》的手稿。

1958年7月，戴着"右派"帽子的丁玲来到了汤原农场。陈明被分配在场部的第二生产队参加劳动，丁玲分在一分场畜牧队养鸡。冬天，丁玲主动替一个孕妇剁鸡菜，连冻带累两只手脖子肿起来了，像两个红萝卜。

王震对丁玲一直很关心。有一次，王震听到农场有人反映丁玲的右手肿了，忙问是怎么一回事。当他得知是每天剁鸡饲料造成的，立即打电话给当时的宝泉岭农场场长高大钧，要他立即到佳木斯。

高大钧风风火火地赶到佳木斯后，一进门，王震就说："我叫你来，是要给你一个任务，一个光荣的任务！"高大钧半开玩

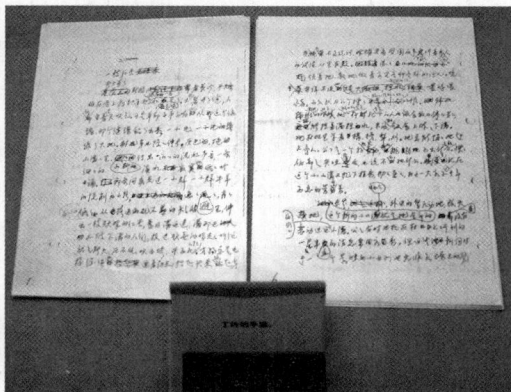

丁玲的散文《杜晚香》手稿

笑地说："首长指示，坚决照办！"说完还立正，行了个军礼。王震笑了，拍了拍他的肩膀，说："坐下谈。"

"丁玲同志下来锻炼、改造，不要在肉体上进行惩罚。你看，手都肿了，这样不好，人家有错误，要慢慢帮助。将来这些同志还可以为党工作。她是作家，你知道不知道？"高大钧点了点头。王震又继续说："把丁玲调到你那儿去，不要参加劳动，做一点力所能及的工作。丁玲是参加革命的老同志，不要让人家抬不起头来，在思想上多帮助她。"高大钧边听边点头，最后对王震说："请首长放心，我一定照顾好她！"

1964年12月5日，丁玲和陈明来到宝泉岭农场安家落户。陈明在农场工会帮

助工作。农场安排他们住在招待所底楼最后一间的套房里。冬天北方天气寒冷，高大钧特意嘱咐招待所主任，每天连带帮丁玲烧火墙。那时没有适合丁玲的工作，就把她的编制放在工会文化宫。农场党委同意她的要求，负责组织职工家属们的学习。正好邓婉荣（杜晚香的原型）也从生产队调到场部工会担任女工干事，丁玲从领导和同志们那里听到了她更多的先进事迹。

有一天，忽然从楼下广场传来了两个女人吵架的声音。丁玲趴窗户往下一看，只见一群看热闹的人正拥着两个女人，朝场部这边走来。

"又是六委那两个家属！"工会干事"杜晚香"着急地说了一句，就跑下楼劝架去了。

丁玲来到宝泉岭虽不到一年，但也早就听说，场部家属宿舍划分成8个居民委员会，家属有二三百名。工会女工部管不到家属，平时她们干完家务，就东家走西家串，唠家常传闲话。六委主任小张，是个老实巴交、不爱说话的山东小媳妇，常常急得掉眼泪。

一会儿，"杜晚香"脸上冒着汗，眉头紧锁着走回来，轻轻叹了口气说："这些个家属，可怎么管管好呀？"

丁玲说："人家都说这些家属是闲人生事，我看这话有道理。要是有人把她们组织起来，学习、劳动，她们有正经事情干了，眼睛就不会总盯着鸡毛蒜皮的小事了。这样也能给场里解决一些劳动力。"

"杜晚香"的眉头也舒展开了："大娘，我也正寻思咱们女工部也得管管这些家属的事。你帮帮我，咱们一起搞，就从六委开头吧。"

午后的阳光照在六委张主任家的小院里，暖洋洋的。四十几位家属挤坐在屋里屋外的小板凳上，听"杜晚香"讲话。她们都很佩服"杜晚香"，因为她不摆架子，说话办事都畅快。

丁玲回忆起当时的心理活动时说："我想，我在垦区6年多了，现在到了一个新的农场，还要继续深入生活，广泛接触群众，改造自己的非无产阶级思想感情，而有这样一个先进的真正的英雄人物在自己身边，正是自己学习的好机会，我便把她当作一个好老师，抱着学习的态度来接近她。"

丁玲热情地与家属们打着招呼说："我来六委帮助你们学习，从今往后，我就是你们六委的人了。"

个子不高、大眼睛的小胡，手里一边纳着鞋底，一边说："学习、劳动我们都高兴，可家里的孩子给谁看？"许多人也随声附和着："是呀，我们孩子小，还没上学呢。"

坐在"杜晚香"身边的丁玲说："咱们办个托儿所，不好吗？"

"办托儿所？说说倒容易，我们也早就想办，可房子上哪儿找呀？"

在当时，谁敢说能找到房子呢？会就这么没有结果地散了。回家的路上，丁玲脑子里蹦出一个想法。她顾不上回家，扭身朝场部大楼走去，找高大钧求援去。

丁玲把组织家属学习的想法和办托儿所没有房子的困难，都跟高大钧说了。老场长听完非常高兴地说："应该支持，这是为农场办好事嘛！至于空房子，眼下的确不好找，不过我马上就让房产科想办法，明天就给你回音。"

第二天，房产科的同志告诉丁玲："好房子实在找不出，破草房倒是有一间闲着，要是合适，场里可以找人帮助修修。"这间草房子就在六委这排草房的尽头，原先是养牛的，闲了几年没用，房顶漏风，墙壁坍塌，初夏5月时，屋角还有尺把厚的积雪。

第二天一清早，丁玲赶到家属区。大冬天，零下20多摄氏度。一问，大家早出发了！能去的人全去了！一个60多岁的老太太也去了！一清早，天还没亮，"杜晚香"就来了，集合着人，她带头走在最前面。她只管女工工作，家属工作是丁玲的事，但她却不分工，领着大家奔向20里外的草原割草去了。苫好房顶，又和泥脱坯，补好了墙壁，屋里新抹的墙，刷上了雪白的石灰。丁玲买了一些花花绿绿的彩纸、气球和小玩具，挂在棚顶，经过这么一番装饰，孩子们都往这里跑。

丁玲想在各个家属区办黑板报，可是到哪里弄木板呢？总不能什么事没有做就先让家属们摊款吧。按过去的习惯，她一定慷慨得很，拿钱买就是了。这种事过去做得多了并不见得好，有时反要挨骂。丁玲没有吭声。"杜晚香"呢，她也一声不响，跑到文化宫舞台后楼，找着木工师傅，在废旧木堆里翻寻着，自己还掏了2块钱，到木材厂买了一些下脚料，请木工师傅拼拼凑凑，钉成几块木板，然后分给8个家属区，让家属们自己抹灰刷黑。不几天，黑板报就都挂起来了。"杜晚香"虽说在工会当女工干事，但每月工资也不过四十来块钱。

丁玲常与邓婉荣同去家属区开会、谈话，但常一转眼就不见她了。一找，她正在为一户家属修炕，或者正为妈妈病了的孩子们洗衣服。丁玲每天和她在一起，很容易从她身上发现这些极平常、极不打眼的小事。

1979年12月12日，丁玲自己在谈创作《杜晚香》的体会时说道："杜晚香是实有其人，是我们农场（宝泉岭农场）一个有名的女标兵，我在写这篇散文的时候，才给她改名叫杜晚香的。1964年夏天，麦收快结束的时候，我从另外一个农场到这个农场参观，场长领着我跑生产队，特别给我介绍第七生产队的女标兵'杜晚香'。我急于见她，白天去她家一次，她不在。晚上亮灯了再去，她在家，一家人正围着炕桌吃饭。'杜晚香'亲亲热热地招呼我，同时又殷勤地给炕上的公公婆婆添饭舀菜，嘴里十分甜蜜，看来是一位很贤惠的女人。我写了杜晚香对北大荒的无限深情，也同时抒发了我对北大荒、对党的事业的热爱……我写杜晚香对北大荒的感情，实际上也是我自己的感情，也是北大荒人共有的感情。尽管我写的不够，但如果我自己没有这样的感情，我是写不出来的……"

　　丁玲复出后说："我们国家，经历了'文革'之后，满目疮痍，百废待兴，党的十一届三中全会，确定党的中心工作转移到经济建设上来，我们的国家，正需要像杜晚香这样艰苦奋斗、忘我劳动的先进人物，需要杜晚香这样的精神，我送给读者的第一份见面礼，应该是《杜晚香》。"她要歌唱北大荒的开拓者、新世界的开拓者，但是写字的手抬不起来，不灵便了。陈明给她设计了一下，用块小木板，像石膏夹板那样，用绷带吊在脖子上。右手就伏在板子上，一字一字艰难地写着这部书稿。

　　丁玲在和"杜晚香"相处两年多之后，于1965年开始创作这部作品，于1977年完成。终于在《人民文学》1979年7月号上发表了这第一篇写北大荒女标兵的散文《杜晚香》。这篇散文在国内外享有盛誉，1980年，《杜晚香》被翻译成法文在法国出版，书名改为《大姐》。

常青的长篇小说《三色水》

　　全国著名写作理论家、黑龙江省作家协会副会长、黑龙江省阿城农垦师专原副校长常青，以其丰硕的学术成果告诉我们，成功来自辛勤的耕耘，来自锲而不舍的追求。

　　1927年，常青生于河南省栾川县一个山区农村，世代都是贫苦农民。当他还在孩提时代，就一手拿着书，一手拿着放牛鞭。早上赶着牛上山，牛吃着草，他还得为牛割一捆下午吃的草。割完草，马上找块向阳坡，一面让太阳光晒干露水打湿的裤管，一面背诵老师布置的课文。

　　偏僻的山村小学，除了课本，很难找到书读。一次他遇到一个卖辣椒面的人，用半本《红楼梦》当包装纸，他看了一眼，被纸上的语言惊呆了。世界上还有这么好的书，于是，他把用过的所有作业本抱出来哀求，换回了那半本《红楼梦》。他读了又读，直到把这半本《红楼梦》背诵下来。

　　常青高中毕业后，只报考了西北师范大学，不图别的，就为了师大有助学金。他是用秫秸绑着一个墨水瓶进的考场。发榜时，他名列前茅，却犯了愁。原来当时陇海铁路因解放战争的炮火而切断，要坐飞机才能报到，他没钱买飞机票……他一下子瘫坐在地上，三个同学把他架回了大车店。

　　但他没回老家，因为陈谢大军解放了洛阳城。远在开封的他，听说洛阳城一片喜庆，还贴出了北方大学的招生告示。他和同学们兴奋极了：共产党办的这座大学管吃管住，还发津贴费，校长是有名的历史学家范文澜……这样，他跋涉数百里，穿过国民党的封锁线，进了北方大学。

　　1948年，年仅21岁的常青带着对革命的无限向往和激情，从蒋管区跑到解放区，后考入华北大学，不久他投笔从戎，参加了如火如荼的解放战争。入伍后，他每月发2角6分的津贴费，除了买5分钱的盐面刷牙外，其余的钱都攒起来买书。书买得多了，整理内务时无处放，他只好把心爱的几本揣在胸襟里，扎上皮带。不料在一次军训"卧倒"中，前襟纽扣掉了，于是几本小书从胸襟中鱼贯而出，引起了全场惊喜的笑声！从此，"别人肚子里生儿子，常青肚子里生书"成了笑谈。

1950年，常青调任华北军区第二高级步校从事文化教育工作。1953年，毛泽东主席和中央军委号召几百万解放军"向文化进军"。当时作为训练参谋的他，被无数驰骋疆场而目不识丁的战友感动着。一个从朝鲜战场归来的英雄说："我一个人经受了敌人三次炮轰，抱着机枪，用数千发子弹打退敌人的三次进攻，坚守一个血淋淋的山头，直到来了援兵。但我却写不出来豆腐块那么大的一篇文章。"一个步兵团长说："面对敌人我会进攻，会包围，还会快速奔袭，但面对作文，我只会抓耳挠腮，唉声叹气。"一个骑兵旅长说："我只能指挥千军万马，奔腾冲杀，但却指挥不了蛤蟆蝌蚪（标点符号）和喔、吗、呀、哈。"用拼音教学达到速成识字后继续提高遇到了困难，他寝食不安。如按常规教学，需要四五年的时间才能达到高小毕业水平，必须另辟"速成"之路。常青认真研究了工农出身的干部战士在写作方面具有的特点，注重联系实际，经过反复实验，终于摸索出以"我写我"为核心的"速成写作教学法"，极大地激发了广大指战员的写作热情，出现了一批工农作家。这一经验很快就被推广到全军、全国。

1952年12月，原华北军区通令嘉奖了常青，并给他提前晋级，记特等功一次，《人民日报》头版还介绍了"速成法"，并刊登了他的照片。在中南海，他见到了毛主席和周总理，并登上了天安门观礼台。立功喜报传到老家，老乡们唱大戏三天，以示庆祝。《新名词辞典》收录了他的事迹。《速成写作法》出版后，被西园寺公一先生译为日文，在日本《文学之友》专题发表。

天有不测风云。正当常青以饱满的热情攀登新的高峰时，一场政治风暴向他袭来。1955年"肃反运动"，一位曾介绍他到解放区的地下工作者被错定为"特务分子"，于是顺藤摸瓜，常青也被打成了"历史反革命"。当时念其有功，按内部矛盾处理。1958年他由首都部队转业到北大荒。面对挫折常青表示："我要把消极的人生变为进取的人生、积极的人生。"他当了5年农工后，又来到金沙农场中学（今八五五农场一中）任语文教师。

走上讲台后，常青发现作文课缺少生气，学生感到："写作课像撞钟，天天敲，一个声。"他又萌发了"速成"的想法，但若仍用"我写我"的方法显然不适用，因为教学对象已不是当年"生活丰富经历多，苦辣酸甜都尝过"的工农出身战士，应另觅新路。于是，他带着问题教学，凭着热情探索，写作教学也有了新的起色，学生开始有文章在报上发表。在教学实践中，常青感到最重要的问题是必须加强写作基本功的训练，因为"一个真正的教师指点给他的学生的，不是已投入了千百年劳动的现成大厦，而是促使他去做砌砖的工作，同他一起来建造大厦，教他建筑"。从此他在阅读名家名著时，从中找出刻画社会、描写自然等方面的范例，他发现可以从"形声色味触"五觉开始向"喜怒哀乐爱恶欲"七情延伸，这是"分格教学法"研究的最初阶段。

正在常青潜心研究分格写作理论的时候，"文革"的阴云笼罩了他的生活之路。他被打成了"反动学术权威""黑作家"，那些进行理论研究的材料也成了"没有阶级观点的黑材料"。直至1975年初，在造反派的监听下，常青又一次走上了讲台。但后来，他又被当作"回潮的急先锋"而被迫离开了课堂。在学生泪目相送下，他拿着珍贵的试验材料，一步一回头地迈出了学校的大门，背后却传来了一个刺耳的声音："常青是教育战线永远被枪毙的人了。"当常青被送至生产队进行劳动改造时，老支书敖伯林说："别人整你，我却要保护你，这是党的一贯政策。"并安排他去远离生产队的果园打更。失去了讲台和学生，他就用分格法写小说，尝试那已初具轮廓的写作理论。夜晚他在果园忠实地巡夜，白天在草屋简陋的书桌上奋笔疾书，随时还可能被批斗。8个月，三易其稿，37万字描写1900年中俄战争的长篇小说《三色水》，由百花文艺出版社出版了。

1977年，当牡丹江农场管理局成立农垦师范学校时，时任局政治部陈主任代表局党委亲自请常青到师校担任教学工作，不久常青任中文科主任。当他站到讲台上时，他郁积了多年的感情终于得以喷发。他说："我最大的愿望就是在有限的余年中，把平生积累的点滴知识，毫无保留地传授给你们。"最初3个月，他是中文系唯一的老师，每周18节课，他讲作文、文学史、作品分析……而手头资料只有一本字典。他针对学生对作文兴趣不高的现状，把对学生的关怀融在对写作教学法的更深入的思考中。在课堂上，他开始正式试验"写作基本功训练分格教学法"。"格"是写作知识与能力的计量单位，由格素、格量和格序三部分组成。常青认为："只有当写作知识、技能的复杂因素呈现出清晰的实体、鲜明的轮廓和具体的数据时，人们才能迅速地

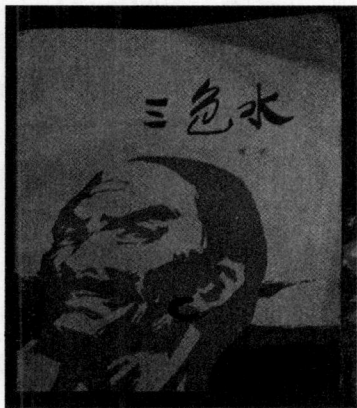

常青创作的长篇小说《三色水》

了解它、学习它。"围绕培养学生的观察、分析、想象等能力，他整理出200多个"格"，使学生经过训练由入格、及格、合格、满格，达到破格，这五格分别标志着在训练中达到不同层次的目标。

3年的教学实践，证明了这个教学法的效果显著。1979年农垦部主持的全国四大垦区师范教育经验交流会在师范学校召开，会后在全国十二省（区）农垦系统中学推广了他的经验。1979年第三期《语文教学通讯》杂志将他选为封面人物，并有文章专门介绍。1980年8月，常青参加了在北戴河召开的全国语文教研会，他的发言引起了京津沪等地的重视，各地纷纷索要资料，邀请讲课。1981年3月16日的《光明日报》，刊登了《虎林访常青》一文，全国先后有27个刊物介绍了他的"分格法"，普遍认为这是一种独树一帜的具有中国特点的写作教学法，"格"的称呼本身就表现出民族的文化特征。上海华东师范大学在讲写作流派时把他列为一派，《河南教育》则称之为"格格派"，有的省还编了分格法教材，《分格教学法》也随之在全国试行和推广。

1983年，常青组建了黑龙江省农垦师范专科学校中文系，以其高水平的授课和工作热情，赢得了师生的普遍尊重。同时，他把写作理论的研究伸向一个更深的领域，开始注意"思维与想象"的问题。常青感到，写作智力的核心是写作思维能力的提高，而想象又是写作思维的核心，只有注意到想象的才能，写作教学才会进入一个更高的阶段。他把七八年时间研究的结果写成《叩开想象之门》一书，由教育科学出版社出版，在海内外发行。

辛勤的耕耘，换来丰硕的成果。1986年全国写作学会的刊物《写作》发表了他的《论分格写作法》，同年为辅导退休老干部"自传体"文学的写作，又撰写了25万字的《老年速成写作》教材，由《退休生活》杂志连载。1987年河南教育出版社出版了他的《速成分格写作法》。1998年，教育科学出版社出版了由老作家魏巍题写书名的《分格作文法》，小学分格训练受到了教育界高度重视，因为他推开了作文教学科学化的大门。后来，他被编入贵州人民出版社出版的《中国当代写作理论家》一书，并被列入《黑龙江当代名人词典》。领导和同志们还给了他许多荣誉，他先后被评为农垦部先进工作者和优秀教师、全国优秀教师。他由中文系主任晋升为副校长，并获得了国家终身特殊贡献津贴的殊荣。

金日成赠予程雷夫妇的一套银制餐具

在梧桐河抗联纪念馆二楼第五展厅中，陈列着一套闪亮的银制餐具，这是1982年4月，陈雷、李敏夫妇应邀参加朝鲜前国家主席金日成70寿宴后，金日成赠送给他们作纪念的。2008年9月，省政协原副主席、抗联老战士李敏将这套银制餐具捐赠给她家乡的纪念馆——梧桐河抗联纪念馆。

出生在梧桐河的抗联老战士李敏，多次回访踏察梧桐河老等山战迹地，一次次提到这段"苦难辉煌、相生相依"的历史，曾多次殷切提出为抗联英雄建馆立碑的愿望。

2008年6月开始，农场派人先后20多次到李敏家中，征求意见，争取支持。在她家二楼有个仓库摆放着抗战时期各类实物，是她借助探测器在30余个战迹地组织人一锹一锹挖掘出来的。为此，她走遍了松花江两岸60个市县，有时一个遗址要找寻多次。虽然辛苦，但她乐此不疲。她说，睹物思人，看到这些东西，我

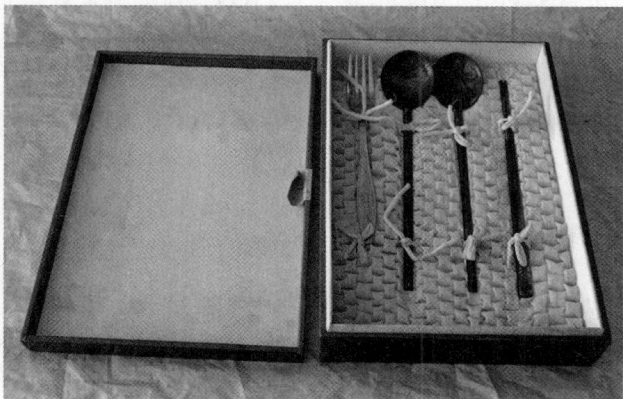

金日成赠予陈雷夫妇的一套银制餐具

感觉就是跟战友们在一起！她陆续将自己珍藏多年的200余件实物捐赠给家乡丰富馆藏。其中最珍贵的当属朝鲜已故国家主席金日成赠送的一套银制餐具。

在东北抗日联军中，朝鲜籍指战员是一个特殊的群体，包括金日成等后来成

为朝鲜民主主义人民共和国党政首脑的一批人都曾是抗联战士。金日成在中国东北大地上生活、奋斗了25个春秋，与中国人民结下了不解之缘。他曾在东北人民革命军二军第三团任团政委、东北抗日联军第二军第六师任师长。为了尽快驾驭现代化武器，东北抗联部队曾转到苏联境内学习新式武器的使用，陈雷当时在一营做宣传和思想政治工作，而整个营里朝鲜同志比较多，金日成是营长，陈雷以宣传干事的身份同金日成共事，建立了深厚的友谊。面对共同的敌人，他们并肩作战，用生命和鲜血铸成了牢不可破的战友情谊。正是这份情谊，金日成回国后也念念不忘这位中国战友。

20世纪60年代，金日成在一次访华时到黑龙江访问，曾专门会见了陈雷，交谈中彼此感到特别亲切。1982年4月，金日成在其70岁生日的时候，特意邀请陈雷、李敏夫妇去朝鲜相聚。到平壤后，在金日成的办公场所，面对一直跟在身边的翻译，这位朝鲜领袖说："今天就不用你了，我直接和他们面谈。"过后金日成表示，用翻译有两个不好，一个是耽误时间，另一个是他们常常翻译得不对。他们在一起，边吃边谈，吃饭、敬酒、唱歌、跳舞，气氛特别热烈。宴后，金日成将一套银制餐具赠送给陈雷、李敏夫妇以作纪念。

今天，战争的烽火硝烟已远去，而当年中国东北抗联的老战士们依然与朝鲜保持着密切的联系和深厚的情谊。即使在金日成逝世后，每年新年的时候，领事馆都会来人把金正日的贺卡、油画等物品送到李敏家里。

（梧桐河农场 王琪）

中央领导与青年垦荒队代表的合影

在北大荒博物馆第二展厅的展墙上，挂着一幅非常吸引观众的大照片，这就是1985年在北京中南海勤政殿，向阳农场（今共青农场）5支青年垦荒队的代表受到时任中共中央总书记胡耀邦和团中央书记胡锦涛等领导接见时的合影。

1985年5月1日，向阳农场5支20世纪50年代青年垦荒队的代表杨华、刘思弟、姜玉仁、梅树生、孟吉昌5人被邀请出席全国新长征突击手表彰大会，在中南海勤政殿受到胡耀邦、胡锦涛等中央领导的接见。

当胡耀邦、胡启立、郝建秀，以及时任团中央书记胡锦涛等领导来到他们中间时，他们激动地鼓起掌来。领导和代表们一一握手，胡耀邦一眼就认出了杨华，走到杨华跟前问："你们农场现在有多少人？"杨华说："有2万人。"胡耀邦风趣地说："呦，2万人，你相当于一个纵队司令啦！"话音刚落，在场的人都笑了起来，气氛顿时活跃起来了。然后，中央领导与代表们在勤政殿的庭院里，留下了这个具有历史意义的镜头。

在中央书记处会议室里，胡耀邦和垦荒队员、新长征突击手等两代青年举行座谈。胡耀邦说："今天在座的是老中青三代人。我算是老的，杨华你去北大荒时只有23岁，今年也53岁了，你们这代垦荒队员算是中年，其他同志是青年。这三代人的青春处于三个不同历史时期。老一代的青年时期是处于创建新中国的开拓时期、播种时期；第二代人的青年时期是处于建设社会主义新中国的开拓时期；你们80年代的青年正处于建设四化的奋斗时期。不管哪一个时期，不论是革命还是建设，很大的成功因素是靠青年。青年是一个重要的方面军、生力军，我们寄希望于青年。"胡耀邦后来强调说："创建新中国的开拓时期是要流血牺牲的，为了新中国的诞生，我们牺牲了多少人！在建设新中国初期，在垦荒时期，是要忍饥受冻的，要向困难作斗争，向困难进军。到了80年代的今天，忍饥受冻不会了，但还要不要艰苦奋斗呢？我看是不能不要的，现在就是要奋发进取。胡锦涛号召你们'要为国家富强、人民富裕建功立业'，这个口号提得好。要做到这一条没有奋发进取的精神行吗？"胡耀邦讲到这里特意向他们强调说："我在1955年欢送北京垦荒队出发时的讲话，瞿希贤给谱了曲，歌名叫《向困难进军》，我们要重新唱起50年代曾经唱响的《向困难进军》的歌。50年代青年垦荒队所点燃的艰苦奋斗的火把是不应熄灭的！"

胡耀邦挥动手臂说："用一百年的时间，经过三代人的努力，把我们国家建设成为世界上第一流的社会主义强国，这就是中国人民的伟大理想和志气！什么叫有理想、有志气、有出息？就是要为国家富强、人民富裕奋发进取、建功立业。"

胡启立、郝建秀，以及出席座谈会的王兆国，也在会上讲了话。最后胡锦涛代表青年在会上表示：一定不辜负党中央领导的期望，决心肩负起80年代青年的历史重任，为建设第一流的社会主义现代化强国而勤奋学习，刻苦工作，勇于献身。他问在座的青年："能不能这样向党中央表决心？"青年们异口同声地回答："能！"

在北大荒博物馆筹建期间，这五名代表之一的孟吉昌主动把这张具有历史意义的照片捐赠给博物馆。

李万宝修剪葡萄枝用过的剪刀

在北大荒博物馆第三展厅里，展示着已故的总局特等劳模李万宝生前修剪葡萄枝用过的剪刀。这把静静摆放在展柜中的剪刀，使我们联想起30多年前他在建三江管理局潜心栽培葡萄的故事。

李万宝修剪葡萄枝用过的剪刀

1927年，李万宝出生在辽宁省康平县一个贫穷的农民家庭。6岁随父母讨饭来到佳木斯。在他刚满18岁那年，同亿万翻身农奴一样，在新中国的建设热潮中走入了革命的队伍。他在集贤县兴隆镇四大队参加工作，带领翻身农民搞互助合作社。

1953年，国家决定在北大荒兴建一批机械化农场，并从地方选拔一批年富力强的干部领导开荒建场。李万宝从集贤县副县长、代理县长的岗位上，毅然带领垦荒队员来到安邦河畔，燃起了第一堆篝火，拓建机械化集贤农场（今双鸭山农场）。在十分艰苦的条件下，他3年踏遍了安邦河畔30多亩荒原，开垦土地8万亩。

1956年，李万宝又带领垦荒队员进入三江平原腹地七星河畔组建七星农场。仅用2年时间，建成了初具规模的七星农场。1958年，大批转业官兵开进北大荒，使这片神奇的土地又焕发出新的活力。而立之年的李万宝又肩负重托，来到黑龙江畔的勤得利农场当场长，他和广大转业官兵并肩战斗、苦心经营，使这个农场稳步发展，由一个10余万亩的小农场发展到50余万亩、有40多个生产队的大农场。他从事农垦事业40多年，曾4次开荒建新点，当了15年场长，成为黑龙江垦区有名的"土专家"。在后来的几十年里，李万宝参加了修建别拉洪河工程。作为带头人，为寻找出最佳的主河道和沼泽地施工法，他们仅用一年半时间就使这条大型人工河主河道通了水。

李万宝一投入北大荒的怀抱，就坚定了变北大荒为"粮满仓、鱼满塘、漫山遍野瓜果香"的美好追求。1961年他在勤得利农场当场长时，在农场经济十分困难的情况下，把汽车队一栋200平方米的土坯房空出来，办了一所农业中学，开设财会、农机、畜牧专业，3年培养80多名技术骨干，每个生产队都配上了专职财会、农机、畜牧技术员。1963年，这个学校还派代表到北京参加"面向社会、面向生产半耕半读"办学经验交流会，受到刘少奇等中央领导的接见。

后来，李万宝不管是当兵团六师生产科长、副参谋长，还是担任建三江管理局副局长，都尽心尽力，工作干得很出色。

1983年春天，55岁的李万宝积劳成疾，从管理局副局长的位置上退二线当了顾问。他虽然离开了为之奋斗一生的小麦、大豆，可他早就看中了漫山遍野的山葡萄，决心为发展北大荒的小浆果事业潜心研究葡萄栽培技术。这时，他买来了这把修剪葡萄枝的剪刀，整天背在身上，走到哪里都帮助人们修剪葡萄树。他踏遍了5万余亩的野生山葡萄坡，走访了30多个葡萄专业户，编辑印刷了《葡萄栽培试验汇编》《山葡萄丰产栽培技术措施》，分送给各农场和生产队。到他去世前，建三江管理局山葡萄种植面积已达到2000亩，比1984年增加8倍。葡萄大棚保护地发展为31栋，面积达1万多平方米。定植7027株，每年产葡萄3500公斤。

李万宝亲手经营的一个不足2亩的"示范园"中，170株葡萄年产量已达1500多公斤。给他多少钱这些葡萄也不卖，全部送给别人品尝。管局一次科技大会，他就献上100多公斤葡萄。

1989年9月，李万宝被潜伏的病魔逼得不得不住进医院。他入院前一天，还手持这把剪刀，逐门逐户地把十几户邻居家院中的葡萄树，一株一株、精心细致地整剪了一遍枝，深情地告别了这些心爱的葡萄和它们的主人。当组织决定把这个隐瞒了两年多的残酷事实告诉李万宝时，他却平静地说："那就早些出院吧，好多事还要抓紧办呢。"李万宝就是以这样高尚的情操对待人生，对待北大荒的农垦事业。知道自己的时间不多了，他顾不上家人和医护人员的劝阻，从外地手术回来，到家取来这把剪刀，就直奔葡萄园。

1990年1月10日，无情的癌症夺走了他的生命，李万宝静静地躺在鲜花和苍松之中，一束结满豆荚的大豆枝和珍珠般的大葡萄陪伴在他的遗体旁。

李万宝逝世后，总局党委做出"向垦区铁人"——李万宝同志学习的决定，号召垦区人民向他学习。

凭借建三江局直小学王春荣老师依照李万宝的先进事迹创作的故事《葡萄爷爷和红领巾》，小学生刘帅在垦区首届少年儿童讲北大荒故事电视大赛中荣获一等奖。

　　李万宝去世后，他的妻子郭亚萍一直把他用过的园艺剪刀和小扒锄仔细保存着。直到2005年北大荒博物馆筹建期间，她才把这些李万宝生前的用品捐了出来。

　　2014年9月，在第一次全国可移动文物普查中，这把李万宝当年用过的剪刀被省文物专家鉴定组鉴定为国家三级文物。

廉成章用过的听诊器

在北大荒博物馆第三展厅里，展示着已故的红兴隆中心医院原院长、全国"五一劳动奖章"获得者廉成章用了多年的听诊器。

廉成章1940年10月生于黑龙江省青冈县。1958年毕业于佳木斯市医士学校，先后任友谊农场五分场卫生院医士、政治指导员和分场组织干事。其间曾到佳木斯医学院和上海第二医学院附属瑞金医院进修学习内科专业。1983年9月，他调到红兴隆中心医院，先后任内科医师、主治医师、党委副书记、党委书记、院长、调研员。廉成章从1962年就开始用这个听诊器，一直到逝世前的1999年，用了30多年。

廉成章当年用过的听诊器

1960年1月，在友谊农场五分场卫生院工作刚刚2年的廉成章，患了再生障碍性贫血。作为一名医生，他知道这种病号称"软癌"，得了之后九死一生。党组织非常关心他，送他到哈尔滨住院，后来又到天津血液病研究所治疗。在各种治疗都不佳的情况下，研究所根据国外资料，征得廉成章的同意，对他进行了国内首例脾切除手术。住院期间，廉成章自学了《药理学》《病理学》《生物化学》等医科大学的课程。手术取得了较好的效果，体内造血机能有了较大改善，廉成章于1962年3月出院了。

一回到阔别2年的农场，廉成章便不顾身体的虚弱，又投身到繁忙的工作中。在小小的卫生所里，从临床实践中，他探索总结出"腹膜透析治疗急、慢性肾衰""青霉胺治疗白塞氏综合征"等医疗技术，救治了一批又一批病人。这时他就开始使用这个听诊器了，每天上班说不清要用多少次。廉成章因工作业绩突出，多次被友谊农场评为优秀共产党员、劳模、标兵。

1983年，廉成章被调到红兴隆中心医院当医生。第二年他就开始担任院党委副书记，主持党委工作。1988年，廉成章成为实行院长负责制后的第一任院长。不管岗位发生多大的变化，他都没有放下这个听诊器，尤其遇到疑难杂症，他都亲自诊断，加上大量的管理工作，他又患上了重病。经确诊，他得了胃翻转。第二年8月，廉成章在哈尔滨又做了第二次大手术。打开他的腹腔，医生们摇头了，翻转的胃和肠子粘连成一坨，食物和残渣要经过多少曲折才能通过呀！这么多年廉成章是怎么忍受的？医生们费了很大劲才把粘连的胃肠理顺。从第一次手术到第二次手术整整28年，其间廉成章忍受了多少痛苦，只有他的妻子孙智英最清楚。只要一劳累，廉成章粘连的胃肠就会发生梗阻。多少次，他忍受着疼痛给病人看病，给医训班的学员们讲课。有时候因为肠梗阻而引起的呕吐，连绿色的胆汁都吐出来了，这时只有给自己下胃管做胃肠减压来缓解。

有一次，一位叫崔传生的患者得了出血热，肾功能衰竭、尿闭，病情危急。在抢救这名患者的两个月中，廉成章的肚子经常疼，有时疼得直不起腰来，只好靠打"冬眠"药来缓解。病人抢救过来了，他却累倒了。他挑起书记兼院长的重担后，过度的操劳又先后使他患上了糖尿病和高血压。从此，廉成章的衣袋里总是带着降压药，不然一犯病，就会天旋地转，不敢睁眼睛。

有一年春天，廉成章刚刚从省城回来就患了流感，几天高烧不退，只好去打点滴。为了保证院里的职代会按期召开，他在病床边召开了筹备小组会。工会主席劝他："不行就缓几天开吧！"他答道："定了的事，不要因为我一个人就变。"大家看到廉成章一边打点滴、一边看材料、一边听汇报，在场的人什么话也说不出来……

廉成章对待患者就像对待自己的亲人一样。有一次，院政工科郭科长给廉成章家打电话，接电话的是个女孩，自称是廉院长的姑娘，名字叫廉莲。郭科长大吃一惊，怀疑是自己的耳朵出了毛病。因为院里都知道，廉院长家只有一个儿子，怎么又冒出个女儿来呢？后来，郭科长通过了解才知道，这个廉莲原名叫鲍小兰，父母是友谊农场五分场工程队工人。

小兰是1970年出生的，兄妹四人，她是老小。1979年9月2日，小兰患多发性神经炎合并呼吸麻痹并发肺内感染，入分场卫生院抢救。9岁的小兰当时是四肢瘫痪，音哑流涎，因呼吸肌麻痹不能排除痰液而发生窒息，呼吸停止两次，最长达5分钟。发生呼吸麻痹的患者死亡率是最高的。小兰的父母看到小女儿这样，都认为治不好了。廉成章看着发愁的孩子父母，只有一个念头，一定要把孩子救活。他果断地进行了人工呼吸，吸出了堵塞在孩子气管内的痰液。痰液令人作呕，廉成章顾不得这些，吸了一口又一口，孩子呼吸暂时缓解过来后，廉成章又在总场医院医生的帮助下，切开了孩子的气管，以保持呼吸通畅，再用免疫药抑制感染。一个多月，廉成章忍受着因劳累而发作的肠粘连梗阻的疼痛，日夜守护在小兰病床前。孩子得救了，为了感谢救命恩人，鲍小兰决定认廉成章为义父，把名字改为廉莲。小兰现在已记不清，廉成章到底用这个听诊器，为她看过多少次病，只记得爸爸每次来病房时，总是带着这个熟悉的听诊器。十多年过去了，廉莲已经长成大姑娘了，她处了男朋友，去广州工作了。但她不管走到哪里，桌上总是摆着爸爸廉成章的照片。

2014年9月，在第一次全国可移动文物普查中，这套廉成章当年用过的听诊器被省文物专家鉴定组鉴定为国家三级文物。

"耙茬耕作法"探索者谢民泽的论文集

在北大荒博物馆第三展厅里，陈列着一本自己装订的蓝色封面的论文集，这就是北大荒"耙茬耕作法"探索者、已故30多年的老科技工作者谢民泽的论文集。

旧中国，在蝗灾深重的河南农村，农民终年辛劳不得温饱，背井离乡、妻离子散的惨状，深深刻在谢民泽幼小的心灵中，使他从小就有务农的愿望。1941年，20岁的谢民泽在河南省第八行政督察区高级农林专科实验学校毕业后，同时接到了三个大学寄来的录取通知书，他毅然选择了河南大学农学院，进农学系继续深造，为了将来解决千百年来没有解决的吃饭问题。

1951年，谢民泽随解放三团来到鹤山八一五农场（九三农垦管理局的前身），任试验区技术员，开始了他漫长的科研生涯。

20世纪50年代初期，九三垦区动力不足，土地适耕期又极短，翻地也很困难。九三垦区又地处北纬53度，是高寒干旱区，当年春旱秋涝。谢民泽选择的课题是"如何抗旱保墒，怎样节能增产？"

带着这个课题，谢民泽常常深入田间观察作物生长情况。一次，他突然发现，在采用标准苏式耕法的麦田里，凡机车链轨或轮胎压过的地段，小麦均比其他地段高五六厘米，长相粗壮。

在一次麦收准备检查中，麦场上茎叶挺拔、叶苞深浓的麦子吸引了他。大豆收割期临近土壤冻结，即使昼夜抢收，也总有耕不过来的一些地块，不得不于翌年耙平再种，奇怪的是这些田地的麦子反而长势好、产量高。

当时，谢民泽对这种现象虽然还总结不出科学的结论，可在他脑海中却留下

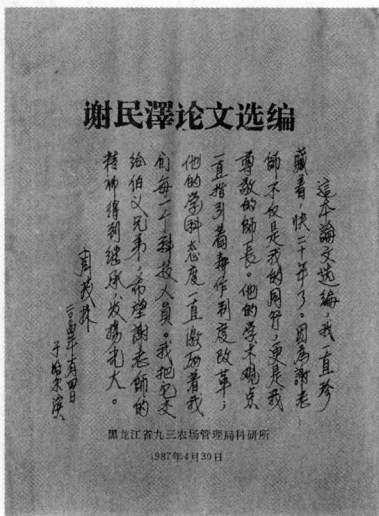

1987年4月由九三管理局科研所编辑的内部出版物《谢民泽论文选》

深刻印象，耙茬耕作法的雏形已开始萌生。

大豆地不秋翻耙茬后播种春小麦的试验，从1954年开始了。一连8个春秋，虽然历经3个旱年、2个涝年和3个正常年，结果增产效果稳定，产量平均高于秋翻耕作对照区的13%以上，旱年和常年增产15%以上。

谢民泽的试验，从大地到他的办公室，就连端碗吃饭的工夫，他都在琢磨着耙茬耕作法。他已把所从事的科研工作，当成自己生命的一部分，甚至是全部。

1955年，耙茬耕作播麦取得初步成果后，开始在国营农场试用。

1963年，谢民泽写的《黑龙江省北部黑土地区大豆地耙茬播种春小麦的研究》论文，在黑龙江省友谊农场召开的全国耕作学术讨论会上宣读，震动了与会代表。谁也不相信，不翻地靠耙茬会多打粮食。然而，代表们回到自己的单位经过试验，无一例外地都增了产：红五月农场增产30%，旭光农场增产37.9%，黎明农场增产29.8%……第二年，他的题为《耙茬播种耕作法》的论文发表在《黑龙江农业》杂志上，同年6月，在全国首届机械化耕作学术会议上，这种方法受到了学术界的重视。以后一有机会，他就宣传耙茬播种耕作法的好处，久而久之，谢民泽的名字就被"谢耙茬"取而代之了。

事情并不像想象的那么顺利，人类在同大自然搏斗的同时，也不可忽视同本身存在的落后思想和保守观念作斗争。耙茬耕作法的发现，动摇了只有翻地才能增产的传统信条，打破了按照标准苏式耕作法翻中国地的旧格局。建立了我国自己的以不翻转耕层土壤为原则，以调整其松紧度为内容的少耕体系，促进了我国耕作制度的改革。当然，也有人说他"这是搞修正主义，反对农业八字宪法……"

在耙茬耕作法研究过程中，谢民泽提出的一个具有特定含义的科学口号："逢豆必耙"，却成了别人批判他的把柄。说什么谢民泽是形而上学啊，修正主义啊……一时间，"谢耙茬"变成了"黑耙茬"。

谢民泽心想，什么苦我都能吃，只要让我搞科研就行。可他哪想到，偏偏就剥夺了他搞科研的权利，强行让他劳动改造，可他的心还在耙茬法上。

夜深人静，谢民泽独自在自家的小园里徘徊，思索着耙茬播种与水、肥、热、微生物活动的关系。此时此刻，这个小小的天地，却成了他唯一的希望。

一分耕耘，一分收获。耙茬播种研究这一成果，在1979年荣获黑龙江省重大科技成果二等奖。到20世纪80年代中期，该法已广泛应用于我国十几个省区，其中在黑龙江省推广2000万亩，平均每亩增产15公斤，节能减少费用15%，创造价值7亿多元。同年，"少（免）耕技术研究"被农垦部列入课题。谢老在这长达25年把茬播种研究的基础上，又在国内最早、最深入地探讨少（免）耕的理论依据。

1986年，在农牧渔业部农垦局委托黑龙江省农垦总局科委组织的技术鉴定中，把茬免耕法被确认为具有国内先进水平。

谢民泽对待生活、待遇的态度，与对待事业的态度截然相反。谢民泽像个不知疲倦的机器人，回家后重复着几个单调的动作——没完地看，发呆地想，不停地写……谁能相信，600多万字的学习笔记、试验记录、调查报告、教材讲义、学术论文，大多是他趴在一张小饭桌上写成的。八口之家，一个十几平方米的土房，一住就是24年。刚搬家时，唯一的摆设就是一对纸壳箱子。他让老伴儿、孩子们帮他在四壁钉了一圈木板，那就是他的书柜。

组织上看到这种情况，曾两次分给他住房，可他却都让给了别人。1979年，管理局专门为科技人员盖了房，分给他两屋一厨，他让给了一名技术员。第二年管理局又在科技楼分给他一个单元，这次他又让给了一名农艺师。

地处北国边陲的九三农垦管理局，黑河边境地区，除了气候寒冷，就是交通不便。每年分配来的大学生不多，调走的科技人员却不少。就在一些人苦于没有门路进城的时候，有许多条件优厚的单位在等着谢民泽。

1978年，黑龙江省农垦总局组建农垦科学院，请他去当副院长，他没去；1979年黑龙江八一农垦大学请他去当副教授，他没答应；1980年，黑龙江省农业现代化研究所来请他时，也被他拒绝了，他郑重地说："我的事业在农垦第一线……"别人不理解他，家人不理解他，可他自己却牢记幼年立志务农的愿望。

1986年9月3日，积劳成疾的谢民泽倒下了。他患心脏病、前列腺肿大等多种疾病，不得不住院治疗。

手术后，需向膀胱输盐水冲洗，刀口钻心的疼痛折磨着他，每次发作要持续两三个小时。他紧闭双眼，上牙深嵌在下唇里，浑身颤抖着，冷汗淋漓，可疼痛一过，他便忍痛下床行走，豆大的汗珠摔在地上，衣服被汗湿透，可他还坚持着。他清醒地意识到，还有许多工作要他去做，决不能倒下！

9月25日，谢老因心脏病突发，在垦区需要他的时刻，过早地离开了。黑土地上失去了一位辛勤的耕耘者，北大荒又少了一位优秀的科技工作者。

谢民泽在他从事农业科研的36个春秋里，克服了无数个困难，为农垦事业的发展解决了许多难题。谢民泽有38篇论文在各级有关杂志发表，24项科研成果在生产中广泛应用，其中10项受奖，累积创造经济价值20多亿元，先后17次荣获各级劳动模范和科研标兵称号。

1986年9月27日，在黑龙江省九三农垦管理局职工俱乐部里，一个为高级农艺师谢民泽破格召开的千人参加的追悼会在这里举行。

"呕心沥血功载一世为垦区建树功勋，继往开来再续新篇为祖国甘洒热血"，同志们为他敬送的挽联，悬挂在舞台两侧，高度概括了他的一生。

邓小平视察友谊农场时戴过的草帽

在北大荒博物馆第二展厅里，陈列着一个普通的草帽，然而它却见证着中国改革开放的总设计师邓小平对北大荒开发建设的亲切关怀……

1983年8月7日6点，邓小平由时任黑龙江省委书记李力安陪同，乘专列到达友谊农场视察。时任红兴隆管理局党委书记赵峰，亲自到火车站迎接。邓小平抵达新友谊火车站后，于6点40分换乘大轿车，沿着林带间的广阔公路，驶向五分场二队，这个队是用美国约翰迪尔公司机械装备的生产队。刚刚下车，随行的工作人员就把这顶农场早早准备好的草帽给邓小平戴上。

在五分场二队，邓小平就是戴着这顶草帽在二队观看了机械割晒、拾禾、卸粮、集草车集草、卸垛等收获作业。工人们还为邓小平一行进行了一系列整地作业表演。这时，空中飞来了一架农用飞机，在一片庄稼地上空进行追施微量元素的喷洒作业，邓小平一边观望，一边赞许地频频点头。

邓小平视察友谊农场时戴过的草帽

休息时，时任黑龙江省国营农场总局党委书记赵清景从人群中招呼一个年近半百的妇女来到邓小平面前，介绍道："她就是刘瑛，当年中国第一个女康拜因（收割机）手，14岁就从北京来到北大荒，创建友谊农场时才18岁，一直干到现在，成了老太婆了。"

笑声中，邓小平紧紧地握着刘瑛的手，连声说："好啊，好啊。"随即关切地问起她的工作和家庭情况。

这个20世纪50年代被誉为"云雀姑娘"的农机工程师太激动了，满肚子的话不知从哪说起。刘瑛激动地拉着邓小平的手，两眼饱含热泪，千言万语化成一句话："小平您好！"

赵清景在一旁告诉邓小平：经过几代人的艰苦创业，在创建农场的同时，培育了"北大荒精神"，其核心就是无私奉献，有的概括为"三献"，这就是"献了青春献终身，献了终身献子孙"。

邓小平一边听着，一边默默地点头，表示赞许。接着，邓小平就是戴着这顶草帽与在场的干部工人在金色的麦海里一起合影留念。

在乘车去二队的往返途中，邓小平除视察沿途各种作物长势外，还向总局赵清景、合江行署孟传生询问了三江平原治理、黑龙江垦区等方面的情况。邓小平先问到友谊建场的历史情景，目前农场的规模、经营状况。赵清景回答后，邓小平又问到整个黑龙江垦区的规模、机械化水平、未来发展的设想等问题，特别又问到三江平原的范围、治理后能增产多少亿斤粮食。

赵清景简要汇报了黑龙江垦区开拓的历史，目前垦区的规模、农业机械化程度、生产力水平，以及至2000年翻两番的规划设想。当他汇报到垦区总面积近6万平方公里，耕地面积已达到3200万亩时，李力安补充道：他们和江西省的耕地面积差不多，占黑龙江省耕地的四分之一；总局这几年工作抓得比较实，生产建设发展比较快，改制后，又开了1000万亩。

邓小平问："将来你们还能开多少荒？"

赵清景答道："治理后，还能开垦出耕地1000万亩，使垦区耕地达到4000万亩。90年代后期，争取亩产粮豆400斤左右，总产可达150亿斤左右，可上交国家商品粮豆100亿斤。"

邓小平讲："你们不仅要作商品粮基地，还要大力发展畜牧业、饲料工业。不然的话，搞那么多粮食，运输也难哪！"

当赵清景汇报到翻两番的措施，谈到抓种子现代化建设，并指给邓小平看五分场试种的西德玉米长势好于当地品种时，邓小平讲道："特别要下决心，要引进繁育良种的技术。不要光靠买外国的种子，要引进繁育良种的技术。力安，你们省农场这么多，基础又好，要把全省的力量组织在一起，下决心，三五年内把种子工作搞好。有了种子公司，还要立个种子法，要规定不论农村或农场，都必须用种子公司的种子，这是增产的最经济措施。"

当赵清景汇报到将来由于机械化程度的提高，社会分工的进一步发展，势必从种植业中逐步分离出一二十万相对剩余的劳力时，邓小平说："你们分离出这么多的劳动力，要注意大搞多种经营，要多发展林业、林果业、渔业、加工业，全面提高劳动生产率。"

李力安说道："你们资源很丰富嘛，要积极安排各项生产，按小平指示办，不然，将来也会出问题的。"

赵清景汇报了十一届三中全会以来，垦区职工生活得到改善，人均年收入350元，三分之二的农场已普及了电视，并加强了黑龙江八一农垦大学、柳河农垦干部学院的建设，争取尽快普及职业高中，紧抓职工教育，努力提高干部职工素质，为90年代全面振兴做好组织准备等情况时，邓小平讲道："这些方面，你们抓对了，但要抓紧、抓实，还要使各级领导班子年轻化。你们现在各级领导班子平均年龄多大？"

李力安插话："赵清景是转业的，61岁了。只他一人年岁大一点，其他有两人50岁，两人40多岁。"

赵清景答道："总局平均53岁，管局52岁，农场46岁，各级都已有三总(总会计师、总工程师、总农艺师)，班子里大专程度干部有一至三名。"

邓小平讲："农场的干部，活动在生产第一线，工作任务重，很辛苦，更需要年轻力壮些，尽快争取平均不超过40岁才好。"

8点50分，邓小平带着满意的心情向大家挥手告别，登上专列，离开了新友谊站。

2004年夏天，总局筹建北大荒博物馆的同志们来到友谊农场，才征集到这件保存了20多年的"革命文物"。

刘瑛的《幸福的回忆》手稿

在北大荒博物馆第三展厅，陈列着中国第一个女收割机手刘瑛的文章《幸福的回忆》5页手稿。这个手稿写于1983年8月，发表在1984年第3期《黑龙江农垦史（党史）资料汇编》上，发表时文章的名字改为《幸福的接见》。因当时的原稿已经交给了总局史志办，1990年5月，刘瑛用友谊县人大常委会办公室20厘米×12厘米的公文拟稿纸，再次抄写了这篇文章。

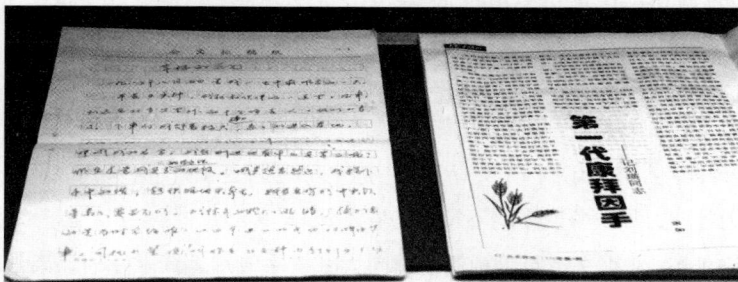

中国第一个女收割机手刘瑛《幸福的回忆》手稿

被誉为"云雀姑娘"的刘瑛，1936年生于北平（今北京市）。她的童年是在北京度过的。新中国成立这一年的冬天，世界妇女代表大会在北京召开。作为欢迎出席大会代表的少年儿童队伍的一员，在北京火车站，刘瑛站在欢迎中国第一名女拖拉机手梁军的行列中，她挤呀，钻呀，站到了最前排，把到北京准备参加大会的梁军姐姐看了个够。她羡慕梁军姐姐，向往偌大的拖拉机、一望无际的原野、山一样的粮堆……她盼望自己快长大，像梁军姐姐一样，当一名拖拉机手。

刘瑛总嫌自己长得太慢，她再也不想等了，整天缠着妈妈苦苦央求，硬是说服了在外事部门当翻译的妈妈。1950年3月，她离开了美丽繁华的北京，踏上了北上的火车。那时，她刚好14岁。她和另一位叫林革的北京姑娘，满怀着当拖拉机手的愿望来到北大荒，要找她们羡慕已久的中国第一名女拖拉机手——梁军姐姐。在哈尔滨市阿什河街的公营农场管理局，两个小姑娘要找梁军姐姐，工作人员热情地接待了她们，并告诉她们说梁军是花园农场的拖拉机手，目前正在沈阳拍电影。这下可把两个小姑娘急坏了，眼泪哗哗地落，管理局领导被她们的一片诚心感动了，批准了她们学开拖拉机的要求，并把她们推荐到了局直属的通北农场（今赵光农场），由农场到哈市公出的人事科长领回。

新生活在严峻地考验着刘瑛：住的是小马架，喝的是河沟水；夏天来到，蚊子就拨拉不开了；更可怕的是工人身上的虱子，油污的脸盆。睡觉时，她和工人远远隔开。爱说爱笑的刘瑛，听不到她那爽朗的笑声了。消息传到了老场长周光亚的耳朵里，他看望刘瑛，鼓励她学梁军，做草原上的雄鹰。梁军拍电影回来，给她写信，鼓励她要克服困难，还提出要和她开展竞赛，争当劳模，刘瑛快乐起来了。在队长沈师傅的帮助下，刘瑛很快地坚强起来。在开荒誓师大会上，她说："请大哥哥、大姐姐们放心，我14岁来北大荒，24，34，44也不离开北大荒。我永远是北大荒的女儿！"从此，刘瑛吃苦耐劳，事事领先，开荒结束，她出色地完成了任务，被评为三等模范。《人民日报》社著名记者田连阡采写了刘瑛成长的事迹，后来采写她的这篇文章被选进了初中课本。

从那以后，刘瑛在全国出了名。1954年底，刘瑛作为农机战线的骨干调到友谊农场工作。这时，她已18岁了，个子却很小，小鼻子小眼的，两个小辫子翘着。一同调来的老场长周光亚嘱咐她要像个"老兵"样，处处起带头作用。而她自己也为能参加友谊农场建设而感到自豪，干起活来，连同一车组的男拖拉机手也不得不佩服。接班前，她早早来到地头，做好各种准备工作，认真保养，爱护机车。在开荒的日子里，她连吃饭都顾不上停车，一手拿着馒头啃，一手操纵方向杆。班次工效由3垧提高到8垧，成为著名的开荒建场模范。不久，刘瑛作为新中国第一批女收割机手，登上了联合收割机驾驶台。她几乎没合眼，创造了轰动全国的班次收割小麦25垧4亩的新纪录。第二年，她被评为全国建设社会主义青年积极分子，参加中国青年代表团，出席了在捷克斯洛伐克首都布拉格举行的世界青年联欢会。

1957年，刘瑛又光荣地出席了国务院召开的全国农业劳动模范代表大会。第二年，她带领联合收割机组在多雨的情况下，以班次收割小麦25垧7亩的成绩，刷新了全国纪录。她所在的车组被团中央授予"保尔·柯察金突击队"的光荣称号。她先后6次见到毛泽东主席。在北京一次祝酒会上，周恩来总理问她："小鬼，你从哪里来？你做什么工作？"刘瑛爽快地回答："从北大荒来，是收割机手！""好，你为农业插上了机械翅膀！听你的口音，不像北大荒土生土长的。""是啊，我是北京人，到北大荒都7年多了，扎根了！"周总理听后很高兴和她碰杯，一饮而尽，说："好，有志气！"

1957年9月，刘瑛出国访问回来，刚刚走下飞机，就接到参加全国第三次妇女代表大会的通知。她紧忙赶到政协礼堂，就见到了全国妇联主席蔡畅。蔡畅见到她高兴地说："好，好呀，我的北大荒的女儿回来了。"原来刘瑛在农场就同李特特(蔡畅之女)结下了姐妹情谊。李特特调回北京后，刘瑛每次来北京，总要探望这位留苏归来的大姐姐。李特特曾把这个小妹妹介绍给妈妈，蔡妈妈见了刘瑛，总是亲切地称她为"北大荒的女儿"。

1958年1月，《长江文艺》杂志发表了汤汝燕写的长篇报告文学《云雀姑娘》。自此，刘瑛被称为"北大荒的云雀姑娘"。党组织为了培养刘瑛，1961年把她送到大学去深造。毕业时，学院考虑她家在北京，准备把她分配到北京工作，可她坚决向党组织表示："农场送我上大学，我坚决回农场工作！"她不仅自己回到了农场，而且还把母亲、弟弟接到农场安家落户。

在"文革"中，刘瑛也未能幸免。这位对黑土地做出过贡献的新中国第一位女收割机手三次被抄家。造反派把她1957年随胡耀邦出访苏联时拍的一些照片，苏联共青团干部与她的通信，以及照相机、纪念品、外币等一股脑儿地收走了。这些都成了"里通外国"的证据，给她安上了"苏修特务"的罪名，还罗列了"从刘瑛看团中央的十大罪状"向省委汇报……

1981年，丁玲夫妇前往友谊农场参观访问时，见到了此时已是农机工程师的刘瑛。在与丁玲的交谈过程中，她只字未提"文革"中个人遭受的折磨，却沉浸在早年她同另一位北京姑娘结伴来到北大荒，投奔梁军姐姐，学开拖拉机的美好回忆里。

刘瑛在这部手稿中写道："1983年8月7日是我一生中最难忘的一天。早晨5点钟，我就和伙伴们一道坐上汽车，到远在30多公里外的十分场去人工收割小麦了。下车后我拿着拐尺、镰刀，急匆匆地进入麦地，就听到有人喊我……科长告诉我中央领导来了，要召见我，我惊异地瞪大了眼睛……7点30分以前，我赶到了五分场二队。"

7点50分，邓小平来友谊农场视察。小平同志认真观看了联合收割机拾禾，以及拖拉机牵引的双向型的耕翻等作业表演。刘瑛在和卓琳谈到小平同志这样高龄还来关怀农垦职工的时候，卓琳说小平同志听说农场遭灾了，一定要来看看，没想到还有这样好的收成。

时任总局局长赵清景把刘瑛从人群中招呼到小平同志面前，介绍道："她就是刘瑛，当年中国第一个女康拜因手，14 岁就从北京来到北大荒，创建友谊农场时才18岁，一直干到现在，成了老太婆了。"

笑声中，小平同志紧紧握住刘瑛的手，连声说："好啊，好啊！"随即关切地问她的工作情况。刘瑛太激动了，满肚子的话不知从哪说起。她想告诉小平同志，是党把她这个不懂事的孩子培养成人，党又给她荣誉，多次被评为全国劳模……

刘瑛激动地握着小平同志的手，两眼饱含热泪，千言万语化成一句："小平您好！"刘瑛后来被任命为农机工程师。20世纪90年代，刘瑛从友谊县人大常委会主任的岗位上退休。

李鹏赠予二道河农场幼儿园的电子琴

在北大荒博物馆第二展厅里，陈列着一架看上去很普通的电子琴，这是12年前李鹏赠予二道河农场幼儿园的。

初夏的三江平原，麦花飘香，稻畦滴翠，呈现出一派生机。

1996年6月30日8点30分，时任中共中央政治局常委、国务院总理李鹏偕夫人朱琳，时任中共中央政治局委员、国务院副总理姜春云，国家有关部委的领导，以及黑龙江省的领导，在时任黑龙江省农垦总局党委书记申立国、局长刘文举等领导的陪同下，来到建三江农垦管理局考察。

在创业农场二队，面对排放整齐的大马力拖拉机、联合收割机等现代化农机具，李鹏关切地询问创业农场场长李佐同："你这(指农机具)能够为多大的范围服务啊？"

"这个单位的面积是22 300亩"，李佐同不假思索，连忙回答。

"这是我们基层的一个生产队"，刘文举局长在旁边补充道。

李鹏在驱车前往二道河农场的路上，只见拖拉机在广袤的豆田里耕耘，飞机在无际的麦田里施肥，挖掘机在苍莽的荒原上修渠，却不见一个拿锄挥锹的农工。

李鹏不禁连声赞叹："这才叫现代化大农业！这才叫机械化！这才叫一望无际！"

汽车停在二道河农场六区的一块万亩大地号前，身材魁梧的农场场长兼党委书记陈东学一指齐刷刷、齐腰深的小麦对李鹏说："这块地总面积12 600亩，平均亩产500斤没问题！"

李鹏拨开小麦，站到地里，整了整衣角，面带微笑，先独自照了一张相，然后又招手请中央、省、农场总局领导，以及新闻记者、下乡知青、工作人员等分别在这里合影留念。

在二道河农场幼儿园，李鹏在观看儿童们的演出时，一再双手抱拳，以示祝贺。当孩子们亲切地高喊"爷爷好！奶奶好"时，李鹏亲切地弯下腰喊："小朋友们好！"并将这件礼品——电子琴赠送给幼儿园。

李鹏赠送给二道河农场幼儿园的电子琴

在二道河农场场部，几乎所有的居民都自发地加入了欢迎总理的行列。大街上掌声雷动，人们高喊"总理好！"李鹏立即面向欢迎的群众，频频向大家招手，连续高声问"大家好！"他在最后发表的讲话中说道："明天就是我们中国共产党建党75周年纪念日，在这个节日即将到来的时候，能够和农场的干部职工在一起我非常高兴。希望你们抓紧生产，多打粮食，为国家做出更大的贡献！"

1996年7月5日，李鹏为黑龙江垦区亲笔题词："发挥黑龙江垦区优势，加快商品粮基地建设"。

后来，二道河农场幼儿园虽然经过了改制，可幼儿园的老师们还经常用这架琴为孩子们上音乐课。当我们2005年夏天去建三江管理局征集文物的时候，二道河农场幼儿园将这架电子琴捐给了北大荒博物馆。

2014年9月，在第一次全国可移动文物普查中，这架电子琴被省文物专家鉴定组鉴定为国家三级文物。

杨静仁捐赠给崔科的衣服

在北大荒博物馆第二展厅里，展示着一套蓝色的海军服装。说明牌上写着"杨静仁捐赠给崔科的衣服"。经过1998年那次抗洪救灾事件的垦区人，都不会忘记当时发生的一个小故事……

杨静仁1998年捐赠给崔科的衣服

1998年的夏天，整个松花江流域发生了洪灾，绥化管理局的肇源农场地处洪灾第一线。当年26岁的崔科，入汛以来一直在前线抗洪护堤。8月14日，苦战了40多天的崔科一连干到半夜12点钟，才和李志强等伙伴儿一同回家。崔科的爱人尹志波那天因怀孕回娘家了。崔科累得倒头便睡，睡得很香，也很死。不料距他家2公里处的新肇乡四合镇江段凌晨3点10分决堤了。

人们在呼喊，洪水在咆哮。熟睡中的崔科被咆哮声惊醒了。等他起身开灯时，门缝已经往里淌水了。门打不开了，崔科忙从后窗跳出。滚滚水流切断了崔科的去路，慌乱中他见一股洪流中漂来一辆小推车，另有两根圆木。小崔急中生智，蹚水跑回家找来铁丝，将两根儿圆木绑成木筏，艰难地爬上去顺流逃生。一连漂了4个多小时，崔科无法在漩涡中行进，被一片汪洋围住了。天无绝人之路，上午11点左右，走投无路的崔科看到一架直升机在上空盘旋，他大声呼叫，摆着手。飞机好像听从他的指挥似的向他低飞，在他头上画圈儿。

"啊，解放军？有救了！"崔科惊喜地喊着："救命啊！"然而绕了几圈后，飞机飞走了。崔科失望地看着，想着，没想到半个小时后，这架飞机又朝他飞了过来，但见飞机舱口甩下来一个人。飞机气流把崔科吹得左右摇摆，解放军一接触到水面即把崔科抱住，随后上了飞机。飞机朝大庆市萨尔图区飞去。

崔科得救了。在飞机上，他向解放军述说了落入洪水的经过。后来，他才得知救他的是军士长陈祥强，机舱里坐着的是沈阳军区政委姜福堂中将。那天上午，姜政委本来是在寻查失散的部队战士，发现茫茫的水面上有一个灾民。看着汪洋中的灾民，姜福堂命令驾驶员赶快寻找着陆点，设法找到救生器材后返回，把灾民营救出来。飞机飞到20公里外的肇源农场小学排球场找来了排球网和两个汽车内胎编成的救生筐，机械师张凤岭用吊绳把坐在简易救生筐内的军士长陈祥强往下放，最后才把在水中漂浮了4个多小时的崔科救上来。

飞机降落后，解放军为崔科换了套衣裤，并请他吃了顿午饭。崔科激动得不知怎样感谢才好，还没顾得上问清恩人姓名，就被送往林源炼油厂他姐姐家去了。

8月16日，中央电视台播放了时任沈阳军区政委姜福堂中将用直升机救起在洪水中漂浮了4个多小时的肇源农场职工崔科的新闻。

9月初，崔科到共青农场安家后，农场又给他发了两床羽绒被。22日上午11点多，总局民政局领导专程看望正在割水稻的崔科，并把时任国务院副总理、全国政协副主席杨静仁捐赠给垦区灾民的被褥和衣服送给崔科。崔科听说是国家领导捐赠的，激动得背起打好的背包就往家跑。

杨静仁，1919年出生，甘肃省兰州市人。曾任中共甘肃省工作委员会回民特别支部书记，陕甘宁边区回民骑兵团政治委员，中共中央西北局统战部科长，中共中央统战部处长，国家民族事务委员会副主任，中共宁夏回族自治区委员会第一书记、自治区主席、自治区政协主席，中共中央西北局书记处书记，中央统战部副部长，第五届全国政协副主席，国务院副总理。当时在病床上的杨静仁老人，听说东北发大水后，嘱咐家人替他捐了这些衣物。

崔科的爱人把背包展开铺到炕上，见一床崭新的海军被褥中包着4套海军外衣、2套海军绒衣、4条衬裤，激动地说："杨老80多岁高龄了，我要能见到他老人家就好了！"崔科后来一直也没有这个机会。2001年10月19日，杨静仁因病医治无效在北京逝世，这也成了崔科的遗憾。

崔科被将军救起来的这件事，还被新华社记者写成《将军查水情，飞机救灾民》，在《人民日报》和全国多家媒体上发表。

当北大荒博物馆筹建办的同志来到共青农场后，崔科找出了这套海军服，捐给了北大荒博物馆，让这套军装见证这段难忘的历史。

江泽民给北大荒的题词

在北大荒博物馆第二展厅里，陈列着江泽民总书记来北大荒视察时为黑龙江垦区题的词。

2000年8月22日，江泽民总书记和温家宝副总理怀着对北大荒人的殷殷牵挂之情，带着党中央、国务院、中央军委对北大荒的关怀和慰问来到垦区考察。

22日下午3点48分，总书记不顾疲劳，赶到农垦科学院考察。

农垦科学院内站满了欢迎的人。院部前面大片的草坪中间，两簇鲜花刚被飘过的雨滴淋过，微风吹来，显得分外艳丽。

"总书记来了！总书记来了！"

欢呼声中，一辆乳白色的面包车停下了，门刚打开，总书记就向人群招手，时任总局党委书记王玉林、局长吕维峰立刻迎上前去，同总书记握手问好……

江泽民给北大荒的题词

农垦科学院科技成果展厅里，展厅四周布满了展品，大厅正面墙上悬挂着"科学技术是第一生产力"，红底儿白字，把整个垦区崇尚科学的气氛烘托得更加浓厚。时任农垦科学院院长姜占卿向总书记介绍情况。总书记边听边看，他打断姜占卿的话，弯下腰，透过玻璃罩，视线停在装着大豆、玉米、小麦等种子的标本瓶子上，并指着这些瓶子说："这是空育131？"起身又问温家宝副总理："红丰9号高油含量达到国家标准没有？"温家宝副总理答道："是标准的高油品种。"

4点20分，总书记会见了18位老红军、老农垦、老知青和青年代表，同大家一一握手后合影留念。

4点30分，在佳木斯宾馆会议室里，老红军高大钧、老农垦杨清海和王振捷等18位代表做好了向总书记汇报的准备。大家说什么也没想到总书记能亲自主持这个会议。总书记对北大荒事业的重视超出了人们的预料，让人们感觉到总书记和北大荒人更亲了。

　　王玉林为总书记考察北大荒，并接见"三老代表"感到十分激动。他将千言万语浓缩在10分钟内，汇成垦区160万人民的心声："开发建设北大荒是党中央、国务院和中央军委的重大战略决策，是我国社会主义现代化建设的一项宏伟事业，得到了党的三代领导集体的高度重视和亲切关怀……"

　　最后，王玉林表示："垦区要力争在2010年率先实现农业现代化，把垦区建设成具有较强经济实力和市场竞争能力的大型现代化农业企业集团……"

　　总书记听着，记着，神情是那般专注。

　　高大钧、杨清海、李国富、杨华、沈瑞忠、邹立江等代表都作了发言。代表个个意犹未尽，而心里却装着聆听总书记教诲的热盼。会场是那样静，总书记的话是那样语重心长："北大荒，全国有名，恐怕也是世界有名。北大荒的变化，是三代人努力拓荒、艰苦奋斗的结果。你们的粮食可以满足京津沪渝四个直辖市和陆海空三军的需要，真了不起呀！民以食为天，从这一点上，我要说，建设大规模、稳定的商品粮基地，是保证我们国家安全和发展的重要战略措施……"

　　总书记的话引来阵阵掌声。关怀、嘱托，唤起了与会北大荒人的豪情满怀。这时，王玉林站了起来，说："各位代表，我们给总书记唱一首《北大荒人的歌》好不好？"

　　"好！"大家异口同声。代表们站了起来，省领导们站了起来，总书记也站了起来。

　　王玉林起着头，打着拍子："第一眼看到了你，爱的热流就涌出心底。站在莽原上呼喊，北大荒啊我爱你……"

　　唱完《北大荒人的歌》，大家谁都没有坐下。总书记高兴地提议："我们北京来的同志和大家一起唱首《歌唱祖国》。北大荒、佳木斯在祖国最东面，五星红旗一定要高高飘扬！"

　　"五星红旗迎风飘扬，胜利歌声……"总书记起着头，打着拍子……

　　23日上午，三江大地空气湿润，浸着泥土的芳香。

　　9点20分，总书记的车队走进了人们渴望的视线。建三江管理局前锋农场种子加工厂花团锦簇，12个金属粮仓熠熠发光。张桂春场长向总书记汇报了农场种子加工厂的情况。总书记认真听着，时而仰头注视加工厂工艺流程图，时而躬身低头仔细观察。

10点过5分，车队驶进二道河农场万亩地号。

总书记被眼前的景象深深地感染着，他环视着辽阔的大地，脸上露出了按捺不住的喜悦。

"这是世界最大的地号，有12 600亩。"吕维峰大声介绍着。

当总书记得知垦区粮食年产已达90亿公斤，水稻总产占全省一半时，他高兴地称赞道："了不起！"

"嗡，嗡，嗡……"

"飞机来了！"总书记侧过身，顺着吕维峰手臂指引的方向望去。8架飞机分成2个批次编队飞来，越飞越近，越飞越低；在几乎贴到豆地时，一齐喷出条条彩带般的液态肥。

航化表演一过，农业机械化作业表演就开始了。几十台联合收割机、大马力拖拉机开足马力，隆隆作响。这一壮观的场景，感染着现场每一个人，总书记不禁拍手叫好。

王玉林指着最前面的一台红色2366型收割机大声说："这是您在国家进出口管理委员会工作时批准进口的。"他又指向另一台："这叫'绿色之星'，美国约翰·迪尔公司生产的，安装了卫星定位系统，作业时可精确地测算出总产量和单位产量。"

总书记高兴地夸奖道："好，这才有农业现代化的气势！"

"总书记，在豆田留个影吧！"话音刚落，总书记信步走入豆田。他用手轻轻拨开齐腰的豆秧，往里走了十多步，转过身，微笑着面对着摄影记者，面对着拥戴他的垦区160万人民。在北大荒人辛勤耕耘的土地上，留下了珍贵的瞬间。

这幅题词写在一张140厘米长、70厘米宽的宣纸上。"发扬北大荒精神 率先实现农业现代化"，这16个遒劲的大字是党中央对北大荒人的殷勤希望，为垦区新世纪的发展指明了前进的方向。

周确一家三代人用过的百年皮箱

在北大荒博物馆第三展厅里，陈列着一个由北大荒知青成长为新华社著名摄影记者的周确一家三代人用过的百年皮箱。

周确一家三代人用过的百年皮箱

皮箱的主人在捐这只皮箱时，讲起这只旧皮箱的"身世"和皮箱背后蕴藏着他们家族成员前赴后继"搏击北大荒"并为北大荒人争光的故事。

1958年，8岁的周确随老辈人从山东莱州"闯关东"到了哈尔滨。10年后(1968年5月24日)，未满16周岁的周确又以哈尔滨知青的身份上山下乡，来到了古城爱辉县西南近100公里处的锦河农场38队。在这个小山沟里，他在一位哈尔滨知青排长的支持下，把位于大通铺火炕尾上的工具仓，改成了一间小暗房。他的放大机下半部是桦木墩儿，上部的支架是松木条儿。白天，他与其他知青一块儿劳动；晚上，他便钻进暗房中冲洗胶卷，并用土放大机放大照片。后来，他拍摄的反映知青生活的图片稿便不断发表在《黑河日报》《兵团战士报》（今《农垦日报》）及《黑龙江日报》等报纸上。

周确的爷爷十几岁就开始给俄国人当学徒，哈尔滨一些俄国人经营的店铺，包括当时最兴旺的秋林公司，都留下了他勤恳工作的印记。他的地道俄文及经商门道多是从俄国掌柜那里学来的。

周确的爷爷当年年轻又精力旺盛，不仅活跃于哈尔滨，而且在齐齐哈尔、牡丹江、佳木斯、绥芬河等城市及俄国的符拉迪沃斯托克（海参崴）、双城子等地都留下自己的足迹。当自己有了一定的经济实力和社会关系后，周确的爷爷开起了属于自己的毛皮作坊及小门市。

其间，他购买并使用了六七只大小不同的牛皮箱作为国内外奔波的载体及包装物。这些皮箱被爷爷及他的伙伴们使用了许多年——大约是从1910年前后开始使用的，距今已近百年，从国内各城市到俄境，它们不知被带出、带入了多少趟！

解放后，周确年过花甲的爷爷把自己在哈尔滨的一处老房留给周确的爸爸和叔叔后，回山东老家养老了。爷爷临走前留给父亲3只大小不同的皮箱。父亲在为生计奔波中频繁地使用它们。有几年，父亲曾每日拎着皮箱为厂家跑销售，送货上门。后来，为躲日本人抓壮丁，父亲用这只皮箱装着常用衣物跑回山东老家。直到全国解放，已经结婚的父亲才又拎着这只皮箱回到了哈尔滨。1957年爷爷病逝时，父亲带着这只皮箱再次从哈尔滨乘火车回胶东原籍为爷爷料理后事。

1968年春，当周确下乡至北大荒需要随身衣箱时，勤劳而手巧的父亲就亲自动手把这只旧皮箱进行了修理——重新加固了箱盖，接着把磨损、开线的8个角重新缝过。一套秋衣秋裤、三四套应季的单衣及线衣裤、背心、裤头等物都能装进这个老皮箱里面；另外，再加个铺盖卷、洗脸盆及牙具等就是全部家当了。

周确在北大荒8年的风风雨雨中，这只老皮箱一直忠心耿耿地陪伴着他。早期连队生活中，他把它当成小书桌。后来，调到条件改善的团部工作，这个老皮箱就被他用来放一些处理国产彩色胶卷的水溶性冲洗药品了。

3年后的1976年初夏，周确先是被代培，再经一年多试用后，正式调入新华社黑龙江分社。他专程返回农场，通过公路货运发回他的全部生活用品。当时，这只旧皮箱的底下被写上了"哈尔滨新华社省分社"的收货地址。这些字现在仍清晰可见。

在周确返城后的全新工作和生活条件下，这只已经完成了历史使命的老皮箱就被装入旧本子、旧材料而放于角落里，成为"无名英雄"。后来，搬家过程中几度处理和淘汰旧物，这只老皮箱都被他执意地保留下来，因为它包载着的老一辈人艰苦创业、奋发向上的精神及争取更美好未来的信念一直鼓舞着他迈出更新的脚步。

进入新华社黑龙江分社工作后，他长期不懈、创造性地充实自己，成为当时黑龙江省内及新华社各分社记者中最早掌握英文和电脑写作的记者，新华社机关报及中国记协办的报纸（连载四期）专门刊发文章推介他的经验。1987年夏天，他在友谊农场以熟练的英语口语指挥澳大利亚飞行队长巴维尔航拍"北大荒"。

在顺利地完成了首本译作《一分钟摄影课》并获金钥匙奖后，又三进三出柬埔寨作战地采访，并成为采访泰国正大集团的中国摄影记者第一人。1992年，作为巴塞罗那奥运会黑龙江省内首位现场采访的记者，他受到时任国际奥委会主席萨马兰奇和我国主要领导人的接见，并受到中国记协嘉奖；同期，他的摄影作品《不孕母狮当妈妈》入选23届荷赛；多幅写实摄影作品连续3次获取日本尼康国际摄影大赛奖项。他还多次进入飓风、特大洪水、特大森林火灾、侵华日军芥子毒气泄漏现场采访。他亦曾连续三届在日本、韩国和中国参加亚冬会摄影报道工作；数次被黑龙江省文联、省摄影家协会、省记协授予"优秀作品奖""特殊贡献奖""优秀记者""十佳"摄影记者等荣誉称号。

缺少什么，补什么，并持续不断地做。通过多年艰苦努力，年已49岁的他在1999年被新华社高级职称评定委员会、新华社人事局评聘为高级记者，实现了一名知青梦寐以求的最高愿望。

他在52岁那年，顺利考取了新华社驻外记者的资格；在突击学习了日常西班牙语后，于2004年4月经美国赴墨西哥赴任。在拉丁美洲近两年半的驻任工作中，他克服了一系列常人难以想象的困难，执行了许多艰难的新闻采访任务。

其中，作为我国第一名进入战乱国家海地采访的新闻记者，他头戴蓝盔、三进三出登革热肆虐的海地：先是报道了我国首次向西半球派遣维和防暴警察（先遣队）及海地人经受飓风袭击；接着报道了中国山东籍125名维和警察胜利地保卫海地大选；最后一次是报道了海地新总统就职——均圆满地完成了任务。

他在新华社22年的记者生涯可谓辉煌。其摄影作品《中国杂技》《夏夜归》分别摘取日本尼康国际摄影大赛佳作奖和二等奖奖牌。1990年参加北京亚运会报道时，其摄影作品《飞枪女》《飞人曼索尔》荣膺"亚运之光"国际摄影金杯赛银杯奖和亚运奖，《百米途中》另获同期举行的国际摄影展优秀作品奖。其摄影作品《飒爽英姿》获得亚运会好新闻三等奖。因他擅长体育摄影并具有相当的英语水平，1992年，他又成为新华社选派出访巴塞罗那奥运会的5名摄影记者之一。在西班牙难忘的27个日夜里，他靠汗水加智慧，换来了出稿399幅（其中近1/3为传真)的佳绩。周确本人讲：中国人夺取此次奥运会首枚田径比赛金牌（陈跃玲的"由银变金"和伊万诺娃"被罚出局"）、"老虎"庄晓岩勇夺柔道女冠、"张山战胜男子汉"等照片，是他参加这次世界上最大体育盛会的代表作。而该年恰是他满40周岁的年份，他按自己努力的既定目标登上了自己事业的最高峰。

那次回国后，他在《中国摄影报》《人民摄影报》《中国记者》《新闻传播》《大众摄影》等报刊上发表了许多有分量的奥运照片和回忆文章。1996年的第三届亚冬会，他又再度辉煌，其彩色摄影佳作《冠军风采》获得尼康国际摄影大赛的二等奖。这是他第三度获得国际摄影赛的大奖。1997年11月11日时任俄罗斯总统叶利钦访华时，在警戒森严的情况下，他也拍出不少精彩照片。除了保证向新华总社发稿外，他还有一幅作品获得黑龙江电视台《我眼中的黑龙江》摄影比赛优秀作品奖。

周确是中国摄影家协会会员、中国新闻摄影学会会员，曾任新华社黑龙江分社总编室编委、黑龙江摄影家协会副主席、黑龙江省新闻摄影专业委员会副主任。他曾受到中华新闻工作者协会表彰，并被评为黑龙江优秀记者、省十届"十佳"新闻摄影记者。《中国摄影家大辞典》《中国摄影家全集》《中国当代艺术家名人录》《中国优秀编辑记者大全》等权威辞书均收入了他的事迹。1995年，他被聘为黑龙江省高等教育协会摄影专业委员会学术委员。1996年，他成为全国首次百名记者100万元人身意外伤害保险黑龙江省内的唯一被投保者。1993年6月，他被聘为新华社主任记者。1995年7月，他任黑龙江分社摄影部主任。1997年12月22日，他被黑龙江省摄影家协会授以"优秀创作奖"和"特别贡献奖"。

这只周确一家三代人用了近百年的旧皮箱于2007年8月31日被周确捐给了北大荒博物馆。

2014年9月，在第一次全国可移动文物普查中，这只周确一家三代人用过的皮箱被省文物专家鉴定组鉴定为国家三级文物。

梁晓声用过的《新华字典》

在北大荒博物馆第四展厅里，陈列着一本20世纪70年代初著名知青作家梁晓声用了37年的《新华字典》。它见证着梁晓声从一个普通知青农工成长为一位中国当代著名作家的历程。

1968年夏天，梁晓声和成千上万的同龄人一道，从哈尔滨市来到了黑龙江生产建设兵团一师二团，即今天的北安农垦管理局的锦河农场当农工，不久就调到连队小学当教师。一天，他在30公里以外的黑河市的新华书店里买到了这本《新华字典》。从那以后，这本字典伴随了他37年。

梁晓声用过的《新华字典》

梁晓声的童年正值三年困难时期。他瘦弱单薄，疾病缠身，下地当农工，身体根本吃不消。但他是个有毅力的人，每天坚持出工。自尊心很强的梁晓声，不想把自己的弱项暴露出来。他还想在战友面前干出个样来，只能充分发挥自己的长项，在学习写作上加倍努力。那时候上边有要求，连里每星期最少开一次批评会，斗私批修，每位知青必须发言，外加阴雨天都要开会。内容也很多，如颂扬会、批判会等。很多不善于发言的知青伤透了脑筋，东求西求让人代写批评稿。梁晓声便成了一些知青求助的对象。这样一来，梁晓声的文笔慢慢地得以锤炼，在班里的威信逐渐提高，并当上了副班长。每次写稿时，他总是把这本《新华字典》放在桌子上，对不会写和叫不准的字随时查找。

后来，梁晓声被调到学校当老师教五年级，他的课讲得特别生动，学生都爱听。特别是作文课，深入浅出，引经据典。如果学生写出一篇好作文，他便十分高兴。在课堂上当范文向学生读，并推荐给其他教师看。在"文革"时期，学生的很大一部分学习时间被劳动课占去了，农忙时经常半天甚至整天地劳动。而他把劳动现场当成课堂，搞现场教学，一边劳动一边大声讲一些与课本有关的知识。休息时给学生读小说。他娓娓道来，有声有色，学生们也随着书中的情节而变换着表情。当年，正是闹书荒的时候，整个连队200多个知青，只有《欧阳海之歌》和《虹南作战史》2本书，平均100人一本。

1969年秋天，团里的麦子遭了涝灾，几乎颗粒不收，上级又打出了"不伸手向国家要粮吃"的口号。那年秋后，不但粮食紧张，副食品、蔬菜、水果等物品在供销合作社也很难见到。知青的情绪很低落，快过春节了，上级有指示：因战备形势紧张，没有特殊情况一律不给探亲假。

除夕之夜，吃年夜饭时，很多知青都喝醉了，哭的，唱的，东倒西歪乱作一团。梁晓声心情不好，象征性地喝了一口酒就离开了饭桌。不知哪位知青大声喊起来："梁绍声（当时的名字）你别走呀！你不能喝酒行，不是会写诗吗！给咱们哥们儿来首诗，这可是你的长项呀！"话音刚落便有人响应。为了不扫知青战友的兴，梁晓声一个箭步跃到炉台上激情地朗诵起来："我站在炉台上，窗外雪茫茫，屋内几多忧伤几多惆怅。我凝视着桌上的残羹，我听到西北风无情地撕扯着门窗，我的心不禁一阵酸楚，思乡的泪水就要夺眶，思绪心儿似乎跳出胸膛，飞回我可爱的家乡。可我知道那是梦，美丽的梦想……我的心依然在我的躯体里迷惘……迷惘……"。

梁晓声跳下炉台。宿舍里一片哭泣声，梁晓声的眼睛也湿润了。

从那时起，梁晓声的作品经常刊登在报刊上，引起了兵团司令部宣传部门的重视。后来，梁晓声被兵团司令部点名参加了兵团举办的写作班。回到连队，梁晓声当上了连里的通讯员。一天，梁晓声收到了一封商调函。原来，他当老师时发表的那篇少儿题材的小说，被黑龙江人民出版社少儿部的鲁秀珍老师选中，要改编成连环画册。当时出版社人才奇缺，就向兵团借调梁晓声，经过多次协商和反复交涉，梁晓声被借调到黑龙江人民出版社。

1975年，梁晓声重返北大荒。在这一年多的时间里，根据他的小说改编的连环画册出版了，出版社交给他的各项临时工作也都完成了。他回来的时候，正赶上许多知青都被推荐到全国各地的大专院校。梁晓声有几次机会，但不是专业不喜欢，就是有别的原因，几次机遇都与他擦肩而过。就在这个时候，团里来了一个上海复旦大学文学创作专业的名额。这个名额没有几个人敢报，因为该专业有特殊要求：有一定的文学基础，从事过文学创作，发表过文学作品。团长一见这个名额就拍板了："这个名额非梁绍声莫属，谁也靠不上边。人家参加过兵团的写作班，不但发表过小说，这次借调到黑龙江人民出版社，小人书都出来了。他要是上不去，咱团这个名额非瞎了不可。"

就这样，梁晓声带着这本《新华字典》成了令人羡慕的上海复旦大学中文系的学生。他从复旦大学毕业后，被分配到北京电影制片厂工作，后来又到中国儿童电影制片厂任副厂长。2002年，他调任北京语言大学。梁晓声著有短篇、中长篇小说多部，其中《这是一片神奇的土地》《父亲》《今夜有暴风雪》先后获全国中短篇小说奖。其长篇小说《雪城》被改编为电视连续剧。根据其同名小说改编的电视剧《年轮》播出后，产生很大的反响。他的名字被收入《世界名人录》作家词条。

2005年，我们去北京征集文物时，梁晓声为北大荒博物馆捐出了这本《新华字典》。

张抗抗的第一部长篇小说《分界线》

在北大荒博物馆第四展厅里，陈列着一本40多年前出版的长篇小说《分界线》。

1975年9月，鹤立河农场杭州女知青张抗抗依据自身对农场生活的感受，创作了长篇小说《分界线》，由上海人民出版社出版。这是在"文革"期间继《江畔朝阳》后，又一部反映北大荒生活的作品，被列入"上山下乡知识青年创作丛书"出版。

1969年9月，张抗抗来到北大荒，曾任农工、报道员。1977年，她考入省艺术学校，毕业后调至省文联任专业作家，现任黑龙江省作家协会副主席，中国作协副主席。她著作甚丰，主要有《张抗抗自选集》5卷，短篇小说《夏》《爱的权利》《红罂粟》《白罂粟》《流行病》《空白》《睡神在太阳岛》，中篇小说《北极光》《淡淡的晨雾》《残忍》《第四世界》《沙暴》；长篇小说《隐形伴侣》《赤彤丹朱》《情爱画廊》等。此外，还有散文集多种。在2006年召开的全国第七届作家代表大会上，张抗抗当选为副主席。

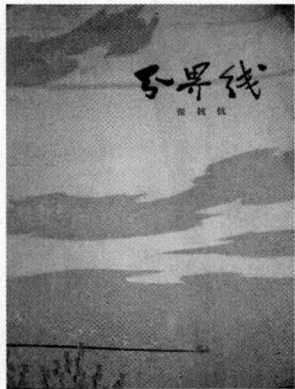

张抗抗当年创作的长篇小说《分界线》

张抗抗在农场连队的整整4年中，种过菜，压过瓦，伐过木，搞过科研，当过通讯员。她写字也从来没有一张像样的桌子，几乎所有的文章草稿都是在炕沿上、膝盖上写成的。后来不知从哪捡来了一张人家不要的破炕桌，她在上面贴了一张鲁迅的像，又在外面包上一层透明的尼龙纸，就装饰成一张不坏的新桌子。这张桌子居然一直用到她离开农场。

1974年春天，张抗抗回杭州治病，得到了一个月的病假。出院后，她顾不得休息就在家里开始了长篇小说《分界线》的创作。经过2个月的苦战，她写成了20多万字，还未来得及誊清，就因劳累过度高烧不退而住院了。上海人民出版社文艺编辑室的谢泉铭和小陆两位编辑，拎着一篮子自己掏钱买的水果，特地赶到杭州医院看她。他们闭口不谈稿子的事，只是安慰她静心养病，而后悄悄向她母亲要去了初稿。在杭州的两天里，他把稿子初步看了一遍，提出了一些意见，认为她写的东西还有可取之处。老谢返回上海向社领导汇报以后，以出版社的名义向农场为张抗抗请了创作假，让她继续在杭州修改。

两个星期出院后，她身体也基本恢复了健康，张抗抗开始写第二稿。在春节前夕，她将30万字的初稿脱手寄往上海。半个月后，知青创作丛书的责任编辑谢泉铭来信，信上写了"基础较好，改动不大"8个字的评语，并让她立即去上海修改定稿。

修改进行得很顺利，出版社专门为张抗抗腾出了办公楼楼梯中间的一个小亭子间，房间小得只能放下一张桌子和一把椅子。张抗抗每天早上一起床就赶到那里，一直工作到晚上出版社关大门，然后再步行回招待所去睡觉。

《分界线》于1975年7月交稿，10月正式出书，总共发行60万册。

张抗抗写的这部《分界线》，是一部描写扎根在黑龙江农场的知识青年斗争生活的长篇小说。1973年春，北大荒的伏蛟河农场五分场遭受了涝灾，尤其以东大洼受灾最重。小说围绕对东大洼这块土地的"保与扔"的问题，展开了"兴办农场中两条路线的激烈斗争"。以耿常炯为代表的农场革命青年，坚决要把农场办成既是生产粮食的基地，又是"造就无产阶级事业接班人的大学校"。他同农场职工一起，艰苦奋斗，战胜洪涝等自然灾害，使农场获得了大丰收。作者在《分界线》中，多侧面地塑造了知识青年耿常炯的形象。作品还生动地刻画了技术员郑京丹、指导员李青山、东北籍知识青年牛鲁江等一批朝气蓬勃、性格鲜明的青年。这部小说反映了20世纪70年代初期特殊的历史氛围，语言也较生动，并写出了北大荒壮丽迷人的景色，抓住了北大荒景色特征，充分显示了作者的文学才华。

小说本意力图多侧面地塑造知识青年耿常炯的形象。小说中耿常炯刻苦学习，勇于挑重担，在生活劳动的实践中，锻炼了自己的意志和能力。结果，违反生活真实与历史真实地设置了一系列并不存在的矛盾冲突，破坏了小说的第一要素——真实性。

问题的要害在于，正是这种虚构的阶级斗争、路线斗争，却引发了狂热的斗争情结。作为这一情结的代表人物，就不仅要把外在的每件言论行为都放在这斗争的天平上去衡量，自己也早就摈弃了七情六欲，成为斗争的工具。结果，小说中耿常炯那些本应展现出英雄主义精神的场景，如抗洪抢险，以及他的那封要"做农场的主人，把根子深深地扎在边疆"的公开信，却最终都被写成了又一次阶级斗争、路线斗争的一部分。在这一点上，显示出了真正从"文革"中诞生的知青文学与延续至"文革"中的垦区文学的分野。

《分界线》是中国知青文学中第一部由知青亲笔写成的长篇小说。

肖复兴的散文《水》手稿

在北大荒博物馆第四展厅里，陈列着著名知青作家肖复兴当年的手稿。这几页手稿是一个普通的城市知青成为著名作家的见证。

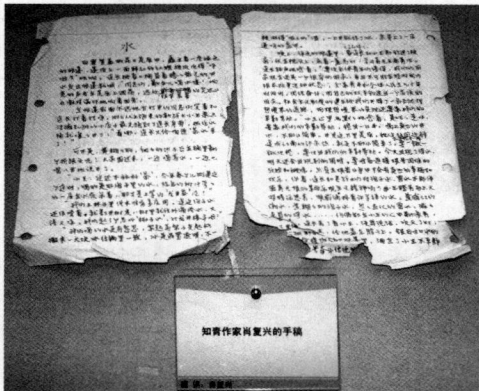

肖复兴当年在北大荒创作的散文《水》的手稿

1968年至1974年，肖复兴在北大荒生活了整整6年。1968年7月20日，肖复兴在全国兴起的上山下乡大潮中，放弃了山西和内蒙古，选择了北大荒。但是，这一选择让他心里没有一点底。他小时候看过《冰凌花》《雁飞塞北》和《北大荒人》的书和电影，觉得北大荒充满了诗意。那天是10点38分的火车，事情过去50多年了，至今他没有忘记这个时间。

肖复兴从福利屯下了火车，颠簸了200多里地，落脚的地方就是七星河边。那一顿饭吃的虽然是喷香的扁豆馅儿饺子，可至今令他记忆犹新的却是迎接他们的一位老乡光着脊梁，大老远地招手向他们热情地走来，一枚茶碗口大的毛主席纪念章，别在他胸膛中心的肉里，令他们有些惊心动魄。

他下乡的大兴农场二队七星河边，有一片树林非常美，美得有些像俄罗斯巡回画廊派画家的那些美丽树林的油画。到北大荒的第二年夏天，肖复兴和大家结伴专程穿过那片美丽的林子，到七星河游了一次泳。他的游泳技术并不佳，但那次游泳令他难忘。水中的鱼就在他们的身旁与他们一起游，他们很想抓住一条，可费尽气力，从来没有抓住过。

几乎每年冬天他们都要到七星河边去修水利。挖出路两旁水渠的土，用来垫在路上。更艰难的是冬天挖土，一镐下去留下一个像牙咬的白印，非常难刨。他们就用炸药崩土方。一次炸药炸飞的土块落在了他的腿上，幸亏是冬天穿着很厚的棉裤，只留下块伤疤，而没有伤着骨头，他称这块伤疤是在七星河畔留下的唯一纪念。晚饭后回到宿舍，第一件事就是写日记，把一天的感想都写了下来。

1971年，也就是肖复兴到了北大荒的第三个年头的春节，外面的雪下得纷纷扬扬，路都封了，他们在连队里像与世隔绝一样。不知是谁提议打乒乓球去，可没有乒乓球台，最后，他们从食堂搬来和面的大面板，把它抬到连队的礼堂里，中间用一块木板作球网，"乒乒乓乓"打了起来。最后，只剩下他和大陈两个人打了。两个人打球比较无聊，他俩叫起号来——谁输了谁到连队小卖部买一筒罐头来吃。吃罐头督阵，仿佛一下子有了观众的掌声，他们打出激情来了。那时他的球技不错，头一盘就赢了大陈，罚得他只好穿上棉袄、戴上皮帽，钻进风雪之中去买罐头。小卖部离礼堂不太远，可风雪太大，大陈抱着罐头跑回来时，鼻子都冻成萝卜头了。他们打开这瓶香蕉罐头，一人两根，风卷残云般就把香蕉吃光了。

"这四根香蕉像给我们加了油、点了火一样，球打得更来劲儿了。第二盘，我又赢了。他接着跑出去，我们四根香蕉又风卷残云般地进肚了。然后，我们再接着打球。我们已经记不清了，那香蕉吃得我们俩不知怎么搞得把我们的馋虫逗出来了。竟怎么也收不回去了……"

坚持写了4年日记后，他的写作水平有了很大的提高。1972年的冬天，肖复兴回北京探亲。当时正要复刊的《黑龙江文艺》的编辑、后来《北方文学》的副主编鲁秀珍，正在筹备复刊的《黑龙江文艺》的第一期稿子，她偶然间在《兵团战士报》上看到了肖复兴写的那篇《照相》散文，觉得有修改基础，便不辞辛苦来找肖复兴。可惜她白跑了一趟。后来肖复兴从北京回来后，接到了鲁秀珍的来信。肖复兴很快就把修改后的稿子寄给了她，很快就在复刊后的第一期《黑龙江文艺》上发表了。应该说这是他正式发表的处女作，以前发表的散文多数都是在地方小报上。

1974年，肖复兴返回北京后在一所中学教学。他给同学们上的第一课，没有讲课本上的知识，而是在黑板上随手画出中国地图来。连他自己也惊异于自己的绘图能力竟如此之好！他指着地图右上方如雄鸡高唱的鸡头部分，对他的这些陌生同学说："我就是刚刚从这个地方来。这个地方原来是一片沼泽地，就是你们看见的地图上标着蓝色虚线的位置。现在，它已经有了小麦、大豆，甚至火车站。它就叫建三江……"

1978年，肖复兴报考中央戏剧学院。坐在鼓楼显得阴森森的门洞辟为的考场上，谁料到北大荒竟会神不知鬼不觉地又飘落在他身边呢？

那次写作试题是《重逢》。说来也巧，就在考试前一天，他和一位也曾在北大荒工作过的朋友讲起要动手写的一篇小说。大概内容是一对北大荒知青，其中一位是华侨，两人在北大荒相恋又分手，日后华侨出国又归国重逢的悲欢离合的故事。现在看来，那故事并不精彩，但其中有一个情节却是那自古至今的故事中从来没有过的，因为那是只有在北大荒生活过的人才会经历过的事情。那便是当苹果下树的时候，为了让苹果能够安然无恙地度过北大荒的严冬，让大家在春节火爆的联欢会上吃到香脆可口的苹果，他们把苹果放进刚刚要包心的卷心菜里。当卷心菜的一圈圈叶子包起苹果后，里面的苹果便会比今天放进冰箱里保存的还要新鲜。

在鼓楼考试的那一刻，北大荒便这样神奇地出现在他的面前。卷心菜中的苹果鲜红、透亮，像刚摘下来一样水灵灵地闪着光。

1979年夏天，肖复兴的儿子呱呱坠地了。一年冬天，北京飘起了难得见到的大雪。一天清早起床后，刚刚懂事的儿子和他伏在窗前望雪。儿子惊讶地说："雪下得这么大！"他随口说了句："没有北大荒的雪大！"他儿子眨着惊异不止的眼睛问他："什么是北大荒？"肖复兴一时不知该如何回答。

肖复兴没有忘记，当年不过是为队里平白无故被打成"反革命"的老农垦工人讲几句公道话，竟被工作组指责，甚至要打他"反革命"。许多相识的人见他如避瘟疫一样，而队上烘炉的铁匠老孙却默默地关心他、帮助他。一次大会结束后，工作组照样批判他是"过年的猪，早杀晚不杀"。散会后，他孤零零地走出会场，看见老孙正在门口等他，不由分说地拉着上他家，炸了一盘花生豆，做了几样小菜，烫上一壶北大荒酒，然后对他说："你放心，只要他们拉你上台批斗，我就上台陪你！"顿时，肖复兴流下了热泪。

1982年，肖复兴大学毕业，重返北大荒时，首先找的人就是老孙。他永远不会忘记在他家吃的刚刚煮熟的苞米，喝的从井底取出的蜂蜜水……

今天的肖复兴，已经出版50多种著作，多次获得全国文学大奖，成为著名作家，可他对北大荒的感情还像当年那样。

《人民文学》杂志副主编、著名作家肖复兴，当年同千千万万同龄人一样，在北大荒度过了他人生最珍贵的一段历程。用他自己的话讲："岁月如同生命一样，无法割断，无法藏匿，纵使那一段岁月充满风雪也好，弥漫悲伤也好，无法与未来的鸟语花香相比也好，毕竟是与命运胶黏在一起度过的，便也万难更易地刻进生命的年轮而无法从中剔除……"

2004年秋天，我们到北京来到肖复兴的家后，说明了我们为北大荒博物馆征集文物的意图，他一下子找出了他创作的20本书后，又为我们找到了这两页多年前写的文学笔记。

2014年9月，在第一次全国可移动文物普查中，这份肖复兴当年在北大荒写的散文《水》的手稿被省文物专家鉴定组鉴定为国家三级文物。

知青烈士孙连华用过的日记本

在北大荒博物馆第三展厅里，陈列着一本50多年前知青烈士孙连华用过的日记本。这个日记本，是20世纪六七十年代常见的那种红色塑料皮的、64开的普通日记本。

翻开日记本，在扉页上我们首先看到的是孙连华亲笔写的：中国人民解放军沈阳军区黑龙江生产建设兵团四师四十三团四营孙连华。

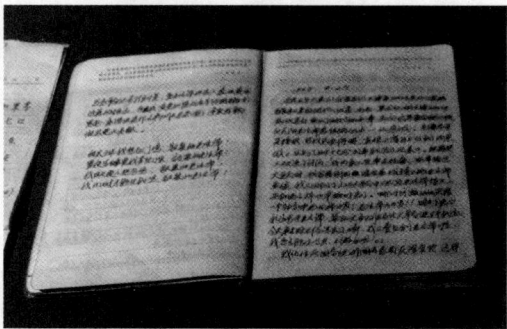

知青烈士孙连华用过的日记本

扉页下方：一个红色的方戳清楚地印着："1949—1969，黑龙江省赴京国庆观礼代表团纪念"。看来这个日记本，是黑龙江省发给赴京参加国庆观礼代表团成员的。

孙连华，1948年出生在天津市的一个工人家庭。1968年9月高中毕业后，他响应毛主席的关于"知识青年上山下乡"的伟大号召，来到黑龙江生产建设兵团四师四十三团（今牡丹江农垦管理局兴凯湖农场）。兴凯湖农场场部东南隔松阿察河与俄罗斯相望，因西靠大小兴凯湖而得名。兴凯湖农场是1955年初成立的，北京市公安局第五处直辖的劳改农场。

1969年8月，孙连华接到上级的通知，让他去参加天津市首届积极分子代表大会的。当时，他兴奋地在日记上写道："回天津参加'积代会'，心里万分高兴，倒不是因为能见到父母而喜悦，因为是一次最好的学习机会……"他下了车，既不回家去，也不通知家里，他抓紧时间挨门逐户地访问战友的家。正在这时，他又接到兵团让他去北京参加20周年国庆观礼的电报。顿时，他激动得热泪夺眶而出。

孙连华的这个日记本，记的全是去北京参加国庆20周年观礼的日记。

1969年9月25日，他在第一篇日记中写道："今天上午六点二十一分告别了天津市上山下乡办公室的首长和河北、内蒙、山西、黑龙江的天津的上山下乡知识青年，乘上了时代的列车，奔向世界革命的心脏红太阳毛主席居住的地方——北京城……"

他在这篇日记的最后还写了这样一句话："还有六天就要见到我们伟大领袖毛主席。"

10月1日，天安门广场上红旗如海歌如潮。孙连华站在观礼台上，仰望着天安门城楼上的毛主席，激动得眼泪一个劲儿地往下淌。孙连华在当天的日记中写道："今天是伟大的中华人民共和国成立二十周年国庆。10点10分，我清清楚楚地看到毛主席他老人家，毛主席神采奕奕，满面红光……"

孙连华在这个日记本上，每天写一篇日记，一直写到12月初。

在这个日记本的后面，还有知青战友吴东旭等人写给孙连华的赠言。

1970年2月28日，孙连华光荣地加入了中国共产党。他干工作的劲头更足了。他常说："当革命需要我的时候，我一定毫不犹豫，挺身而出，为人民献身。"

1970年4月27日这天下午，在农场通往边境某地的大道上，时任营见习政治干事的孙连华刚向上级汇报完工作，正斜挎着挎包，骑着马赶回连队。

突然，前面浓烟滚滚，火光冲天。

"不好了，跑荒了！"驻军某连在太阳岗烧荒，不慎失火。孙连华知道这里是边境，万一大火烧过了国境线，就会引起不必要的争端。为了维护祖国尊严，必须立刻扑灭荒火！孙连华飞身下马，朝着荒火跑去。

就在同一时刻，解放军战士、兵团战士从四面八方跑来，兵分多路冲进火海。

孙连华冲在队伍的最前头。

大草甸子里，孙连华舞动着树枝子，朝着熊熊大火使劲扑打。可三个小时过去了，火还在向前蔓延。孙连华用整个身子向火海压去，把火压在草下的水里。战友们紧紧地跟上。

前面水深，不能再滚过去了。孙连华脱下上衣，往冰水里一蘸，直扑烈火。火终于被扑灭了。他们怀着胜利的喜悦集合到一起，这时人们才发现，深入到大草甸子里已经10多公里了。

天已经完全黑了，夜风吹来，寒气逼人。5个多小时的战斗，极度的疲劳、寒冷、饥饿，一起向孙连华和战友们袭来。

救火的队伍分多路往回撤。这种草甸子当地人称为"大酱缸"，齐腰深的荒草浮在上面，草下是冰水、污泥，底部是没有化完的冰层，腿一迈下去，就随着表面的浮草往里陷，每迈出一步都要使出极大的气力。

夜更深了，草甸子一片漆黑，几米远就互相看不见。一会儿又刮起了五级大风，大风夹着凉飕飕的雨点，气温降到了零摄氏度以下。当他发现身旁的战友有些支持不住了，就立即搀起他的胳膊说："来，我搀着你走！"

"坚持下去，坚持下去就是胜利！"孙连华用冻僵的嘴在鼓舞着战友们。

时间一分一秒地过去了，已是次日凌晨一点钟，孙连华他们还一步一步地前进，他那冻僵的嘴还在反复地背诵着："下定决心……"

突然，与烈火、疲劳、饥饿、寒冷搏斗了10个小时的孙连华，陷进了更深的泥水里，再也迈不动双腿了，两个战友尽力抢救……

已经上岸的战友和前来接应的同志们，焦急地呼喊着、寻找着，但是，他已经无力回答了。

人们看着孙连华的这个日记本，回想起他在北大荒的短暂时光。

兵团党委给孙连华追记一等功，并号召全兵团部队向他学习。黑龙江省革命委员会批准孙连华和与他一起牺牲的董肃冬、张铁富、包立军为烈士。当时在天津市的400万人民中，也都传颂着孙连华的英雄事迹。

2014年9月，在第一次全国可移动文物普查中，孙连华生前在北大荒用过的这个日记本被省文物专家鉴定组鉴定为国家三级文物。

王德全的《兵团战士胸有朝阳》手稿

在北大荒博物馆第四展厅里，陈列着兵团时期红极一时的歌曲《兵团战士胸有朝阳》的手稿。看到王德全多年前的这部作品，我们不禁联想起许多与这首歌曲相关的故事……

兵团战士胸有朝阳，
屯垦戍边披荆斩棘战斗在边疆……
坚决响应毛主席伟大号召，誓把北疆变粮仓，
热爱边疆扎根边疆建设边疆保卫边疆，
红心向太阳！

这首在特殊年代里产生的歌，久唱不衰。在黑土地上空回响，而后随着知青返城，在京津沪各大城市流传几十年。

词作者是1968年组建兵团时来北大荒的现役军人、兵团五师政委高思。高政委希望有一首歌将成千上万名知青的思想行动统一起来。然而，离开大城市来到北大荒的知青们对这些仅仅是暂时的满足。日子久了，劳动、生活条件艰苦，有的知青开始发牢骚。

王德全的《兵团战士胸有朝阳》手稿

面对复杂的知青思想，年过半百的高思自己动手，写下了《兵团战士胸有朝阳》的歌词。从屯垦、戍边和思想锻炼三个方面来抒发兵团战士的豪情。每段歌词基本上是四字一句。写好歌词，他还不罢休，与妻子吴英一边配曲，一边试唱，边哼哼边修改，最后摇摇

头，放弃了配曲。

妻子提起与她同台表演《红灯记》中的一个小伙子来，他不仅嗓子好，扮相做功也好。一打听，原来是哈尔滨师范学院（今哈尔滨师范大学）音乐系的毕业生王德全，土生土长，与知青同时来五师。

王德全是密山县人。父亲是县康复医院的办公室主任，闲暇在家，爱弄箫吹笛，还会演京戏。通晓俄语的二姐，经常向他介绍俄罗斯音乐，哼唱苏联流行歌曲。

1968年8月，兵团派人到学校挑选毕业生，学校原本留王德全当老师，结果兵团只选中他一人。他很自豪地被分配到了兵团五师。

他在五师师直中学当音乐教员。在他当教员期间，我就在这所中学读书。至今我还清晰地记得，当时王德全除了教我们上正常的音乐课外，还组织我们鼓号队，参加学校体育运动大会。运动大会开幕式那天，吹号的学生不够用，他就和我们一起上场吹。后来，他还组织革命样板戏大合唱、长征组歌大合唱，我当时也算是学校里的文艺骨干，也参加了他组织的这两次大合唱。半年后，五师组建毛泽东思想宣传队，他被调任宣传队长。当时宣传队几乎都是知青，还有一批从省艺校接收来的学员，他们能歌善舞，年龄大的18岁，小的只有16岁。王德全在宣传队实现了他的梦想：作曲，指挥，伴奏，编导。后来，他与政委夫人吴英同台演出，扮演了革命样板戏《红灯记》中的反面人物，日本宪兵队长鸠山。

有一天，高思见了王德全说："小王，你是音乐'权威'，给你半个月时间，把这《兵团战士之歌》谱上曲子！"

高思还当面把自己谱的曲子试唱一遍。王德全听了，暗自发笑：不像兵团战士，有点像鬼子进村。半个月后，高思问他："曲子谱好了没有？"

王德全说："正在琢磨，想使旋律带点苏联风格。"

那些日子，他废寝忘食，不断哼唱，从记忆仓库中极力搜索能表达兵团战士激情的进行曲的旋律。他心潮汹涌，耳际回荡着兵团战士列队前进整齐有力的脚步声……渐渐升华，带点苏联风味，后又转化为民族风格。曲子谱成后，高思听了极为满意。

1972年冬天，五师举行了盛大的文艺会演。全师10多个团的文艺宣传队云集在五十一团团部。招待所、学校、澡堂，到场都住满了身穿兵团战士绿军装的青年男女。他们列队来去，一路歌声。俱乐部更是热闹，知青们济济一堂，呈现出一片绿色的海洋，歌声的海洋。

《兵团战士胸有朝阳》就是在这里一炮打响，并获会演大奖，继而推向全师，而后推向整个兵团。

1973年，省里举办歌词歌曲学习班，兵团派三师文艺创作组的顾震夷带着推荐歌曲前去参加。在学习班上，他极力推荐《兵团战士胸有朝阳》，说这首歌曲有阳刚之气，不仅是兵团之歌，也是知青之歌，歌曲有气魄，有军歌味道，流畅上口，雄壮有力。正巧省歌舞团的李郁文教授参加学习班的指导，顾震夷就推荐给了他，并请求这位老师对这首歌词加以润色。

李郁文是当年风靡一时的《大海航行靠舵手》的词作者。他欣然接受，对这首歌词进行了润色。当年，《省优秀歌曲选》发表了这首歌。不久，以国务院领导小组名义出版的《战地新歌》，也发表了这首歌，署名是五师创作组。还被灌成唱片，由中国唱片出版社出版并向全国发行。

就这样，《兵团战士胸有朝阳》从北大荒推向全国，激励了千百万上山下乡知青。潮起潮落30载，这首歌成了联结黑土地和各大城市老知青的纽带，浓缩了一代知青上山下乡、屯垦戍边的人生历程，凝聚着一个又一个令人魂牵梦绕的"北大荒"情结。

歌名几经修改。原名《兵团战士之歌》，后改为《兵团战士忠于毛主席》，最后定为《兵团战士胸有朝阳》。它铸成了整整一代知青独特的人生经历，远远超出了北大荒的时空。

于承佑的版画《小屯之夜》

在北大荒博物馆第四展厅里，陈列着荣获第六届全国美展银奖获得者于承佑的版画《小屯之夜》。

说起和于承佑的关系，得把时间的指针拨回1985年。那年春天，从鸡西市下乡来九三的知青于承佑的版画作品《小屯之夜》在第六届全国美展中荣获银奖。我作为他的朋友和业余记者，写了篇报道分别发给了许多报刊，包括《石河子报》《通什农垦报》《广西农垦报》，省广播电台、省电视台、《黑龙江工人报》《鸡西日报》。《农垦报》还在1985年3月19日三版头题，发表了我和沈重光写的通讯《美的追求》。《黑河日报》发表这篇通讯的时候，还配发了这幅获奖作品。他从鸡西调回省版画院后，我们也保持着多年的友谊。现在的于承佑有了名气和地位，成为版画界的大腕了。

《北大荒全书·文学艺术卷》，这样介绍着于承佑的创作经历：

于承佑1953年生于山东省即墨县。1969年8月，他自鸡西市下乡到大西江农场，当过农工、渔工、教师。1977年10月，他调九三农管局面粉加工厂任出纳员、工会干事。1980年3月，他调局工会俱乐部任美工。1986年12月，他调局工会宣传部当干事，次年9月离开垦区。在垦区期间，自1983年起，他曾多次参加总局版画创作班，先后创作套色木刻《丰收的喜悦》《话致富》《红庄》《小屯之夜》《圆月》《轻风》等作品。其中《小屯之夜》获全国第六届美展银牌奖，被中国美术馆收藏。他曾任鸡西市群众艺术馆美术创作辅导员，鸡西市美术家协会副主席，版画研究会会长。现任黑龙江省版画院专业画家，中国美术家协会会员，中国版画家协会会员，黑龙江省青年美术家协会理事。在鸡西，他先后创作20余幅版画作品，参加组建鸡西版画创作群体，并在北京中国美术馆举办一次《鸡西版画展览》。他的作品有12件参加了这次展览，其中《山花》被中国美术馆收藏，《和》入选全国第十一届版画展览，《茗》赴日本展出，获日本"中国版画奖励基金会"1992年金奖。

于承佑的版画总是给读者带来一丝坚强的震撼力。于承佑用他那特有的细致，演绎着北方牧歌式的当代风情。作为"北大荒"版画的重要画家，于承佑的精神世界里，充满着对这片土地的由衷热爱。从他寄寓在作品中的浓烈感情中散逸出来的，不仅有属于版画视觉领域的进退开合，更重要的是，还有属于艺术家的文化修养，以及与生命同在的胸襟和气息。

在长达18年的知青生活中，于承佑的个性早已跟这片苍茫广袤的土地联系在一起。即便是在离开"垦区"之后，他骨子里的那种情结仍然成为不可摆脱的精神习惯。在水印木刻版画《小屯之夜》里，就已经发现直到今天他还在内心深处恪守的信念。有些艺术家是在与心灵的对话过程中"创作艺术"，有些艺术家是在玩弄技巧的前提下"游戏艺术"，而于承佑的特别之处在于，他是用自己的全部生命探索、寻找并表现艺术，进而追求艺术与生命的互相融合。在其生命世界和艺术世界间，他完全可以毫不犹豫地画上等号。

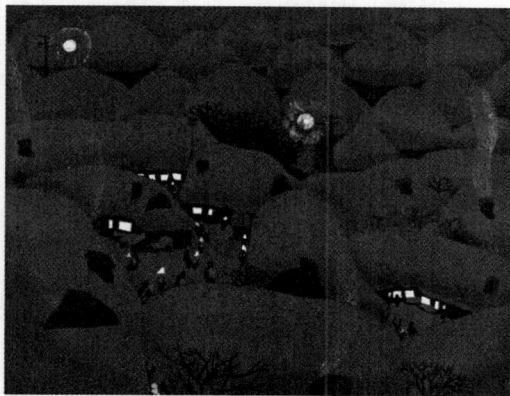

于承佑当年获全国美展银奖版画《小屯之夜》

广东省的王嘉曾这样评论他的作品。在鲜活而具体的艺术作品面前，有时候很难用现成的理论加以套用。在于承佑的版画作品中，优美和壮美的交替涌现，使得读者往往难以把眼前的作品归类于优美或壮美的任何一方。《小屯之夜》（1984年）就是一个很好的例子——屋顶上的茫茫积雪，夹杂着千里冰封的诗意，构成了壮美的主要元素，而透过窗户的那片片朦胧摇曳的昏黄灯光，则是属于优美的范畴。夜归的人们踏着积雪，迎着灯光，成为介于壮美和优美之间的重要纽带，把两种不同的审美感受巧妙地统一在一起。熟悉艺术史的读者，在读到《小屯之夜》的时候，一定会想起吴冠中在1979年发表的文章《绘画的形式美》。对形式美的发掘，成为贯穿在20世纪80年代中国艺术领域最重要的主线之一。于承佑的版画《小屯之夜》，与其说是在这个美术思潮影响下的对视觉新形式的尝试，不如说是他对北方牧歌式的当代风情的生活体验，与其长期钟爱的版画艺术不谋而合。

艺术是生活的镜像，这并不意味着它会妨碍艺术家的精神自由。就像于承佑对绘画形式美的表现，固然取材于北大荒的自然山林，却并非对现实生活的照搬照抄。他在版画作品中呈现给读者的画面，包含了北大荒的地域因素和四季更替的时间因素，并通过土地、雪、远山、近水、树林、鹿、山花、野卉等物象，传递出此时此地、此情此景的独特之处。

2014年9月，在第一次全国可移动文物普查中，于承佑的这幅获奖作品《小屯之夜》被省文物专家鉴定组鉴定为国家三级文物。

印尼归侨陈慧中用过的茶缸

在北大荒博物馆第二展厅里，陈列着一个20世纪60年代常见的茶缸，这是印尼归侨陈慧中在北大荒时用过的。

新中国成立前夕，陈慧中出生在印度尼西亚棉兰市，她从懂事起就受爸爸的熏陶，立志决不平庸度日。

当年，陈慧中的爸爸陈灼瑞在棉兰市做橡胶生意，是印尼华侨同乡会的主要负责人之一，陈慧中于1965年10月随爸爸回到祖国，就读于北京华侨学生补习学校，准备参加高考。在一年多的补习中，学校两次考试，她都名列榜首。正当她踌躇满志准备迈进名牌大学的时候，"文革"开始了，上大学变成了梦幻，上山下乡运动摆在了面前，她面临多种选择，包括受照顾到京郊的华侨农场。1967年，陈慧中带着行李和这个茶缸，毅然报名来到北大荒的八五二农场，立志要在最艰苦的地方实现为建设祖国贡献力量的理想。

来农场几天后，陈慧中发现这里充满了阶级斗争气味，从干部到群众，总有人用"资产阶级臭小姐"的眼光来看她。她明白了，在这里，她是被改造的对象。从此，陈慧中越来越郁闷，走路、参加会议、去食堂打饭都低着头，成了连队里有名的"低头姑娘"。

转眼到了1972年，大学恢复了招生秩序，陈慧中见知青们都积极报名要求推荐上学，自己也动了心，她去报名时，连长严肃地说："这就够重用你的了，还想上大学，你的出身能通过吗？"

印尼归侨陈慧中用过的茶缸

她再也忍受不住了，一个人跑到空旷田野里，趴在草地上哭了起来，她彻底失望了。1974年知青返城，陈慧中申请回印度尼西亚，爸爸把她安排到了香港定居。

随后，陈慧中的爸爸也来到香港，并在朋友的帮助下成立了一家杂货贸易公司。陈慧中来到了爸爸的公司，在这里，她很快学会了做生意，储蓄卡里的存款额开始明显增加起来……

储蓄卡里的数值越大，她思念北大荒的心思就越重。转眼到了2000年5月下旬的一个晚上，她参加完50多名在香港的北大荒知青的聚会回到家里，翻来覆去怎么也睡不着，一闭上眼睛，战友们相聚时跳啊唱啊的场面总是在她脑海中闪过，还有那《兵团战友胸有朝阳》的歌声总是回响在她耳畔。

这时，她已经和曾下乡到北大荒七星农场的印尼归侨张载村结婚安了家，两人相敬相爱，心心相印，孩子也已读完大学并参加工作了。她发现爱人也没有入睡。她凑过去说："载村，我想回北大荒看看。"张载村一下子坐起来说："在聚会上我就有了这个想法，刚才睡不着也是在想这件事。"

第二天，夫妻二人分头给曾在七星农场下乡的香港、上海、北京等地的知青打电话联系，约定了时间。2000年6月2日，他们在哈尔滨汇合，一起乘上了开往建三江七星农场的列车。30多名当年的老知青一踏上三江大地，还没有见到农场的人，孩子般的性情就洪水般迸发出来，欢呼啊，歌唱啊，跳跃啊，在甸子里拥抱、打滚，狂呼："北大荒，我回来了……"

热烈与激情过后，知青们在访问参观中开始关心了解起现在的北大荒来。陈慧中从留在北大荒的上海知青、时任建三江管理局工会主席孙瑛的介绍中了解到，党和国家非常关心和重视北大荒的发展，同时也了解到目前的北大荒还有不少困难，比如兴办家庭农场以后，许多弱势家庭的孩子上学难……

陈慧中的心情沉重起来，一回到房间就和张载村商量："我们的生活已经富裕了，我想拿些钱在你我下乡的地方各搞一个'希望之光'助学工程，你看怎么样？"张载村高兴地说："你想拿多少？"陈慧中脱口而出："200万元，二一添作五。"一贯沉默少语的张载村开怀大笑说："慧中，咱俩怎么想的一样啊！"

陈慧中、张载村重返北大荒要建立两个"希望之光"助学基金会的消息传来，建三江和红兴隆管理局几乎是以同样的方式欢迎了两位赤子。欢迎队伍人山人海，服装整齐的长长的学生队伍挥动着鲜花，"欢迎、欢迎""感谢、感谢"的声浪响彻天空，彩旗与束束鲜花一起飘扬，这是近年来北大荒这片土地上少有的激动人心的场面。建三江和红兴隆人民用这样的形式表达对陈慧中和张载村这两位老知青的厚爱，200万这个沉甸甸的数字里，包含着老知青几十年挥之不去、无法割舍的深情啊！

在"希望之光"助学基金启动仪式上，陈慧中和张载村把捐款亲手递到一个又一个贫困学生手里。一双双小手接过捐款时，一滴滴激动的泪水悄然无声地落在了主席台前的地板上。

陈慧中十分激动地对采访者说：在红兴隆和建三江启动了"希望之光"仪式后，数以百计的信件向他们的电子邮箱和家庭信箱涌来，读着读着，他们像是拥有了数百个孩子，成了世界上最富有的母亲和父亲！从此，他们每年都要抽出时间回一次北大荒，了解一下受资助孩子的学习和思想情况。2002年，有40多名受资助的孩子参加了高考，他们在香港焦急地等待着，终于盼来了高考网上录取的日子。两人坐在电脑前，盯着屏幕上的分数榜。陈慧中摆弄着鼠标高兴地说："载村，快看，王启超673分，清华大学的志愿肯定没有问题了；杨欣667分，南京大学也没有问题了……"两人兴奋极了，受捐助的孩子中有34名考上了大学。

他们立即又回到了北大荒。果然不出所料，这些考入大学的孩子，不少首次入学的费用都有困难。尽管农垦总局也正在制定出台有关救助政策，但陈慧中、张载村当即商定，从基金余款中给每一名受捐助考入大学的孩子5000元，并表示将根据他们以后的学习成绩和困难情况，随时给予资助。孩子们紧紧簇拥在他们周围，连很少掉泪的男生张兵也滴下了眼泪。他激动地说："我爸爸妈妈要种500亩地才能挣这些钱啊！"宁玉同学赶到北京对外经济贸易大学报到后，第一件事就是给他们写信。他深情地写道："尊敬的载村叔叔、慧中阿姨：你们是在我最困难的时候帮助了我，我一定像你们一样热爱北大荒……"现在，受到"希望之光"基金会资助的在校高中生已有880多人了。从2002年起，陈慧中、张载村每年都要到有他们捐助学生的清华大学等全国20多所高等院校看望、鼓励他们发奋学习，争取获得学校的奖学金，还鼓励他们假日参加勤工俭学活动，嘱咐他们从小就要学会发扬北大荒人艰苦奋斗的精神……

2014年9月，在第一次全国可移动文物普查中，这只陈慧中在北大荒用过的茶缸被省文物专家鉴定组鉴定为国家三级文物。

《北大荒人颂》背后的故事

当你走进北大荒博物馆第三展厅时，一幅气势宏伟的巨型浮雕——《北大荒人颂》会冲击你的视觉。这幅呈弧形的浮雕高近8米，长28米，总面积220多平方米，是当时全国最大的室内浮雕，获得了全国第十届美展的银奖（金奖空缺）。

北大荒博物馆展出的室内浮雕
《北大荒人颂》

"生活真是有趣，我实在不曾想到，离开北大荒20多年后，会有这样一个机会，让我为曾经熟悉的生活，创作一幅巨型浮雕！这实在令我激动不已！"在我见到杜飞的那一刻，他激动地跟我说了许多心里话。

今年67岁的杜飞现在是中央美术学院院的壁画系教授，在50年前他作为一名1969届的初中毕业生，与北京的13万知青一起上山下乡，他还清楚地记得刚被分到黑龙江省山河农场时，被那辽阔无边的黑土地震撼的情景：大家欢呼着，跳跃着，喊着"我来了！"有人从地里抓起一把黑土装进瓶里邮回家去……他就是这样爱上黑土地并把生命中最美好的8年留给了这片黑土地。这8年，每天凌晨3点到晚上9点，他与伙伴们面朝黑土背朝天，这沉甸甸的生活经历让他对北大荒怀有一种特殊的情感。他说要感谢北大荒，因为他第一次接受正规专业的美术训练就是在那里，从哈尔滨来的杨世昌老师还赞赏过他的素描画得结实，正是有了这个基础和信心，他才一步步走向中央美术学院。

杜飞回京后，先后当过农民、建筑工人、装卸工人、艺术工人，还当过编辑和画家，后来考上中央美术学院并留校。他的每一个社会角色都为日后的大型雕塑准确地塑造出一个个鲜活生动的人物形象埋下最好的伏笔。这次一听说要他创作北大荒题材的浮雕，他就开始热血沸腾。能有机会用自己的刀去体现整个开荒史，把北大荒的故事与精神用浮雕的形式展现出来，他产生一种强烈的创作冲动……

在稿子最初的设计中，杜飞依据北大荒博物馆"内展"方案，进行了细致的筛选，并根据他的亲身经历和筹建人员提供的故事，绘制出一组组具体形象。作为这幅作品的审定人，时任省农垦总局党委副书记、副局长韩乃寅本身就是一个有过亲身经历的"荒友"，他们常常为一组形象内容反复切磋。在风格上，两人不谋而合，雕塑一定要写实风格的，要体现出北大荒精神来！

在作品的泥稿塑造阶段，杜飞组织了一个塑造小组，紧张阶段人员高达20人。工作场地设在北京著名的798国际艺术城，一座高大的雕塑工作间内。近百吨的雕塑泥，附着在钢管搭建的巨墙上，最厚处达30厘米，工作台面共分4层。那种巨大的场面激发起人的激情，让你不由自主跑上去创作。画面中138个人物的塑造倾注了他的全部心血。有的人物与真人大小基本相同，为把握人物造型的准确和生动，要退到很远处看，每天4层高的梯子他都要上下无数次，每2小时喷一次水，晚上盖上塑料布，白天揭开，日复一日，持续干4个月。这种高强度的脑力与体力的支出，一个年过半百的人能够坚持下来，今天看来，完全源于重塑那个时代的创作激情。

在创作期间，恰逢知青35周年纪念。在聚会上，当杜飞把稿子给大家看后，这些早已青春不再的人们激动不已，他们在画面中似乎都找到了自己当年的影子。那个手握黑土的人、那个唱歌的人、那个割地的人……"是的，这就是我们当年的生活。"

浮雕的泥塑模型完成了，整个模型是由200多块小模型组成的。把这200多块小模型编上号后，再分别造出型来，用和好的人造石材浇铸。组装浮雕那天，从北京开到哈尔滨的一辆大货车装得满满的。施工者把这一块块小模型（浮雕的局部）焊接在事先焊好的钢结构骨架上。杜飞进行了拼接和人物肖像的打磨后，最终使这幅巨型浮雕呈现为眼前这个样子。

浮雕上的每个故事，都是北大荒开发时期一段动人故事的真实再现。经过一组组构图，一次次易稿，最后确定了32个故事。

抬头仰望，在浮雕的左上角是第一个故事"挺进北大荒"，它拉开了整个浮雕的帷幕。从1947年开始，一批批荣誉军人戎装未换、征尘未洗，拖着伤残的身体，穿着肥厚的棉袄，带着枪和锄头在北风呼啸中浩浩荡荡开进神奇、荒凉的北大荒，在最凶险、最原始的条件下披荆斩棘。他们当中，有60多名戎马一生的老红军，有与日军浴血奋战的老八路，有16 000名为新中国而战的勇士，更有抗美援朝的英雄，一个个都功勋卓著，却怀着共同的心愿挺进北大荒。

再往前，我们看到了"机耕之花"：受到毛主席接见的新中国第一个女子拖拉机手梁军和中国第一个女子拖拉机队——以她名字命名的"梁军女子拖拉机队"；中国第一个女子康拜因手刘瑛。她们的事迹成为当时全国妇女的一面旗帜，她们的名字也都写入了史册。

浮雕左下方呈现的是初建营地的情景：1958年，预备一师的1488名转业官兵用100多天时间抢盖出1000多间马架子，使萝北荒原出现了几十座荒原新村；3475名转业官兵在八五九农场用20多天盖了360多间小马架子，小马架子成了培育北大荒精神的摇篮。

在浮雕的下方，你可以看到一幅奇特的人力拉犁的场景：十几个人艰难地拉动原始的犁，人们充满了战天斗地的豪情，向地球开战！

浮雕中感人至深的是"魂归塞外"。1970年，为了扑灭一场山火，云山农场的14位知青勇敢地冲向火海，在救火中献出了宝贵的生命。他们中年龄最大的22岁，最小的才17岁……20年后，在中国革命历史博物馆举行的《魂系黑土地》北大荒知青回顾展上，来自全国各地的十万名知青在这14位知青的遗像前凭吊，泪水涟涟……

宁波女知青陈越玖在雁窝岛兢兢业业，掌握了30多种畜禽病的防治方法，成为全场最优秀的牲畜卫生员。她忍着病痛修水利、割大豆。在被领导强令回家治疗后，她被诊断为结肠癌晚期，在动手术时，她问医生："动了手术，我还能回北大荒吗？"在场的医生护士都为之感动。她在生命的最后一刻向党组织提出了唯一的要求："请转告党组织，一定要把我的骨灰送回雁窝岛……我是北大荒人！"

就是这一幅幅动人的画卷构成了英雄的北大荒群体。老知青来了，在浮雕前泪流满面，口中喃喃："你们是北大荒的骄傲，北大荒没有忘记你们……"

创作期间是很枯燥的，然而正是这枯燥的创作最终获得了意想不到的收获。这幅作品在参加第十届全国美展时，评委们一来到这幅高8米的巨型浮雕前举头仰望，就被巨型浮雕扑面而来的那种大气势震撼了。最终这幅巨型浮雕获得了全部评委一致通过。作品能获奖，杜飞认为那是作品中折射出的北大荒精神感染人，是北大荒精神在延续。

后 记

　　文物是最有价值、最为真实的历史资料。在漫长的岁月中，文物以其自身的形象，记录了某个时期曾经参与过的种种社会生活。文物不会说话，过去发生在它们身上极富情趣又颇感人的活动内容，光凭文物本身形象确实不容易看明白，尤其是每件文物背后的故事更是鲜为人知的。北大荒博物馆的馆藏文物，除了第一展厅的古代文物和动物标本外，都是与北大荒的开发建设有关的革命文物，因为它见证着北大荒由亘古荒原变成美丽富饶的大粮仓的每一步历程。

　　2006年末，《农垦日报》的总编辑找到我，说他们明年要创办《农垦日报·北大荒周刊》，想约我每期给写一篇"北大荒博物馆馆藏文物的故事"，我高兴地答应了。可我的担心也随之而来了：一是担心我工作忙，保证不了写作的时间，文章供不上报纸用，被人催稿的滋味是很不好受的；二是担心北大荒博物馆馆内有限的文物，一时没有那么多可写的。我建议他们不要每周一期，可以两周一期，当然也可以约其他人来撰写。他们也接受了我的这个建议。接受约稿之后，我利用元旦、春节和双休日，接连写了40多篇"文物故事"。好多读者看到《农垦日报·北大荒周刊》刊登出的几篇故事后，便收藏起来，有的打电话问我写了多少篇了？认识我的人见面问我报纸怎么接不上了？也有了解我写作进度的人说："你干脆结集出版算了，我们都挺喜欢这些文章的……"这就是撰写这本书的动因。

　　虽然北大荒开发建设已经71年了，北大荒博物馆开馆也14年了，但毕竟可以写成故事的文物还是有限的。作为一个北大荒人，或者说作为一个想了解北大荒的人，了解这些文物背后的故事，是非常有意义和有必要的。

　　为了能让读者更多地了解北大荒文物背后的故事，在本书的撰写过程中，我又从垦区内征集了10篇有关北大荒文物的故事，这些故事为本书增添了光彩。在此，感谢这些作者的大力支持。

当然，每个人的十根手指伸出来都不会一样齐，本书中的文章也会因文物本身的限制和我掌握资料的局限而有很大的差异。在此，请广大读者提出批评和建议，下次再版时一并修改。

赵国春

2018年6月于哈尔滨市